■ 酒店餐饮经营管理服务系列教材

餐饮成本控制

CANYIN CHENGBEN KONGZHI

龚韻笙　编著

北京·旅游教育出版社

酒店餐饮经营管理服务系列教材
编写委员会

主 任 委 员：杨卫武

副主任委员：郝影利　李勇平

委员（以下按姓氏笔画排列）：

李双琦　李晓云　刘　敏　陈　思　余　杨
龚韵笙　贺学良　黄　崎　曹红蕾

总　序

中国的酒店管理教育已经走过了三十多个年头。三十多年,对于人生而言,可以讲已逾而立之年、已经走入成熟。然而,对酒店管理专业的发展而言,这么短的时间恐怕仅仅只能孕育学科的胚胎、萌芽。所幸的是,这三十多年不同于历史进程中一般的三十多年,这三十多年来,我们一直在探索着前进的方向该如何去定,脚下的路该怎么走。由此,我们的视野得以扩展,我们的信心得以强化,我们的步伐得以加快。

"酒店餐饮经营管理服务系列教材"就是在这样的背景下,步入了人们的视野。三十多年来,中国的酒店管理教育得到了长足的发展,但令人遗憾的是,长期以来,在课堂上讲课时,授课者能够使用的餐饮管理教材,往往以"饭店餐饮管理"的名称,将专业化程度很高的所有餐饮具体业务,在一本教材里"包圆"了。随着餐饮专业化程度越来越细、深度越来越深,一本教材包打天下的局面已经难以为继,我们这套"酒店餐饮经营管理服务系列教材"应运而生。整套教材计划出书共十五本左右,其涉及的面紧扣三大类主题:餐饮知识与技能类教材、餐饮运行与管理类教材、餐饮经营与法规类教材,力求将酒店餐饮方面的主要业务囊括进去。这套教材的层次定位为如下几个方向:高校酒店管理专业本科学生用书、高职高专学生用书、酒店行业员工在岗在职培训用书,同时,本教材也可作为餐旅专业高等教育的专业用书,及高等教育自学考试的教材。

本系列教材作为中国酒店教育餐饮类的细分教材,无疑是一种尝试,难免存在局限性,恳请广大专家、教师同行和其他读者提出宝贵意见,以便通过修订,使之更趋完善。

酒店餐饮经营管理服务系列教材
编写委员会

前言

随着我国餐饮业的迅速发展,餐饮市场的竞争日趋激烈,加上消费者对餐饮需求、餐饮质量的要求逐步提高,餐饮企业的生存与发展面临着严峻的挑战。要生存、求发展,除了经营创新、绿色营销外,更重要的还在于把餐饮食品生产前、中、后的一系列成本进行严格的控制,降低成本,以优质保量、价格适中来赢得客人,从而提高企业的经济效益,增强企业的竞争力。因此,加强餐饮企业成本控制,最大限度地降低餐饮成本,尽可能为顾客提供超值服务是餐饮企业成本控制的宗旨。餐饮企业管理人员必须树立成本控制意识,并掌握相关成本控制知识,堵住各种成本漏洞,积极主动地迎接市场挑战,让企业在竞争中稳步发展。

本书从餐饮成本控制概述、原材料采购成本控制、原材料储存成本控制、食品生产成本控制、酒水成本控制、食品价格的确定、食品生产后销售成本控制、信息技术和餐饮成本控制、期间费用控制、餐饮成本指标及分析、经营效益分析、原材料成本核算等方面系统、全面、科学地阐述了餐饮企业餐饮成本控制的理论、方法和内容,并附有实例。

本书在笔者多年教学与实践经验的基础上吸收了当前西方最新餐饮成本控制的理论和方法,根据我国现行"企业成本管理""饮食服务企业财务制度与会计制度"等有关规定,同时结合餐饮企业经营特点编撰而成。具有以下特点:

(1)定位明确:实用、简明、充实、活泼四个目标的统一。

(2)结构新颖:突破传统教材框架,章前有"引言""学习目的""关键词";正文中有"特别提示""知识拓展";每章后课后练习中有"案例分享与思考""本章闯关测试"等可供学生阅读与练习,有利于调动学生的主动性和积极性。

(3)紧密结合餐饮企业餐饮成本控制实务和教学实践:本书内容翔实,体现了正确性、科学性、前瞻性、开拓性、实际性,可操作性强。

本书可作为旅游院校旅游(饭店)管理专业、餐饮管理专业、会展专业、财务会计专业、财务管理专业等专业的教材,也可作为财务工作者及企业经营管理者的参考用书。

　　由衷地感谢旅游教育出版社的大力支持和认真工作,感谢李勇平副教授精心组织与指导,感谢高级会计师、中国注册会计师刘丽君细心的校对,亦感谢龚晔元帮助打印全书,同时感谢所有帮助及关心我的同事,正是因为有了他们的支持和帮助,才使本书能同广大读者见面。

　　由于本人知识水平的限制,疏漏甚至错误之处在所难免,恳请广大读者批评指正。

龚韻笙
二〇一四年元月于上海

目录

第一章 餐饮成本控制概述 ·· 1
  第一节 餐饮成本控制的重要性 ·· 1
  第二节 餐饮成本的内容 ·· 2
  第三节 餐饮企业成本费用管理原则 ······································ 6
  第四节 餐饮企业成本管理制度 ·· 7
  第五节 餐饮成本控制的内容 ··· 8

第二章 餐饮企业采购成本控制 ··· 13
  第一节 餐饮企业采购成本控制概述 ····································· 14
  第二节 餐饮企业采购程序 ·· 21
  第三节 餐饮企业采购环节成本控制 ····································· 26
  第四节 餐饮企业采购验收入库环节成本控制 ························· 34

第三章 餐饮企业储存成本控制 ··· 46
  第一节 餐饮企业储存管理 ·· 47
  第二节 餐饮企业储存环节成本控制 ····································· 50
  第三节 餐饮企业原材料出库、领用、发出环节的成本控制 ········ 59
  第四节 餐饮企业食品原材料储存盘点制度 ··························· 65
  第五节 餐饮企业库存短缺率和库存周转率控制 ····················· 66

第四章　餐饮企业食品生产成本控制 …… 75
第一节　食品生产计划 …… 75
第二节　生产环节标准化成本控制 …… 80
第三节　生产过程的成本控制 …… 87
第四节　宴会、婚宴、会议的成本控制 …… 93
第五节　自助餐成本控制 …… 106
第六节　火锅成本控制 …… 109
第七节　菜肴、点心的开发创新 …… 112
第八节　食品成本控制指标 …… 114

第五章　餐饮企业酒水成本控制 …… 123
第一节　酒水成本控制概述 …… 124
第二节　酒吧（吧台）酒水成本控制 …… 126
第三节　酒水标准成本控制（一） …… 127
第四节　酒水标准成本控制（二） …… 133
第五节　宴会酒水成本控制 …… 138

第六章　餐饮企业食品价格的确定 …… 145
第一节　食品价格的概述 …… 146
第二节　食品价格确定的步骤 …… 150
第三节　以成本为基础的食品定价方法 …… 152
第四节　以需求为基础的食品定价方法 …… 155
第五节　食品价格的调整 …… 158

第七章　餐饮企业食品生产后销售成本控制 …… 164
第一节　菜单设计及推销技巧 …… 165
第二节　销售环节常见的舞弊、错误和逃账 …… 166
第三节　服务成本控制 …… 168
第四节　收款环节成本控制 …… 171

第八章　信息技术与餐饮成本控制 …… 186
第一节　信息技术在餐饮成本控制中应用的必要性 …… 186

第二节　餐饮成本控制信息系统的主要功能 …………………… 189
　　第三节　信息技术在餐饮成本控制中的作用 …………………… 194

第九章　餐饮企业期间费用控制 ……………………………………… 203
　　第一节　餐饮企业人工成本控制 ………………………………… 203
　　第二节　餐饮企业能源成本控制 ………………………………… 210
　　第三节　餐饮企业餐具损耗率控制 ……………………………… 216
　　第四节　餐饮企业期间费用控制 ………………………………… 221

第十章　餐饮成本指标及分析 ………………………………………… 229
　　第一节　餐饮成本率 ……………………………………………… 229
　　第二节　餐饮成本分析报表 ……………………………………… 231
　　第三节　餐饮企业标准成本率的确定方法 ……………………… 240
　　第四节　标准成本率与实际成本率的差异分析 ………………… 242

第十一章　餐饮企业经营效益分析 …………………………………… 250
　　第一节　餐饮企业利润分析 ……………………………………… 250
　　第二节　餐饮企业财务盈亏临界点分析 ………………………… 262
　　第三节　餐饮企业发展能力的评价 ……………………………… 272

第十二章　餐饮企业食品原材料成本核算 …………………………… 276
　　第一节　餐饮企业原材料的分类及计价 ………………………… 277
　　第二节　餐饮企业食品净料成本的核算 ………………………… 278
　　第三节　餐饮企业库存原材料成本核算 ………………………… 290
　　第四节　餐饮企业食品原材料成本的计算 ……………………… 292
　　第五节　餐饮企业餐饮成本核算 ………………………………… 293

主要参考文献 …………………………………………………………… 301

第一章 餐饮成本控制概述

引 言

餐饮企业若想有效地控制餐饮成本,必须对餐饮成本及成本控制的概念、方法有一个概括性的了解。本章简单介绍了餐饮成本控制的重要性、餐饮成本的内容、餐饮企业成本管理制度、餐饮成本控制的内容等几个方面的知识。

学习目的

全面了解、掌握餐饮成本、餐饮成本控制的基本知识。
1. 熟悉餐饮成本控制的重要性。
2. 掌握餐饮成本的含义、分类、计算方法。
3. 掌握餐饮成本控制的概念、程序、方法。

关键词

餐饮成本控制

第一节 餐饮成本控制的重要性

一、餐饮成本控制是提高餐饮企业竞争力的重要途径

餐饮企业要想生存与发展,就必须不断提高自身素质、增强竞争能力,而餐饮成本控制是提高餐饮企业竞争能力的重要途径。

(一)做好餐饮成本控制可增加利润

餐饮企业从开业时就会面临市场竞争,并始终处于生存和倒闭、发展和萎缩的矛盾之中。企业必须能够获利,才有生存的可能。利润=收入−成本,通过公式可

以看出,在收入不变的情况下,要想增加利润,就得减少成本支出。

(二)餐饮企业加强餐饮成本控制能增强企业在市场竞争中的抗风险能力

餐饮企业只有加强餐饮成本控制,建立独具特色、配套完整的科学管理体系,建立完善的规章制度,拥有既稳定又灵活的工作程序,才能在身处逆境时保本或微利经营,最终渡过难关。

(三)餐饮成本控制是餐饮企业发展壮大的基础

餐饮企业想要发展壮大,就必须拥有大量的顾客,那些快餐企业能从一个小型的发展成多个连锁店的餐饮集团,很大程度上就是通过有效控制餐饮成本,根据客人需要推出既实惠又美味的食品来实现的,当客人感觉到在餐厅就餐比在家就餐要方便、实惠、可口时便会常来餐厅就餐。俗话说,"先有了人气,才会有财气",有了人气企业才能发展壮大起来。

二、餐饮成本控制是经营成功的关键

某餐厅的菜肴色、香、味俱全,味道好极了,价格又低廉,真是物美价廉,每天人气火爆、生意兴隆。时隔数月,却关门大吉。经过调研,才知道该餐厅由于不注重餐饮成本控制,食品原材料、物料用品、低值易耗品等浪费相当严重,加之人员薪水是按营业额比例提成,且比例较高,由此,营业额越多,工薪成本越多。周而复始,导致该餐厅营业额难以支付庞大的成本费用,到期无偿还债务能力,最终背上5000多万元的债务,宣告倒闭。这样的教训是深刻的,餐饮企业管理者必须加强餐饮成本控制,这是经营成功的关键。

三、餐饮成本控制能培养造就优秀管理人才

餐饮企业成本控制是经营管理中难度最大的工作,也是一门高超的管理艺术,管理人员既要掌握经营管理的传统知识和技术,又要打破常规,进行市场调研,分析本部门收入和成本控制情况,探讨更加有效的管理措施和方法,达到成本控制的目的。

通过餐饮成本控制,既能节约成本,又能锻炼管理人员队伍,开发管理人员的才干,造就和培养优秀的管理人才。

第二节 餐饮成本的内容

一、餐饮成本的含义

(一)成本的含义

成本属于商品经济的价值范畴,成本是构成商品价值的重要组成部分,是商品

生产中生产要素耗费的货币表现;成本具有补偿的性质;成本本质上是一种价值牺牲。

**特别提示**

成本内涵。成本是指为了达到特定目的所失去或放弃的资源。

(二) 餐饮成本的含义

餐饮成本是指餐饮企业为销售商品、提供劳务等日常活动所发生的经济利益的流出。

从广义上讲,餐饮成本应包括生产和销售产品所耗费的全部费用,即食品原材料及饮料成本、能源消耗成本、人工成本、固定资产折旧成本、各项管理成本、各项应缴纳税金等。但是除了食品原材料及饮料成本以外,其他成本很难在销售价格中逐一精确划分。因此,从狭义上讲,餐饮成本是指餐饮企业耗用的食品原材料及饮料成本,也称为餐饮成本的要素。其他耗费统称为费用。目前,也有餐饮企业将燃料成本划归餐饮成本的做法。这对于火锅类餐饮成本计算尤为适用。

二、餐饮成本的分类

餐饮成本可按多种标准分类,其目的在于依据不同的成本种类采用不同的成本控制策略。

(一) 按用途划分

餐饮成本按用途划分可分为直接成本和间接成本。

将成本按用途划分为直接成本和间接成本,便于采用不同的方法来降低产品成本。

1. 直接成本

直接成本是指生产某种产品或提供某项服务能直接计入某一产品成本计算对象的费用,如餐饮成本的食品原材料及饮料成本。直接成本可以通过改进生产工艺、降低消耗定额等措施来降低。

2. 间接成本

间接成本是指生产某种产品或提供某项劳务难以形成直接量化关系的成本。主要包括固定资产折旧、人工成本、管理费用和营业费用等。间接成本可以通过加强费用的预算管理、过程控制、降低各单位的费用总额等策略来降低。

(二) 按成本习性划分

餐饮成本按成本习性划分可分为固定成本、变动成本、半变动成本3类。

1. 固定成本

固定成本是指不随着经营业务量的增减而变动的成本,固定成本是相对固定的。如人工成本、固定资产折旧费、保险费、租赁费等。

2. 变动成本

变动成本是指随着经营业务量的增减而变动的成本,变动成本是相对变动的。如物料消耗、餐具消耗、食品原材料及饮料成本等。

3. 半变动成本

半变动成本是指既包含固定成本部分又包含变动成本部分的成本。如能源费等。

(三) 根据成本可控程度划分

餐饮成本按成本可控程度划分可分为可控成本和不可控成本。

1. 可控成本

可控成本是指在短期通过工作人员的主观努力可以改变其数额大小的那些成本。变动成本一般是可控成本。如食品原材料及饮料成本、燃料费等。

2. 不可控成本

不可控成本是指在短期内无法通过主观努力改变其数额大小的那些成本。固定成本一般是不可控成本。

(四) 根据成本和决策的关系划分

餐饮成本按成本和决策的关系可分为边际成本和机会成本。

1. 边际成本

边际成本是指为增加一定产销量所追加的成本。在餐饮企业管理中,需要增加餐饮产品的产销量,以增加收入。产销量的增加不是没有限制的,当其超过一定限度时,市场供求关系会发生变化,成本份额也会随之发生变化,从而使利润减少。

2. 机会成本

机会成本是指从多种方案中选择一个最佳方案时,被放弃的次优方案所包含的潜在利益。

特别提示

从经营决策来看,当边际成本和边际收入相等时,利润最大。因此,边际成本是确定餐饮产品产销量的重要决策依据。

（五）单位成本和总成本

单位成本通常是指单位平均成本,如每份菜肴成本或每杯饮料成本。总成本则是单位成本的总和。如某餐厅购入一批河虾20斤,总价1000元,用于烹制"水晶虾仁",如果这批河虾共烹制了25份"水晶虾仁",每份"水晶虾仁"的平均成本为40元,总成本为1000元。

特别提示

食品在加工过程中,其各种原材料成本是平行发生的,只要将各种同时发生的原材料成本汇总,即可得到产品总成本和单位成本。

（六）标准成本和实际成本

1. 标准成本

标准成本是餐饮企业在正常经营条件下以标准消耗量(产品销售定量要求制定的单位产品成本消耗量)和标准价格计算出的各经营项目的标准成本。重点是控制食品和饮料成本。

2. 实际成本

实际成本是餐饮企业成本控制期内实际发生的各种食品成本、人工成本和经营费用。

三、餐饮成本的构成

餐饮成本从狭义上讲,即食品原材料的成本。其构成如下:

（1）主料成本。主料是指制成各种食品所用的主要原材料,如米、面、鸡、鸭、鱼、肉、蛋等。

（2）配料成本。配料指制成各种食品所用的辅助原材料,一般以各种蔬菜、瓜果等为主。

（3）调料(即调味品)成本。调料指制成各种食品所用的调味品用料,如油、盐、酱、醋、味精、胡椒、料酒、葱、姜等。

主料和配料不是一成不变的,由于食品品种多,烹制方法变化大,主料成本和配料成本也千变万化,在一种饮食食品中用作主料的原材料,在另一种食品中可能作为配料。如在烹制麻婆豆腐时,豆腐是主料;在烹制鱼头豆腐时,鱼是主料,而豆腐则变为配料。

四、餐饮成本的计算方法

餐饮成本的计算方法为:

餐饮企业食品成本 = ∑（食品原材料成本）；

如果将燃料记入成本，则，餐饮企业食品成本 = ∑（食品原材料成本 + 燃料成本）。

第三节 餐饮企业成本费用管理原则

企业成本费用管理既要符合国家有关规定，又要切合企业实际情况来实施管理。归纳起来，餐饮企业成本费用管理有以下几项原则：

一、严格遵守成本开支的范围及费用开支标准，不乱挤成本

因为成本费用的高低直接影响到利润的高低，因此国家对成本费用开支的范围作了明确规定，不得随意扩大开支范围。例如，资本性支出，对外投资支出，股利分配，没收财产的损失，支付各项赔偿金、违约金、滞纳金、罚款以及赞助、捐赠支出等不得列入成本费用。企业财务制度也规定了各项成本费用开支限额，这些法规制度必须严格执行。

二、正确处理降低成本费用与保持产品质量和服务质量的关系

降低成本费用的含义是指在不影响产品质量和服务质量的前提下，餐饮企业主要应从其内部挖掘潜力，力求节约，减少浪费，千万不可因降低成本费用而降低产品质量和服务质量。

三、实行目标成本管理

所谓目标成本管理，是对各项成本费用的发生进行事前预测（预算），通过编制成本费用预算（计划），确定目标成本，把总目标成本分解至各个月份，落实到各个部门实施完成。

降低成本费用的误区。

如果餐饮企业以降低服务质量来追求降低成本费用，这就无异于饮鸩止渴，最终会降低竞争力，丧失应得的利润。

第四节　餐饮企业成本管理制度

一、餐饮企业成本管理的含义

餐饮企业成本管理是企业在生产经营过程中对成本核算、成本分析、成本决策和成本控制等一系列科学管理行为的总称。

成本管理对于企业加强经济核算、增收节支、提高经济效益、改善经营管理、提高企业整体管理水平具有重大意义。

二、餐饮企业成本管理制度

餐饮企业成本管理的基本制度包括岗位责任制、质量责任制、经济责任制。

三、餐饮企业成本管理的基本内容

餐饮企业为加强企业成本控制，可根据《中华人民共和国会计法》《企业财务通则》等有关规定，并结合本企业的经营特点制定《餐饮企业成本管理制度》。其主要内容可包括以下几点：

（1）总则；

（2）成本管理的内容；

（3）成本计算方法；

（4）成本核算的内容；

（5）各项定额管理制度；

（6）食品原材料及饮料的计量、收发、领退、盘点等管理制度；

（7）食品管理制度；

（8）成本分析制度；

（9）成本控制的内容。

餐饮企业成本形成管理规定

（1）为控制成本形成，确保标准成本预算的实施，要对采购、收货、领用、内部调拨和盘点等成本形成过程进行管理。

（2）库房收货必须填入库单，厨房领料必须根据生产需要填写领料单。

（3）财务部门根据食品采购计划控制进货成本。

(4)财务部门每月末进行库房原材料盘点;夜间停止营业后,对厨房原材料进行盘点,以确保账物相符,使成本核算准确、真实。

(5)组织采购员到厨房学习,了解食品原材料的出成率,确保原材料采购质量,有效地控制成本形成过程。

第五节 餐饮成本控制的内容

餐饮成本控制包括对有形成本和无形成本的全方位控制,它渗透到企业一切经营活动之中,贯穿于经营管理活动的全过程。因此,餐饮企业必须建立成本控制系统,强化成本预算约束,推行质量成本控制方法,实行成本定额管理、全员管理和全过程控制。

一、餐饮成本控制的概念

餐饮企业成本控制是按照成本费用管理的有关成本预算要求的规定,对成本形成整个过程的每项具体活动进行监督,使成本费用管理由事后算账转为事前预防性管理。

具体来说,成本控制是指:
(1)采用一定的控制标准;
(2)对成本形成过程进行监控;
(3)采取有效措施及时纠正偏差;
(4)使经营耗费和支出限额在规定的标准范围内。

餐饮企业要提高经济效益,就必须对成本进行严格的控制。成本控制在财务管理中起着很重要的作用:

首先,通过成本控制,可以及时规范各项成本的发生,使成本控制在事先制定的标准之内,促使餐饮企业降低成本,增加利润。

其次,成本控制与成本预算是密切相关的,在日常成本控制是按预算进行的,从而保证企业全面完成成本预算。

再次,通过成本控制,能促使企业正确地贯彻和执行有关成本方面的法规和制度,以确保企业实现降低成本的目标。

成本降低与成本控制的区别

(1)成本控制以完成预定成本限额为目标,而成本降低以成本最小化为目标。

（2）成本控制仅限于有成本限额的项目，而成本降低不受这种限制，涉及企业的全部活动。

（3）成本控制是在执行决策过程中努力实现成本限额，而成本降低应包括正确选择经营方案，涉及制定决策的过程，包括成本预测和决策分析。

（4）成本控制是指降低成本支出的绝对额，故又称为绝对成本控制；成本降低还包括统筹安排成本、数量和收入的相互关系，以求收入的增长超过成本的增长，实现成本的相对节约，因此又称为相对成本控制。

二、餐饮成本控制程序

餐饮企业成本控制是实现成本目标的主要手段，同时又要适应管理量化的要求，一般遵循以下控制程序：

（一）制定餐饮企业成本控制标准

成本控制标准是对各项成本开支和资源消耗规定的数量界限，是成本控制及成本考核的依据，具体包括：

(1)目标成本（即预算成本）；

(2)各种消耗定额（是指原材料、饮料、酒水、餐具、物料用品、低值易耗品等的消耗定额）；

(3)经营费用开支限额。

（二）衡量成效

执行控制标准是对成本的形成过程进行具体的监督和调节，然后将实际执行结果和原定标准进行比较，根据发生的偏差判断成本控制的成效。实际耗费小于控制标准称为顺差，表明成本控制取得良好成效；反之称为逆差，表明成本控制的成效不好。如果实际耗费脱离成本的目标，应分析成本偏差的程度和性质，找出原因，为纠正偏差提供依据。

（三）纠正偏差

针对产生逆差的原因，采取措施，使实际耗费达到标准的要求。

为了按上述程序有效进行成本控制，企业必须建立成本控制体系，实行成本分级归口管理责任制，把成本分解为各项指标层层下达，调动企业各部门和全体员工的积极性，从各个角度开展全面的成本管理，使成本预算落到实处，然后与工效挂钩。

三、餐饮成本控制的方法

标准成本控制法是餐饮企业成本控制的主要方法。标准成本是指餐饮企业在正常经营条件下以标准消耗量和标准价格计算出的各经营项目的标准成本。标准成本控制是指以各经营项目的标准成本作为控制实际成本时的参照依据,也就是对标准成本率与实际成本率进行比较分析的方法。实际成本率低于标准成本率称为顺差,表示成本控制较好;实际成本率高于标准成本率称为逆差,表示成本控制欠佳。

标准成本计算法(Standard Costing)包括产品和服务成本的预先估计、实际成本的归集与计算、实际成本与预计成本的比较。预先估计的成本即为标准成本,它与实际成本的差额为成本差异。对标准成本与实际成本差额进行分析的过程称为差异分析。

四、餐饮成本控制操作程序

成本控制组设专人负责对餐饮企业的食品、酒水成本进行核算、分析与控制。在餐饮成本控制过程中,应把握以下几个环节:①控制食品原材料进价,成本组要定期与采购组、餐饮部共同对市场价格进行调查分析,采取有效措施购入价廉物美的食品原材料,控制和降低进价成本;②控制食品原材料初加工过程中的成本,减少浪费,提高净料率;③制定各个菜肴标准成本,以此确定销售价及期望毛利率,为实际生产销售中控制成本创造条件;④经常、及时地与各厨房保持密切联系,了解掌握食品生产销售情况,确保预定毛利率的实现;⑤制定各类酒水饮料的标准成本及售价,每天核算控制各类酒水的成本。

(一)食品成本核算控制操作程序

(1)每天及时收集各厨房的领料单、调拨单、内部招待单等有关凭据,认真进行审核。

(2)对各厨房的食品原材料耗用情况分类进行统计核算。

① 库房领用,各厨房从食品仓库领用的冷冻食品、干货食品、粮油等。

② 直拨厨房,经收货验收后直接进入厨房的鲜活食品、蔬菜等。

③ 内部调拨,指各厨房间因生产销售需要而临时互相调拨的食品原材料。

④ 企业请客,因业务交际往来,企业内部请客吃饭消耗的食品原材料。

(3)编制"食品成本日报表"。

① 将分类统计核算出的食品成本分别填入各餐厅的食品成本栏内。

② 将各餐厅的经营销售额分别填入各餐厅的销售收入栏内。

③ 核算出各餐厅的食品成本率与毛利率。

④ 根据各餐厅"收款员工作报表"中提供的数据,统计核算出各餐厅的人均消

费额及上座率。

⑤综合汇总编制完成"食品成本日报表",并附上情况分析说明。

(4)每月月末对库存食品原材料进行盘点,做到账实相符,采取"以存挤销"的方法,每月末到厨房进行盘点,计算出当月食品原材料的实际消耗数,保证成本的真实准确。

(5)编制每月食品成本核算表,反映当月食品实际成本、成本率、毛利率、上座率及人均消费额等情况。

(6)根据当月食品成本情况,写出分析报告。

(7)将月报表及报告分送采购成本控制部、餐饮部及总经理室。

(二)酒水成本核算控制操作程序

(1)制定各类酒水饮料的标准成本及售价。

(2)审核酒吧、咖啡厅的"每日酒水收发存报表",统计各类酒水的成本。

(3)核算控制宴会酒水,在宴会结束时,对已领出并已计入销售额,但客人未用而退回的酒水,不能计入当日的酒水成本中,可按账外盘盈重新入库登账。

(4)编制每日酒水饮料成本报告。

(5)月末编制"酒水饮料成本核算月报表",并根据经营销售情况写出分析报告。

(6)将月报表及分析报告分送采购成本控制部、餐饮部及总经理室。

 课后练习

一、案例分享与思考

(一)案例分享

1.标准成本控制法实例

背景介绍:

某餐厅某月实际成本60万元,标准成本65万元,营业收入150万元。

问题呈现:分析该餐厅成本差异。

分析提示:

实际成本率 $= \dfrac{60}{150} \times 100\% = 40\%$

标准成本率 $= \dfrac{65}{150} \times 100\% = 43.33\%$

实际成本率比标准成本率小3.33%,说明该企业成本费用控制较好。

2.餐饮企业成本费用管理规范

背景介绍:

(1)餐饮企业成本费用管理规范

① 制定和修改餐饮企业成本费用管理规范和制度,设计成本费用控制程度。
② 进行餐饮企业成本费用预测,编制成本费用预算,确定成本费用目标。
③ 成本费用指标分解至各个部门,然后下达成本费用控制任务。
④ 制定和修改原材料消耗定额、物料用品使用定额、费用开支限额。
⑤ 指导并审核各部门编制成本费用预算。
⑥ 检查考核各部门成本费用预算执行情况。
⑦ 组织各部门进行评估。
(2) 各营业部门成本费用管理规范
① 组织执行企业成本费用管理规范。
② 组织编制本部门成本费用预算。
③ 对本部门成本费用指标进行分解,任务落实到个人。
④ 检查本部门成本费用的执行情况。
⑤ 组织本部门考核、评估。
问题呈现:餐饮企业成本费用管理规范的内容。
(二) 思考题
1. 什么是成本、餐饮成本?
2. 如何进行餐饮成本的分类?
3. 餐饮成本的构成是什么?餐饮成本如何计算?
4. 简述餐饮企业成本费用管理的原则。
5. 什么是餐饮企业标准成本控制?
二、本章闯关测试
简述餐饮成本控制的程序。

第二章　餐饮企业采购成本控制

引　言

餐饮企业餐饮成本控制的第一步就是采购成本控制,采购成本控制是食品生产前的成本控制之一。采购成本控制目标包括采购价格控制、采购数量(批量)控制、采购质量控制、采购结算控制四个环节,这四个环节是不可分割的。本章着重对采购人员的素质、采购成本的含义、采购程序、采购标准、采购方式、采购价格控制、采购数量控制、采购质量控制、采购验收入库控制、采购结算控制等方面分别进行阐述。

学习目的

熟悉各种采购方式、采购程序,掌握采购成本控制的方法。
1. 了解对采购人员的素质要求。
2. 熟悉采购程序、采购标准、采购方式。
3. 掌握采购价格控制。
4. 掌握采购数量控制。
5. 掌握采购质量控制。
6. 掌握采购验收入库控制。
7. 掌握采购结算控制。

关键词

采购成本控制

第一节　餐饮企业采购成本控制概述

一、餐饮企业如何选择最佳采购人员

（一）采购人员应具备的业务素质

（1）根据客人的特点和需求，积极组织货源，千方百计地联系各种货源渠道，并对其充分比较，以满足各方面的不同需要。

（2）熟悉业务，了解行情和有关部门的供应方法，深入细致地进行市场调查研究，掌握市场供应的第一手资料。

（3）会同主管和厨师长，根据餐饮企业需要和市场行情，制订长期和短期采购计划。

（4）与厨房保持密切联系，主动了解隔日订货，准确地掌握第一线的实际需要量。

（5）采购的食品原材料必须质量可靠、价格合理、数量准确，达不到上述要求一律拒收。

（6）会同装卸人员，严格执行食品卫生制度和安全措施。运输中人不离货，生熟分开、荤素分类、合理堆放、轻装轻卸，并防止遗落、破损和污染。

（7）遵守财经纪律，如发生短缺、被窃事件应立即查明原因，及时报失，同时向有关领导汇报。

（8）提货时按原始发票严格验收，货物进库或送交粗加工时，凭发票与有关人员当面点清，以备查对。

（9）参加培训，工作主动，发扬"四勤"精神，即眼勤、口勤、手勤、脚勤，完成领导交办的其他各项任务。

（二）采购人员道德准则

（1）要具有基本的职业道德和敬业精神，不得损公肥私。

（2）与上级、同事及供应商做好沟通、协调工作。

（3）在采购活动中做到公正、诚实、原则性强。

（4）不允许接受礼物，更不许高价采购和收取回扣。

一个好的、理想的采购员可以为餐饮企业节约2%以上的餐饮成本

对于一般餐饮企业来说，采购部门比较难以控制，采购工作往往又被人们误解为"肥差"，但从企业管理角度来看，采购这一职位是企业管理工作的重要组成部分,做好采购环节的成本控制,可以有效地堵塞漏洞,降低采购成本,增加企业利润,实现"采购利润杠杆效应"。

从事餐饮采购管理的工作人员必须清晰地认识到:一名优秀的采购员,总是将企业的成本放在首位,而采购工作的好坏和采购人员的诚实、踏实与否直接相关,影响到餐饮成本率,餐饮采购管理是餐饮成本控制的重要环节。可以毫不夸张地说,一个好的、理想的采购员可以为餐饮企业节约2%以上的餐饮成本。

二、餐饮企业采购与采购成本的含义

(一)采购的含义

采购是指需方向供方购买货物或服务的一种商业行为过程,也就是将货币资金转化为实物的交易过程,也可称其为"以钱索物"的过程。而餐饮企业采购是指通过各种交换方式,按照本企业生产餐饮食品的质量和价格要求,购入必需的原材料、餐厨用具、物耗用品等的行为过程。

(二)采购成本的含义

餐饮企业的采购成本可分为狭义和广义两种。

狭义上的采购成本是指原材料购买价款、相关税费、运输费、装卸费、保险费以及其他可归属于采购成本的费用。

广义上的采购成本即整体采购成本,又称为战略采购成本,是指在餐饮产品的整个生产周期中所发生的与采购物品相关的全部成本。

(三)影响餐饮企业采购成本的因素

(1)原材料采购战略:采购战略对采购成本的影响是决策性与根本性的。因为采购战略统筹着采购活动的各个方面。

(2)原材料采购价格:原材料采购价格即买价,是指企业购入原材料的最终价格。原材料买价是构成采购成本的主要因素,也是影响企业采购成本最为直接的因素。

(3)原材料采购数量:包括原材料采购批量和原材料采购批次,是影响采购成本的重要因素。采购的数量越大,采购的价格越低,正好形成反比。

(4)原材料采购质量:原材料采购质量是指供货商所提供的原材料特征与企业采购质量标准的一致性。如低于企业质量标准则会造成浪费,同时也是造成采购成本提高的直接因素。

三、食品原材料采购规格、选购标准的制定

食品原材料的品种与规格繁多,其市场形态各不相同,因此,必须按照本企业自己的经营范围,制定采购规格,即原材料规格,作为供货商和验收人员共同遵守的标准和验收依据。

(一)制定食品原材料采购规格标准

1. 采购规格标准的含义

采购规格标准是餐饮企业根据餐厅的具体需要,制定科学的、书面形式的、有固定格式的采购标准。对占食品成本接近一半的肉类、禽类、水产类原材料及某些重要的蔬菜、水果等都应制定采购规格标准。

2. 采购标准的内容

(1)编号、品名、类型,使用和入库时间要求。

(2)采购地点、质量要求、数量要求、最高限价、以往最低价格。

(3)填表人、使用部门。

3. 制定采购规格标准的要求

(1)制定采购规格标准要仔细分析菜单、菜谱,既要根据各种菜式的实际情况,也要考虑市场实际供求情况。

(2)一般要求厨师长、食品控制员、采购人员一起研究决定,力求使采购规格标准实用可行。

(3)规格标准和文字表达要科学、简练、准确。

特别提示

由于食品原材料的质量对餐饮产品的质量有着决定性的作用,且成本较大,采购时必须严加控制。

(二)制定食品原材料选购标准要求

1. 主食类

(1)大米选购标准

① 米粒均匀饱满、完整、坚实而重。

② 光洁明亮,无发霉,无石粉、砂粒、虫等异物。

(2)面粉选购标准

①粉质干松、细柔而无异味。

②按蛋白质含量的不同,分为3种。其一,低筋:蛋白质含量低,颜色最洁白,紧握后较易成团,宜做小西点及蛋糕。其二,中筋:蛋白质含量略高于低筋,宜做面条。其三,高筋:蛋白质含量最高,其色微黄,紧握后不易成团,宜做面包。

(3)杂粮选购标准

看其是否均匀饱满、完整、坚实,是否有虫,是否是当年新上市的等。

2. 副食品

(1) 肉类选购标准

① 家畜类：其一，品质好的猪肉瘦肉部分为粉红色，肥肉部分为白色且清新，硬度适中，无不良颗粒存在，肉质结实，肉层分明，质纹细嫩，指压有弹性，表面无出水现象。其二，品质好的牛肉瘦肉部分为桃红色，肥肉呈白色，而牛筋则为浅黄色。其三，病畜肉上常有不良颗粒，瘦肉颜色苍白；死畜肉呈暗黑色或放血不清有瘀血现象；肉皮上未盖检验章为私宰牲畜，无质量保障。

② 家禽类：其一，活的家禽类，头冠鲜红挺立，羽毛光洁明亮，眼睛灵活有神，腹部肉质丰厚而结实，肛门洁净而无黏液为佳。其二，杀好的家禽类，外皮完整光滑，整体肥圆丰满者为佳。

③ 内脏：其一，猪肝。挑选猪肝时应先看外表，表面有光泽，颜色紫红均匀的是正常猪肝。用手触摸时，有弹性，无硬块、水肿、脓肿的是正常猪肝。另外，有的猪肝表面有菜籽大小的小白点，这是致病物质侵袭肌体后，肌体保护自己的一种肌化现象，把白点割掉仍可食用。如果白点太多就不要购买。其二，猪肚。挑选猪肚时应首先看色泽是否正常。其次(也是主要的)看胃壁和胃的底部有无出血块或坏死的发紫发黑组织，如果有较大的出血面就是病猪肚。最后闻有无臭味和异味，若有就是病猪肚或变质猪肚，这种猪肚不要购买。其三，猪腰。挑选猪腰时首先看表面有无出血点，有者便不正常。其次看形体是否比一般猪腰大和厚，如果是又大又厚，应仔细检查是否有肾红肿。检查方法是用刀切开猪腰，看皮质和髓质(白色筋丝与红色组织之间)是否模糊不清，模糊不清的属于不正常。

肉类检验检疫票据验收

首先，猪肉检疫票据。猪肉检疫票据主要包括动物产品检疫合格证明、肉品品质检验合格证(屠宰场肉品品质检验合格证)、动物及动物产品运载工具消毒证明、出境动物产品检疫合格证(非本市)、"瘦肉精"检测合格证明、非疫区证明(非本市)。

其次，其他肉类票据。其他肉类票据主要包括清真畜禽屠宰认证标志(牛羊肉)等。

(2) 水产类选购标准

① 鱼类：其一，鳞片整齐而完整。其二，眼睛明亮呈水晶状。其三，鱼鳃鲜红，鱼肚坚挺而不下陷，鱼身结实而富有弹性。其四，只有正常的鱼腥味而无腐臭味。

② 虾类：其一，鲜虾种类繁多，不同种类色泽不同。其二，虾身坚挺、光滑、明

亮而饱满。其三,虾身完整,头壳不易脱落。其四,具有自然虾腥味而无腐臭味。

③ 蟹类:其一,蟹身丰满肥圆。其二,蟹眼明亮、肢腿坚挺、胸背甲壳结实而坚硬。其三,腹白而背壳内有蟹黄。

④ 蛤蚌螺类:其一,外壳滑亮洁净。其二,外壳互敲时声音清脆,无腐臭味。

⑤ 海参类:其一,肉身坚挺而富有弹性。其二,洁净而无杂质及腐臭味。

⑥ 牡蛎类:其一,肉质肥圆丰满。其二,上部洁白而坚硬。其三,无腐臭味。

⑦ 墨鱼:肉身洁白、明亮、坚挺而富有弹性。

⑧ 鱼翅:翅多而长且光洁滑亮。

(3) 蛋类选购标准

① 鲜蛋类:其一,新鲜蛋外壳粗糙无光泽,且清洁无破损。其二,以灯光照射,其内应透明,无混浊或黑色。其三,蛋气量要小,用手摇之无震荡感。其四,蛋放入盐水中会沉下去。其五,蛋打开后,蛋黄丰圆隆挺,蛋白透明坚挺并包围于蛋黄四周而不流散。

② 皮蛋类:外壳干净无黑点,手拿两端轻敲时,有弹性震动感。

3. 调味品类

(1) 食用油类选购标准

① 如何识别地沟油:

一看。看透明度,纯净的植物油呈透明状,地沟油在生产过程中由于混入了碱脂、蜡质、杂质等物,透明度会下降;看色泽,纯净的油为无色,地沟油在生产过程中由于油料中的色素溶于油中,油才会带色;看沉淀物,地沟油沉淀物的主要成分是杂质。

二闻。每种油都有各自独特的气味。可以在手掌上滴一两滴油,双手合拢摩擦,发热时仔细闻其气味。有异味的油,说明质量有问题,有臭味的很可能就是地沟油,若有矿物油的气味更不能买。

三尝。用筷子取一滴油,仔细品尝其味道。口感带酸味的油是不合格产品,有焦苦味的油已发生酸败,有异味的油可能是"地沟油"。

四听。在油层底部取一两滴,涂在易燃的纸片上,点燃并听其响声。燃烧正常无响声的是合格产品;燃烧不正常且发出"吱吱"声音的,水分超标,是不合格产品;燃烧时发出"噼啪"爆炸声的,表明油的含水量严重超标,而且有可能是掺假产品,绝对不能购买。

五问。问商家的进货渠道,必要时索要进货发票或查看当地食品卫生监督部门抽样检测报告。

另外,利用金属离子浓度与电导率之间的关系,通过检测油的电导率即可判断油中金属离子量。多次实验表明,潲水油电导率是一级食用油的5倍至7倍,因此,用此种方法可以准确识别出潲水油。

② 液体油以清澈、无杂质、无异味者为佳。
③ 固体猪油以白色、无杂质且具有浓厚香味者为上品。

(2) 酱油类选购标准

有品牌,经相关部门检验并有明显标示,具有豆香味,无杂质及发霉。

(3) 食盐选购标准

色泽光洁、无杂质、干松为佳。严禁购置工业盐。

(4) 味精选购标准

色泽光洁、无杂质、干松为佳,用火烘烤会溶化者,即属真品。

(5) 食醋选购标准

食醋种类繁多,有清纯如水者,也有略带微黄者,还有颜色较深者,如镇江香醋和山西陈醋。选购时以清澈、无杂质为佳。

(6) 酒类选购标准

调味用酒以黄酒、高粱酒、米酒居多,宜选用清澈、无杂质者。

(7) 糖类选购标准

干松而无杂质为佳。

四、制订采购计划

采购计划是指餐饮企业根据经营状况及未来营业量预测食品原材料与物品的需求状况编制的采购计划,分为年、季、月、旬、日采购计划,并确定最佳的采购方案。

餐饮企业管理人员要根据餐饮的营运特点,制订周期性的原材料采购计划,减少无计划采购。

(一) 年度采购计划的编制

(1) 每年年底之前,餐饮企业组织编制下一年经营所需原材料及物料采购计划表。

(2) 由总经理主持,财务经理负责组织编制,各部门经理共同参与。

(3) 以本年度餐饮企业经营发生的各项原材料及物料实际使用量及消费金额为依据,结合下一年的实际情况进行预测的数据编制。

(4) 经财务同各有关部门多次商讨、修改后的年度采购计划报总经理审核、批准。

(5) 以年度采购计划为主体,认真编制切实可行的月度采购计划。

(二) 月度采购计划编制

(1) 财会部成本控制组主要负责编制月度采购计划。

(2) 每月25日前各业务部门根据下月所需原材料及物料情况,填制部门采购计划表送财务成本控制组。

（3）成本控制组根据各部门经营的实际情况，确定各项原材料及物料申购的数量。

（4）通过仓库了解各部门的原材料及物料库存量，在保证能够供应的前提下，删减暂不需要的申购数。

（5）将各仓库提供的下月需补充库存原材料及物料的资料，按品种、数量列入下月采购计划。

（6）请采购组审核、填制各项原材料及物料的单价。

（7）成本控制组汇总企业下月实际采购原材料及物料的计划，编制后上报审批。

（8）经财务部经理、总经理分别同意后下达。

（9）由采购组统一组织采购。

五、餐饮企业食品原材料采购方式

为餐饮企业设计科学合理、适应自身经营情况的食品原材料采购工作方式是餐饮采购成本控制的重要环节。

（一）即时采购

餐饮企业在经营过程中根据实际经营情况变化提出的超出计划采购范围的采购申请称为即时采购。即时采购使用范围包括：

（1）不易储存的新鲜食品原材料。不易储存的新鲜食品原材料必须现用现买，一般上午十点采购午餐需用的新鲜食品原材料，下午两点采购晚餐需用的新鲜食品原材料。

（2）销量超过销售预测的食品原材料。菜肴销售量超过日常预测范围时，计划采购的食品原材料就会不能满足使用需求。

（3）突然增加新产品所需的食品原材料。当库存没有餐饮企业创新或客人预订的特别菜肴所需的食品原材料时，就需要即时采购。

（二）定额采购

根据计划采购和库存量的变化，由库房定期提出的采购计划即为定额采购。亦称季、月采购。定额采购的特点：

（1）采购的种类主要是适合储存的食品原材料。如干货原材料、调料、冷冻食品、罐头食品等。

（2）需要建立严格的周期性询价、报价制度。

①目前，餐饮企业的直接进厨房原材料大都实行每10天（或7天）为一个定价周期，对于日常价格相对稳定的品种则实行旬价、月价制。

② 建立周期性市场询价制度并严格落实。这样不但有助于及时发现市场的价格变动情况，同时也可以发现时令菜肴，丰富餐饮的菜食品种。

③ 执行分级定价方案。目前，餐饮企业成熟运用的分级定价，有效制约了投标人、定价人及采购部三方。即投标人每旬投标，定价人和采购部人员共同开箱，采购部输入投标价，餐饮部和采购部从另一方输入市场询价，由定价人根据三个渠道得来的食品原材料价格信息进行比较、筛选，综合情况进行定价，三方不见面。

（三）统一管理、统一采购

在市场经济条件下，在不超过价格弹性范围的情况下，采购食品原料的数量越多，压低价格的筹码就越高。餐饮连锁有限公司（集团）均采用"统一管理、统一采购"的政策，从而降低采购成本，有效控制库存，提高规模效益。

第二节　餐饮企业采购程序

采购程序是规范采购工作，以制度和规则来确保采购环节正常运行，从而降低采购成本、增加效益的一种制度。

一、采购申请

餐饮企业各部门、仓库管理人员根据食品原材料实际需用量提出采购申请。

（一）年度、季度、月度采购申请

年度、季度、月度采购申请按已经审核、批准后的年度、季度、月度采购计划直接填制"餐饮企业食品原材料订购单"（见表2-1），不用再填制"食品原材料采购申请单"。

表2-1　×××餐饮企业食品原材料订购单

＿＿＿年＿＿＿月＿＿＿日

供应商＿＿＿＿＿＿＿＿　　采购单位＿＿＿＿＿＿＿＿
付款方式＿＿＿＿＿＿＿＿　　采购员＿＿＿＿＿＿＿＿

原材料名称	订购数量	规格	单价	交货日期	价款小计

订货人：

(二) 日常食品原材料申购

1. 食品原材料（含饮料）的申购

(1) 厨房部每天 15 点前完成填制次日需使用的"餐饮企业食品原材料采购申请单"（见表 2-2）的工作，经总厨师长签字后直接送采购组（或采购员）。

表 2-2　×××餐饮企业食品原材料采购申请单

申请部门：　　　　　　　　　　　　　　申购日期：

产品编号		名称	使用时间	
标准	数量	质量要求	最高限价	以往最低限价
合计				
建议采购地点：				建议人：

申购人：

如急需饮料申购的应填制"餐饮企业饮料采购申请单"（见表 2-3）。

表 2-3　×××餐饮企业饮料采购申请单

申请部门：　　　　　　　　　　　　　　申购日期：

饮料名称	采购数量	规格	单价	供应商	交货日期	价款小计
申请人：						审批人：

(2) 采购组（或采购员）对申购的食品原材料逐项核对，凡食品原材料库存能保证供应的给予删除并通知厨房到库房领取，其余的安排采购。

(3) 对单项食品原材料采购价格超过规定限额的，需报财务部经理或总经理核准签字后方能安排采购。

2. 物料用品采购申请

(1) 因经营管理需要临时购置零星物料用品的，各部门经理可按申购程序，填制"物料用品采购申请单",上报财务经理或总经理审批签字后,交采购组进行采购。

(2)采购大量的物料用品时,应列入年度、月度采购计划内,按规定逐级审批后采购。

二、采购审批

餐饮企业管理者从资金状况、库存情况、价格、采购费用等方面考虑对采购申请给予审查,以确认所提申请确为本企业生产经营所需,并批准或部分批准。

(一)采购审批的权限

(1)对于年、季、月计划采购由财务经理或总经理审核批准。

(2)对于每日直拨厨房的原材料,要按当天的经营情况和仓库现有储存量,来制定次日的原材料采购量;对于日常用食品原材料的零星采购,如一些蔬菜、水果、肉类、海鲜、调料等,可由厨师长会同仓库管理人员审批。

(3)对于价值较高、采购批量较大的重要物品如银餐具,重要的食品原材料如燕窝、鱼翅、鲍鱼等要实行二级控制,要经总厨申报,餐饮总监审核,报总经理审批。

(二)管理者审批时的要求

(1)管理者在审批时一定要认真斟酌本企业是否需要采购所申请的原材料以及计划采购的数量是否合理。

(2)管理者还需了解所需采购的原材料的市场价格,并与采购申请单上的价格进行对照,以确定在采购时是否需要继续砍价还是当出现采购困难时适当调高采购价格。

(3)管理者必须杜绝采购员与供应商相互勾结以从中获取回扣的现象。

三、采购

(一)餐饮企业食品原材料采购的特点

餐饮企业食品原材料品种繁杂,保质期短,价格变化大。特别是食品原材料的采购工作,是厨房成本控制的重点也是难点。

(二)制定采购方案

经审核、批准的每月食品原材料申购计划表中有食品原材料、饮料采购计划及当天厨房上报的申购计划。结合食品、饮料库存情况,根据市场行情,制定最佳采购方案。

(1)最佳数量,即经济批量(在本章第三节中阐述),按餐厅、酒吧实际耗量测算,防止积压。对价格昂贵的食品原材料,如燕窝、鱼翅、哈士蟆等,根据实际用量小批量进货,酒水饮料根据企业经营情况批量进货。

(2)最佳时间。对季节性较强的食品原材料,如虾仁、对虾等必须掌握在特定的季节内批量进货。

(3)最佳质量(在本章第三节中阐述)。必须保证质量,防止采购过期或临近到期的食品。

(4)最合理价格(在本章第三节中阐述)。掌握市场行情,采购物美价廉的食品原材料。

(5)最合理的交易对象。所选择的供应商既要能保质、保量、按时供货,又要价格合理。

(6)最合理的进货地点。在同等条件下,应先考虑本地,后考虑外地,原则上以方便实用为主。

(三)编制"采购明细单"

为了使制定的各种食品原材料的规格既符合市场供应,又满足厨房生产需求,厨房管理人员必须严格编制本企业的采购明细单,即"餐饮企业食品原材料订购单"(见表2-4)。

表2-4　×××餐饮企业食品原材料订购单　　编号:

申购部门:＿＿＿＿　　订货人:＿＿＿＿　　用料日期:＿＿＿＿
订货日期:＿＿＿＿　　采购申请单编号:＿＿＿＿　　供货商:＿＿＿＿

原材料编号	原材料名称	原材料规格	原材料数量	原材料价格
合计				

制表人:　　　　　　　　　　　　　日期:

(四)"购货合同"(三联单)

购货合同应为三联单,一联供应商,一联采购,一联收货组。签订购货合同时应做到:

(1)掌握市场行情,对各类食品、饮料做到心中有数。

(2)按企业要求,能保质保量按时供货。

(3)价格合理,符合市场行情,批量大有优惠。

(4)对于不符合质量要求的一律退货并拒绝付款。

加大科技投入,实现电子采购

电子采购将成为餐饮企业今后发展的一大趋势,因此餐饮企业应顺应潮流、及时行动,加大对电子商务的投入,逐步实现电子销售和电子采购一体化的在线供应链管理:一方面推行并不断改进"为订单而采购"的经营模式,最大限度地缩减销售物流与采购物流之间的中转环节——库存物流,按需求定供应,以信息换库存;另一方面再造销售模式和采购模式,逐步实现在线、实时的电子采购并不断提高其份额,向科技要效率,从市场争效益。

四、收货并验收入库

(一)验收人员的基本素质与要求

(1)热爱食品原材料验收工作,对企业有较高的忠诚度。有良好的职业道德和较强的责任心。在任何情况下都能做到忠于职守,坚持原则,秉公办事,勤恳踏实,认真负责,以企业利益为重。

(2)熟悉食品原材料品质特点和质量要求,掌握食品原材料的基础知识、采购规格与标准,能够运用科学的方法和丰富的经验对各种食品原材料的品质及品质等级进行恰当的检验鉴定。

(3)熟悉企业采购食品原材料的程序,与采购过程有关的财务制度和有关经济合同、价格、质量和食品卫生等的法律法规规定,尤其对本企业制定的"食品原材料的采购质量规格书"能够很好地运用,严格执行。能够熟练使用各种现代检验食品原材料品质的工具、仪器、设备等。

(4)能够严格按规定填写各种表格、单据并及时传递到相关的部门。具有处理因食品原材料质量不合格及订货价格、数量不符等原因而与供货单位协商退货的能力,以及对一些突发事件的应对处理能力。

(5)能安排适当的验货时间。尽量不要无间断验货、疲劳验货;验收员不得找人替代;验货时要集中时间,集中精力,保证验货质量。

(6)具有良好的个人卫生习惯,讲究验收环境的清洁卫生,保持自身的身体健康,并符合国家规定的卫生防疫标准。

(二)验收控制

验收控制是根据餐饮企业自己制定的食品原材料质量规格,检验购进原材料,核对购进原材料的价格、数量与报价和订货是否一致,并且将收到的各种原材料及时送至仓库或厨房（指直拨厨房）。因此，验收控制是原材料进入厨房和仓库的第一关。

（三）验收标准

验收标准是指餐饮企业行政总厨根据本企业的菜单，制定的适应市场且符合菜肴制作要求的原材料标准。对于直接进厨房的原材料，每日都要求由厨房专门的验收人员、采购验收人员进行验收把关。对于质量差、超预订的原材料坚决退回，保证流入厨房原材料的质量和合理数量。

（四）验收结果记录档案

验收结果记录档案要求采购和验收人员每日填写"采购验收日报表"。记录原材料供应情况，评价供应商的信用程度，并作好相关分析，每10天（定价前）要进行总结分析并将报告交餐饮部、财务部和总经理室。

第三节 餐饮企业采购环节成本控制

餐饮企业采购环节成本控制是餐饮市场竞争激烈的客观要求。在餐饮企业面临严峻挑战的时候，要生存、发展，就必须创新意、降成本，以提高企业的经济效益，增强企业的竞争能力。因此，餐饮企业必须加强对采购成本的控制，最大限度降低餐饮成本。

一、餐饮企业采购成本控制的目标

（一）采购食品原材料质量的稳定性目标

餐饮企业必须严格控制采购食品原材料的质量，因为食品原材料的质量直接影响企业食品的质量。食品原材料质量低劣是餐饮企业经营的大忌。

（二）采购时间、批量科学性目标

采购部门必须根据食品原材料库存情况，保质保量按时采购供应，满足客人的需求。

（三）采购的性价合理化目标

采购批量大时购买价格低，批量小、用料急、拖欠款或采购时令菜时价格高。采购部门必须想方设法以最合理价格进行采购。

（四）即时采购高效率目标

采购工作既要有条不紊，又要保证即时采购，确保企业正常经营。

二、餐饮企业采购价格控制

餐饮企业采购价格波动较大，影响价格波动的因素有：餐饮市场的需求程度、市场货源的供求情况、原材料供货渠道、供货商之间的竞争、原材料上市季节、节假日、采购数量的多少等。餐饮企业采购价格控制的方法有以下几种:

(一)限价采购

限价采购就是对需要购买的食品原材料规定或限定进货价格,此种方法适用于鲜活食品原材料。

(二)竞争报价

竞争报价是由采购部门向多家供应商索取供货价格表,或者是将本企业所需常用食品原材料写明规格与质量的要求,请供应商在报价单上填上近期或长期供货价格,采购部门根据提供的报价单进行分析,确定向谁订购。

特别提示

在确定供货商时,不仅要考虑到供货商供货的价格,还要考虑到供货商的供货信誉、送货的距离以及供货商的设施、财务状况等因素。

(三)规定供货单位和供货渠道

为了有效地控制采购的价格,保证食品原材料的质量,可指定采购人员在规定的供货商处采购,以稳定供货渠道。这种定向采购一般在价格合理和保证质量的前提下进行。在定向采购时,供需双方要预先签订合约,以保障供货价格的稳定。

(四)控制大宗和贵重食品原材料的购货权

贵重和大宗食品原材料的价格是影响餐饮成本的主要因素,因此应由餐饮部门提供使用情况的报告,采购部门提供各供货商的价格报告,具体向哪一家供货商购买由总经理定夺。

(五)提高采购批量和改变购货规格

根据需求情况,大批量采购可降低食品原材料的价格,这也是控制采购价格的一种策略。另外,由于食品原材料包装规格大小不一,选择适用的大规格购买也可降低单位成本。

(六)根据市场行情适时采购

当有些食品原材料在市场上供过于求、价格十分低廉且厨房日常用量又较大时,只要质量符合要求,可趁机适当多购进储存,以备价格回升时使用。新上市的食品原材料往往价格较高,应尽量少采购,满足需要即可,可等价格稳定后再采购。

三、餐饮企业采购数量控制

（一）采购数量控制的原因

餐饮企业采购食品原材料数量多少至关重要。采购数量太少，不仅会出现食品生产断档，难以满足客人需求，减少营业额，而且会因采购次数增多而增加采购成本。采购数量太多，不仅增加储存成本，而且会导致食品原材料变质；同时，也会占用大量流动资金，并且容易引发偷盗事故。

（二）易变质（鲜货）食品原材料采购数量控制

易变质（鲜货）食品原材料是指不宜长期保存的各类食品原材料，如海河鲜（水产）、肉类、禽类，以及新鲜水果、蔬菜、奶制品、面包等。餐饮企业通常采用两种方法来确定易变质（鲜货）食品原材料的采购数量。

1. 日常采购法

日常采购法适用于消耗量变化较大、有效保质期较短必须进行日常采购的食品原材料。如新鲜的肉类、鲜活的禽类、河鲜、海鲜，以及蔬菜、水果等原材料。每次采购数量可根据下列计算公式确定：

采购数量 = 当期需要量 - 现有存量

（1）当期需要量的确定。如果企业每两天采购一次鲜活和易变质的食品原材料，厨师长应根据菜单和自己的经验，确定每两天需用的鲜活和易变质食品的原材料数量。

（2）现有存量。应每天盘存容易变质的食品原材料，确定各种鲜活和易变质的食品原材料的现有数量。可以对某些食品原材料进行实地盘存，对另一食品原材料则需通过实地观察确定一个估计原材料量。

（3）计算当期需要量与现有存量之间的差额来确定本次应采购数量。

（4）根据特殊宴会、节日或其他特殊情况调整当期需要量。

特别提示

鲜货类原材料在采购时，必须掌握原材料的现有库存量，并根据预测的营业量，来决定采购数量。

2. 长期订货法

长期订货法适用于消耗量变化不大的鲜货类食品原材料，如面包、奶制品、鸡蛋、某些水果、蔬菜等。

餐饮企业与某家供应商签订购合同或协议，由供应商以固定价格每天或隔数天向企业提供规定数量的某种或某几种食品原材料。其价格和订货数量是固定不变的,如要变动必须重新商定。

餐饮企业通常使用"采购定量卡"(见表2-5),来控制每次的进货数量。"采购定量卡"一般由专人负责,如实记录各种原材料的实际库存量,然后通知供应商本企业的需要量。

表2-5　×××餐饮企业采购定量卡

　　　　　　　　　　　　　　　　　　　　　　　　　　　年　　月　　日

原材料名称	最高储备量	现存量	需购量

制表人:

(三)不易变质(干货类)食品原材料采购数量控制

不易变质(干货类)食品原材料是指可以相对长时间储存的食品原材料。大米、面粉、食盐、糖、味精、罐头等都是不易变质(干货类)食品原材料。这些食品原材料的包装物通常是盒子、袋子、瓶子、坛子等,在常温下储存数月之久也不会变质,可以批量采购。餐饮企业通常采用两种方法来确定干货类食品原材料的采购数量。

1. 定期订货法

定期订货法是指一种订货周期不变,但每次订货的数量任意的方法。订货期长短根据管理人员确定的不易变质(干货类)食品原材料允许占用的资金数额而定。计算各种不易变质食品原材料订货数量的方法如下:

本期订货量 = 下期需要量 - 现有存量 + 下期期末应存量

(1)下期需要量。下期需要量为订货周期内餐饮企业预测耗用食品原材料量,其计算公式为:

下期需要量 = 日平均消耗量 × 订货周期天数

(2)现有存量。现有存量是指订货前的库存食品原材料的盘存数。

(3)下期期末应存量。下期期末应存量是指每一订货期末餐饮企业必须预留的能满足至下一次进货日的食品原材料消耗量,其计算公式为:

下期期末应存量 = 日平均消耗量 × 订货在途数 × 1.5

订货在途数是指发出订货通知至食品入库所需天数。1.5是保险系数,主要防止交通运输、天气、供应情况等意外原因造成供货延误。有些餐饮企业还在下期期末应存量中加上一个保险储备量,以防不测,这个保险储备量的系数一般定为0.5。

【例2-1】 某餐饮企业大米每月订购一次,该大米的日消耗量为20千克,正常订货在途天数为1.5天。库存现有30千克,求20××年7月大米订货数量。

大米订货量 = 下期需要量 - 现有存量 + 下期期末应存量

= 日平均消耗量×订货周期天数 - 现有存量 + 日平均消耗量×订货在途天数×1.5

= 20×31 - 30 + 20×1.5×1.5 = 635(千克)。

2. 定量订货法

定量订货法是指订货数量固定不变,但订货周期任意的一种方法。餐饮企业应为每一种食品原材料都设计一张"食品原材料永续盘存表(卡)"(见表2-6)。

表2-6 ××餐饮企业食品原材料永续盘存表(卡)

计量单位: 　　　　　　　　　　　　　　　　　编号:

原材料名称		最高储备量		
单价		订货点量		
日期	订单号码	进货量	发货量	现存量

该表用于记录供货商的名称、地址、最高储备量、订货点量、订单号、单价,每次的进货量、发货量和结余(现有存)量。

餐饮企业根据本企业的仓库面积、流动资金、订货周期、食品原材料的日消耗量等因素来确定每一种食品原材料的最高储备量和订货点量。订货点量是指当某种食品原材料的储备量下降到应该立即订货时的数量,相当于定期订货法中的下期期末应存量。当现有存量等于或接近订货点量时,便由仓库管理人员发出订货通知,企业即组织采购。定量订货法订货数量的计算公式为:

订货数量 = 最高储备量 - 订货点量 + 日平均消耗量×订货在途天数

【例2-2】 海洋大酒店的面粉日均消耗量30千克,订货在途天数为2天,最高储备量为100千克,订货点量为40千克,20××年5月31日面粉永续盘存表上的结余(现有存量)数量已降至订货点量,求面粉的采购数量。

面粉的订货量 = 最高储备量 − 订货点量 + 日平均消耗量 × 订货在途天数
$$= 100 - 40 + 30 \times 2 = 120(千克)$$

国外,有许多餐饮企业以食品原材料质量与采购价格之比来评估采购效益。采购效益的计算公式为:

采购效益 = 食品原材料质量 ÷ 采购价格

【例2−3】某餐饮企业D食品原材料的采购价格为38元/千克,其质量被评为85分,求D食品原材料的采购效益。

D食品原材料的采购效益 = 食品原材料质量 ÷ 采购价格
$$= 85 \div 38$$
$$= 2.237$$

如果经过调查,发现相同质量的D食品原材料的价格仅为36元/千克,则其采购效益得以提高。

D食品原材料的采购效益 = 85 ÷ 36 = 2.361

如果以相同的价格可以购入质量为90分的D食品原材料,则也可以提高采购效益。

D食品原材料的采购效益 = 食品原材料质量 ÷ 采购价格
$$= 90 \div 38$$
$$= 2.368$$

因此,餐饮企业应在市场调研的基础上,定期测算购入食品原材料的采购效益,确保企业以最低价格采购尽量优质的食品原材料。

(四)餐饮企业最佳采购批量的确定

餐饮企业最佳采购批量是指通过合理安排进货时间和购进数量,使得原材料总成本达到最低的进货数量。餐饮企业采购批量的确定应精确且确定的依据要准确,采购批量确定应作为制度来执行,确保仓库和厨房管理人员根据企业生产情况和制度要求,确定每批采购量和两次采购之间的时间。

四、餐饮企业采购质量控制

餐饮企业餐饮成本控制的目的之一是最大限度地降低采购成本。但控制采购成本是以保证食品原材料的质量为前提的。虽然采购成本降得很低,但采购的食品原材料不能满足生产的需要或不能达到顾客的要求,则采购成本属于不能带来价值增值的成本。所以一定要严格按照质量要求采购,避免质量过低而影响正常的生产经营或质量过高而达不到餐饮成本控制的目的。

餐饮企业采购质量控制是极其重要的,企业为客人提供餐饮服务,一旦所提供的食品质量未达到顾客的满意程度,企业很可能失去顾客,这会造成没有回头客,给企业带来巨大损失。因此,采购质量控制是企业生存的保证。

战略采购

1. 什么是战略采购?

战略采购是以最低总成本建立业务供给渠道的过程,不是以最低采购价格获得当前所需原材料的简单交易。战略采购充分平衡企业内部和外部的优势,以降低整体供应链成本为宗旨,涵盖从原材料描述直至付款的整个采购流程。包括以下几个重要原则:

(1)总体拥有成本考虑——战略采购的基本出发点

成本最优往往被许多企业误解为价格最低,这是错误的。采购的决策影响着后续的原材料运输、调配、维护、调换,乃至长期产品的更新换代,因此必须有总体成本考虑的远见,必须对整个采购流程中所涉及的关键成本环节和其他相关的长期潜在成本进行评估,例如,由于特定采购原材料或设备带来的配套原材料和设备的获取、安装、维护、运作和清理成本等。在进行总体成本评估时,不妨尝试先用以下这个简化的方法考虑:总体拥有成本=价格+使用成本+管理成本。

(2)建立坚实谈判基础——事实和数据信息

谈判不是一味压价,而是基于对市场和自身的充分了解和长远预期的协商。总体成本分析、供应商评估、市场评估等为谈判提供了有力的事实和数据信息,帮助企业认识自身的议价优势,从而掌握整个谈判的进程和主动权。

(3)战略合作关系——互赢

互赢理念在战略采购中也是不可缺少的因素。许多先进的国际企业都建立了供应商评估、激励机制,与供应商建立长期的合作关系,确立互赢的合作基准。例如帮助供应商优化运输计划,承诺最低采购量和价格保护等。

(4)权力制衡

企业和供应商都有其议价优势,如果对供应商所处的行业、供应商业务战略、运作、竞争优势、能力等有充分的认识,就可以帮助企业发现机会改善其目前的权力制衡地位。越来越多的企业在关注自己所在的行业发展的同时,开始关注延伸供应链上相关行业的前景,考虑如何利用供应商的技能来增强自己的市场竞争力。

2. 战略采购的主要方式

(1) 集中采购

通过采购量的集中来提高议价能力，降低单位采购成本，这是一种基本的战略采购方式。许多国内企业纷纷建立集中采购部门或货源事业部，对集团的生产性原材料或非生产性物品进行集中采购规划和管理。

集中采购一定程度上减少了采购物品的差异性，提高了采购服务的标准化，减少了后期管理的工作量，但集中采购也增加了采购部门与业务部门之间沟通和协调的难度，增加了后期调配的难度。因此，集中采购对于地区采购物品差异性较大的企业来说适用性较小。

(2) 扩大供应商基础

通过扩大供应商选择范围，引入更多的竞争，降低采购成本。跨国企业纷纷涉足中国，将中国作为原材料采购中心和制造中心，就是一个例证。但对于某些核心生产和服务机构的原材料/产品企业来说，往往会与少数战略合作伙伴建立长久关系，在保护核心技术的专有性的同时，也便于共同进行新产品/服务的开发和改良。

(3) 优化采购流程和方式

在将"采购量"和"供应商数量"这两个客观影响采购成本的硬项因素进行优化之后，进一步将成本降低空间转向软的管理优化方面。

例如：通过招投标方式引入竞争，充分发挥公开招标中供应商之间的博弈机制，科学公正地选择最符合自身成本和利益需求的供应商；通过电子化采购方式降低采购处理费用；通过科学的经济批量计算合理安排采购频率，降低采购费用以及仓储直接和间接成本；对供应商提供的服务和原材料进行有选择的购买。

事实上，供应商提供的任何服务都是有价格的，只是以直接或间接形式包含在价格中，所以企业可以将其细分，选择所需的原材料及配套服务，以降低整体采购成本。

(4) 原材料/产品/服务的标准化

在产品/服务设计阶段就充分考虑未来采购、制造、储运等环节的运作成本，提高原材料、工艺和服务的标准化程度，减少差异性带来的后续成本。这是技术含量更高的一种战略采购，是整体供应链优化的充分体现，但技术可行性往往是一大障碍。

(资料来源：广东培训网，罗生)

第四节　餐饮企业采购验收入库环节成本控制

餐饮企业采购验收入库成本控制的内容,包括根据餐饮企业自己制定的食品原材料质量规格,检验购进原材料,核对购进原材料的价格、数量与报价和订货是否一致,并且将收到的各种食品原材料及时送至仓库或厨房。因此,验收控制是食品原材料进入厨房和仓库的第一关。

一、采购食品原材料验收入库

（一）验收入库的含义

验收入库是指验收人员依据企业进货标准对购进的原材料、物品等进行规格、质量、数量的核对与检验,并对检验合格的原材料予以查收和及时入库。

（二）验收入库的作用

1. 验收入库是保管、储存好食品原材料、物品的基础

验收就是根据验收依据和凭证,对入库的食品原材料进行审核和查收。收货阶段的检验是做好食品原材料保管的前提和基础,这是因为食品原材料经过长途运输、装卸、搬运后,包装容易损坏,没有包装的食品原材料容易发生一些大小不同的变化,这种变化将影响到食品原材料的保管和使用。只有在入库时,将食品原材料的实际情况检验清楚,才能在今后的保管中有的放矢地采取措施,确保食品原材料的完好。所以对入库食品原材料必须进行认真细致的检查验收,才能为需用部门提供符合规格、数量准确、质量完好的食品原材料。

2. 验收入库是餐饮企业食品质量的保障

虽然入库交接时都要进行质量和数量的初次检查,但也难免会有漏洞。而且食品原材料经过多次的装卸、搬运,最终进入仓库时也容易发生质量或数量上的变化。因此,仓库对食品原材料的验收入库工作不仅为食品原材料的保管和使用打下基础,同时对厨房加工生产食品起到保护、保障作用。

3. 入库验收是索赔、退货、换货的依据

食品原材料等在进行验收入库时,如发现规格不符、质量不合格或数量不足,餐饮企业应向供货方申明拒付、退货、换货和索赔的依据。如向供货原材料单位（供货商）提供检验报告,这个报告一定要有详细的验收记录。

（三）确立明确的验收标准

餐饮企业行政总厨应根据本企业的菜单,制定适应市场且符合菜肴制作要求的食品原材料进货标准。对于直接进厨房的食品原材料,每日都要由厨房专门的验收人员、采购验收人员对食品原材料的数量、质量、价格进行验收把关。对于质量差、超预订的原材料坚决给予退回,保证流入厨房原材料的质量和数量。

(四)验收入库的要求

餐饮企业验收入库的基本要求就是要严格,而严格的具体要求又是准确、及时和认真。

(1)准确。认真校正和合理使用验收工具,严格按照合同规定的标准和方法进行验收,确保验收结果的准确性。

(2)及时。及时验收有利于加快商品的周转,不误索赔期。为加快验收,可采取先小批后大批,先易后难,先简后繁,先本地后外地等方法。验收结束要及时签收。

(3)认真。验收人员应明确每批食品原材料、物品验收的要求和方法,并认真按照验收入库标准和验收入库程序办事。要有高度的责任心,如验收中发现问题,要严肃对待、认真处理。拒付货款时既要理由充分,又要证据齐全。

(五)实行验收责任人制度

验收工作应由专职验收员负责,验收人员在业务上接受餐饮部的专业指导。验收人员应具备丰富的原材料知识,懂烹饪、识原材料、善鉴别,且需要定期走访市场,掌握第一手的信息。在验收人员的选择上,要求具备良好的职业道德素质,诚实、精明、细心、秉公办事。验收人员要做到"三个不收":对于超量进货、质量低劣、规格不符的不收;对于未经批准采购的食品原材料不收;对于价格和数量与采购单上不符的不收。每日验收要有餐饮部人员参与。验货结束后验收员要填写验收凭证,如果以后发现质量问题,第一责任人要承担责任。

(六)验收人员的工作内容

(1)负责餐饮企业食品原材料进企业时的收货验查工作。

(2)收货时严格把好检验关,杜绝一切不符合卫生标准及使用标准的原材料进企业。

① 认真核准数量,凡能称重量的必须过秤。

② 核准进货的品种、规格及型号。

③ 严把质量关,对三无产品(即无商标、无生产厂家、无生产日期)一律拒收,核查产品保质期限。

(3)核查购入原材料是否已列入"月度申购计划表"内,是否属经批准订购单内容,如不符一律拒收。

(4)及时办理收货手续。

① 根据发票编制收货日报,对发票未到的要办理无发票收货单,并列入收货日报内。

② 严格签收手续,做到货票相符、发票与日报相符、日报与实物相符。

（5）验收入库后及时通知申购部门前来领货，并办理领料手续。

（6）编制收货日报。

（7）月末协助成本、仓库、财务部门做好盘点及核对账目工作。

（8）同采购员、仓库保管员及成本控制员保持密切的工作联系，互通情况，及时解决工作中发生的问题。

（七）贵重食品原材料的管理

对于一些贵重的物品，应该建立标签制，并由管事组专人管理。如燕窝、鱼鲍等，不仅要有斤数，还要记录只数。对于一些贵重的海鲜，如龙虾、象拨蚌等也要求记录只数，以便于财务核算和控制。

二、食品原材料验收入库的程序

（一）验收入库的准备

验收准备是食品原材料验收入库的第一道程序，它包括货位、验收设备、工具及人员等的准备工作。

（1）收集、整理并熟悉各项验收凭证、资料和有关验收要求。

（2）准备所需的计量器具、卡量工具和检测仪器仪表等，并要准确可靠。

（3）落实入库物品的存放地点，选择合理的堆放和保管方法。

（4）准备装卸机械、操作器具和担任验收作业的人力。如有特殊货物，还须配备相应的防护用品，采取必要的应急防范措施，以防万一。

（5）进口食品原材料或原材料使用单位要求对食品原材料进行质量检验时，要预先通知商检部门或检验部门到库进行检验或质量检测。

（二）核对验收凭证

1. 检查进货的记录

根据订购单或订购记录检查进货。

2. 根据供货发票检查货物的价格、质量和数量

（1）凡可数的食品原材料，必须逐件清点，记录下正确的数量。

（2）以重量计数的食品原材料，必须逐件过秤，记录下正确的重量。

（3）对照采购规格标准，仔细检查食品原材料的质量是否符合要求。

（4）抽样检查箱装、匣装、桶装食品原材料，检查是否足量、质量是否一致。

（5）检查购货发票上的价格与供应商的报价、采购订购单上的价格是否一致。

（6）发现食品原材料价格不一致、重量不足、质量不符合要求时应拒收，或办理退货手续，填写"食品原材料退货清单"（见表2-7），并取得送货人签字，将退货单随同发票副联退回供货商。

表2-7　×××餐饮企业食品原材料退货清单

供应商名称：				□部分退货 □全部退货	
采购订单号码：		送货单号码：		发票号码：	
原材料名称	摘要	单位	数量	单价	总价
总金额：					
核准：					
验收员：		送货员签名：			

（三）办理验收手续

1. 验收记录和验收单

当送货的发票、食品原材料全部验收后，验收人员要在供货发票上签字，并填制"食品原材料采购验收单"（见表2-8）。

表2-8　×××餐饮企业食品原材料采购验收单

供应商名称：				□部分交货 □全部交货	
申请单位：		申购单号码：		采购订单号码：	
原材料名称	摘要	单位	数量	单价	总价
总金额：					
核准：					
验收员：			使用部门主管		

2. 无购货发票收货单

验收人员收到无购货发票食品原材料时，应填写"无购货发票收货单"（见表2-9），并在收货单上签名后一联交财务，一联作为存根留存。财务部门收到发票后,应送验收人员。验收人员将无购货发票收货单贴在发票背面,并在收货单上补填发票上的数额,然后由财务付款。

表2-9 ×××餐饮企业无购货发票收货单

项 目	数 量	单 价	小 计

验收员：

3. 验收后分流处理

食品原材料经验收合格后应尽快妥善处理。

(1) 直拨食品原材料时应立即通知使用部门(厨房)来领用。

(2) 分类、分库储存。凡是使用部门不直接领用的应及时按类别及储存要求分别送至干货仓库、冷藏室或冷库。

(四) 填制食品原材料"采购验收日报表"

采购和验收人员每日需要填写"采购验收日报表"(见表2-10),记录原材料收储情况,评价供应商的信用程度,并作好相关分析,每10天(定价前)要进行总结分析并将报告交餐饮部、财务部和总经理室。

表2-10 ×××餐饮企业采购验收日报表

订货日期：＿＿年＿＿月＿＿日　　　　收货日期：＿＿年＿＿月＿＿日

编号	供应商	原材料品名	收货单号	金额	收货部门	备注

制表人：　　　　　　　　审批人：

三、食品原材料验收入库成本控制

(一) 验收数量控制

验收人员验收时,首先保证食品原材料数量符合订货量、送货量,如短缺或多余均按实数验收。

(1) 可数的食品原材料必须逐一点数,如实记录其数量。

(2) 以重量计量的食品原材料必须逐一过秤,正确计算其重量。

(3) 仔细检查食品原材料验收的数量与订购单、发票的数量是否一致,如有差异应查明原因并按企业的规定处置。

(二) 验收质量控制

验收质量控制是指保证食品原材料采购规格、质量与送货规格、质量保持一致。验收人员必须仔细检查其规格、质量,如合格证明、规格、等级、商标、产地、性能、有效期等。发现食品原材料有质量问题时应坚决拒收,财务也应拒付款。

(三) 验收价格控制

验收人员应特别关注食品原材料采购价格。

(1) 检查购货发票上的价格与供应商报价、订购单上的价格是否相一致。如偏高,仍按订购单上的价格记账。

(2) 验收人员应经常进行市场调查,了解餐饮企业所需各种食品原材料的市场行情,掌握第一手资料,及时发现供货价格的高低,如同一质量的原材料价格明显高于市场价时,应拒绝验收并及时向有关部门汇报,以便获得及时处置。

知识拓展

食品原材料验收入库过程中发生问题的处理

(1) 凡属承运部门造成的商品数量短缺、外观破损等,应凭交运时索取的"货运记录",向承运部门索赔。

(2) 如发生无进货合同、无任何进货依据,但运输单据上却表明本企业为收货人的商品,仓库收货后应及时查找该货物的产权部门,主动与发货人联系,问清该货物的来龙去脉,将其作为待处理商品,不得动用,并依其现状做好记录,待查清楚后做出处理。

(3) 凡有关的票据不齐全时,到库商品应作为待验商品处理,堆放在待验区,待票据到齐后进行验收。

(4) 凡有关票据已到,但在规定时间内商品尚未到库的,应及时向发货单位反映，以便查询处理。

(5)供货单位提供的质量保证书与原材料使用单位的进库单、合同不符时，则将货物放入待处理商品区，不得动用，并通知原材料使用单位，按原材料使用单位提出的办法处理。

(6)凡数量差异在允许误差范围以内的，仓库可按应收数入账，若超过允许误差范围的，应查对核实，做好验收记录，并提出意见，送原材料使用单位再行处理，该批商品在结案前，不准动用，待结案后，才能办理入库手续。

(7)当规格、质量不符合要求或错发时，先将合格品验收，不合格品或错发部分分开并进行查对，核实后将不合格和错发情况做好记录，单独存放保管，由原材料使用单位与供货单位交涉处理。

(8)对于包装不符合要求，特别是不能保证货物安全的包装，仓库要及时通知送货单位到库处理后办理正常验收入库手续。

(9)凡是价格不符，应按合同规定价格承付，对多出部分应予拒付。如果是总额计算错误，应通知供货单位更正。

(10)进口商品在订货合同上均规定有索赔期限。有问题必须在索赔期内申报商检局检验出证，并提供验收报告及对外贸易合同和国外发货单、运输单据或提单、装箱单、磅码单、检验标准等凭证资料，以供商检局审核复验。若缺少必要的凭证技术资料，应分别向外贸有关公司和外运公司索取，以便商检局复验出证和向外商办理索赔手续。

(11)对于需要对外索赔的商品，未经商检局检验出证的，或经检验提出退货或换货尚未出证的，应妥善保管，并保留好商品原包装，供商检局复验。

采购的发展趋势

餐饮企业未来的食品原材料采购趋势是以企业为核心，以功能为导向的创造、创新的趋势。

(1)绿色供应链。绿色供应链又称为环境供应链，是一种在整个供应链中综合考虑环境影响和资源效率的现代管理模式，它涉及供应商、生产厂、销售商和用户，其目的是使得产品从物料获取、加工、包装、仓储、运输、使用到报废处理的整个过程中，对环境的影响(副作用)最小，资源效率最高。在未来发展中我们会发现绿色供应链是一个非常重要的趋势，对未来很有帮助。

(2)加快创新节奏整合所有的职能，以更加创新的方式去思考任务。要改变激励的基础，把控制本身作为奖励的依据。

(3)共享信息与网络。共享信息不是独享信息,要共享首先基于信任。网络技术不断创新发展,我们应很好地利用这些技术,如网络采购。

 课后练习

一、案例分享与思考

(一)案例分享

1. 浙江开元旅业集团案例

背景介绍:浙江开元旅业集团从一家县政府招待所起步,到目前为止,已发展成为一个以酒店业为主导产业、房地产业为支柱产业,并经营建材业和其他相关产业的大型企业集团。它声誉卓著、实力雄厚,在杭州、宁波、台州、上海等地拥有下属企业30余家,已跻身于中国民营企业500强、中国酒店业集团20强、中国房地产企业100强之列。在业界,它被誉为"中国酒店业品牌先锋",走出了一条独具特色的创业发展之路。开元旅业集团能发展到目前的规模和水平,凭借的就是确立了"创造特色、打造品牌;关注客户,用心服务"的经营理念和"勤奋、严谨、争先、关爱"的行为准则。其中,该企业的餐饮成本控制方法规范、科学、严谨,值得借鉴。该企业2004年餐饮经营收入达2.8亿元,占总营业收入的45.4%,比重之大,为国内酒店业鲜见。其管理者认为,在宏观经济环境下,市场竞争日趋激烈,高利润时代已成过去,要更好发展,就要从内部管理抓利润,在加强财务管理、降低成本中获得最大的利润。这就是餐饮企业在新形势下生存与发展的出发点和归宿。开元旅业集团酒店是如何控制其餐饮成本的? 归结起来主要有以下几点:

(1)采购环节——计划采购、预先控制。对各种食品原材料都制定标准,保证了所采购的食品原材料的品质与规格。由于投标人、定价人及采购部三方都有制约,在采购交易过程中有很高的透明度,从而降低了交易三方从中获取不正当利益的可能性,保证了采购的低成本和采购食品原材料的高质量。

(2)库存环节——有效降低库存成本。这样能相应地减少库存成本,加大现金流量,最终实现酒店的稳步发展。

(3)生产环节——标准化作业控制损耗。建立标准就是对生产质量、产品成本进行量化,并用于检查和指导生产的全过程。标准化作业控制可以随时消除一切生产性误差,达到控制管理的效能。

另外,该企业的成本控制措施还有:全员管理,以信息技术控制餐饮成本,严把进货关,加强培训提高销售水平等。

总之,开元旅业集团酒店的餐饮成本控制措施就是坚持一个原则:要在既定的产品定位和产品标准的前提下,去控制成本,并注重目标。

问题呈现:分析开元旅业集团酒店的餐饮成本控制措施。

分析提示：从开元旅业集团酒店案例可以看出，餐饮企业应引进新型的经营理念，确立科学的发展观念，以"科学发展观""以人为本"建立起科学的成本控制体系。以降低生产成本、提高经济效益为目标，紧紧地把好、掌控好"餐饮成本控制"这条主线。高度重视建立良好的企业经营信誉，创新企业管理机制，通过加强管理、充分调动企业全体员工的积极性，全面提高企业的经营能力、发展能力和竞争能力，最终使企业进入一条顺畅的发展轨道，提高到一个新的经营管理水平。

（资料来源：职业餐饮网）

2. 餐饮原材料采购探底法

背景介绍： 采购的门道很多，你不但要有足够的钱，还要有足够的智慧。本期，我们采访了一位采购高手：王二哥，成都人，从事采购工作20余年，和经销商斗智斗勇，对各种食品原材料的采购了然于心。

问题呈现： （1）计算起货率（即净料率），才能买到最划算的食品原材料。

分析提示： 起货率是指固定分量的一种食品原材料与其加工后剩余的净料量的比例。比如，买回的土豆价格为0.8元/斤，而1斤土豆初加工后只剩下8两，这样土豆的价格实际上是每斤1元。计算此菜毛利时就要按照后面的价格。如果要按照前面的价格算毛利，老板可能血本无归。

计算好了起货率，可以指导给供货商的出价。比如，餐厅想买猪精排，可是市场上猪精排的价格高于普通整排很多，大约14元/斤，采购部门可以晚上去市场买一块整排骨共5斤（晚上买排骨最便宜），价格为4元/斤，然后去掉不能入菜、只能吊汤的龙骨2斤，龙骨市场价格为2元/斤，再去掉排骨的边角余料，最后剩下的精排为2斤，这样就计算出这块猪精排的价格大约为10元/斤，然后给供货商加10%的利润，以11元的价格让供货商送猪精排。这样，既没让供货商赔本，也没让他们赚太多，他们不做这笔生意又舍不得，最后还是会"屈从"，餐厅也就买到了最划算的精排，自己偷着乐就行了。

采购精品二刀肉，也可以遵循这个办法，因为一条猪后腿只出一块二刀肉，所以其市场售价大约为10元/斤左右，而猪后腿售价才5元/斤左右。一条猪后腿大约17斤，精品二刀肉大约有2斤左右，除了二刀肉之外，此猪腿上其他的肉和骨头可以按市价销售，最后算出二刀肉的价格并加10%的利润后，给供货商的价格大约为6.5元左右/斤，供货商听了这种算法后一般都会照办，这样，又节省了3～4元/斤。

又比如，家禽类的原材料，活料价格比较便宜，而杀洗好后的净家禽则价格比较贵，这中间就是加工厂和供货商抬高的利润。一只活土鸡重5斤，假设价格为6元/斤，杀洗干净后净重为3斤，而鸡胗、鸡爪等鸡下水又可以按市价出售，所以,最后算出净鸡的价格最多为 10 元/斤,再给供货商加 10% 的利润,以 11 元/斤的价格就可以让他们送货。而净鸡的市场价可能会比实际出的价格高出 3~4 元/斤。

花鲢鱼头市价比较高。餐厅可以按自己的规格买回 3.5 斤的花鲢鱼(3.5 斤鱼可出 1.8~2 斤的鱼头,正符合一份菜的量),价格为 6 元/斤,总价为 21 元。去掉鱼身和鱼内脏、鱼鳃,最后剩 1.8 斤左右的鱼头。而假设鱼身和鱼下水的平均时价为 2 元/斤,其总价为 (3.5 − 1.8) × 2 = 3.4 元。所以净鱼头的价格应为 (21 − 3.4) ÷ 1.8 = 9.7 元,然后就可以以此价格为指导和供货商议价了。

问题呈现:(2)蔬菜采购,交给供货商。

分析提示:以前一直是我们亲自去蔬菜市场,蔬菜采购一般包括普通蔬菜和粤产蔬菜的采购,分别在两个市场,一个是成都南站市场,另一个是青石桥市场。每天早上要跑两个市场,比较累。后来,一个蔬菜供货商看了我购买蔬菜的价格后,说他可以以这个价格给我送货。考察后我发现,原来这些蔬菜供货商都是从蔬菜产地直接拿货,价格很便宜,所以我就把各种蔬菜的价格稍压后交给这位供货商了。这样既节省了人力和汽油费,而且价格也不贵。

今年因为天气忽热忽冷,降雨没有规律,所以蔬菜价格非常不稳定。对于这种情况,我们采取的办法是蔬菜一月一定价制。每月 20 日左右定价前,我要去各市场调查各类蔬菜的价格,最后以平均价和固定蔬菜供货商议价。

问题呈现:(3)干制品(干货)以市场问到的最低价再加 10% 的利润后让供应商送货。

分析提示:成都有两个大型农副食品市场,两个市场的同类商品有时候价格相差 20% 以上。据我的经验,成都"五块石"市场的干制品价格最便宜,其他市场同类商品价格有时候高出"五块石"2~3 元。比如,干辣椒,我在"五块石"选好后价格是 3 元/斤,而青石桥市场或供货商的价格为 5 元/斤。质量同等的茶树菇,最便宜的价格为 12 元/斤,其他市场可能卖到 14 元/斤。花椒也是如此,"五块石"卖 14 元/斤的,其他地方可能卖 16 元/斤。所以,干制品我都是自己亲自出去买,或者亲自去询价,问到最低的价格后加 10% 或者 8% 的利润后让供货商送货。

问题呈现:(4)海鲜每月选准日子再定价。

分析提示:现在很多海鲜供货商都包喂养,并且亲自送货。我们一般跟供货商一月一结算,结算价格提前商定。很多饭店都是刚开始就和供货商确定好价格,我们不是这样的。我们一般每月 20 日左右定价。因为这时候,前 20 日的海鲜价格一目了然,最便宜的价格我心里有数,后 10 天海鲜的价格变动一般不会太大,这时候定价就不会出现买贵的情况了。而如果赶上节日,比如过年一般在元月 20 日左右,新年海鲜价格猛涨,这个月我会提前到 10 号左右就定价。有时候供货商也不同意我的做法,尤其是春节的时候,他们觉得利润太薄。这时候我会跟他谈判:"春节期间,我们饭店菜品价格不涨,你们海鲜原材料猛涨,你还让不让我们饭店赢利?我以这个价格买回去,我们老板不得辞退了我?"由于他们是我的固定供货商,合作很久,平时我们也没让他们亏本,所以谈谈之后他们就答应了。

我还认识一些海鲜产地的供货商,经常打电话问问他们当地同类海鲜的价格,然后加适当利润和本地海鲜供货商议价。

问题呈现:(5)问到调料出厂价可以买到最便宜的调料。

分析提示:调料厂都有自己的一级、二级经销商,经过这两级经销商,价格就会上涨。我一般能从厂家直接打听到出厂价,然后再跟一级经销商压价,这样就能便宜很多。

要想打听到调料的底价,就要和调味品厂家的售后服务搞好关系,比如,经常邀请售后服务部的工作人员来本店考察,向他们反映一下其产品质量,让他们帮忙鉴定本店调料的真伪等,这样的工作虽然是他们的分内工作,操作好了却能增进大家的关系,问底价也就很容易了。比如,某大品牌鸡精二级供货商价格为 156 元/桶,我们询问来的底价为 153 元/桶,那就以 154 元/桶的价格和他们砍价,供货商一般会同意。又如某品牌的蘑菇精,市场价为 18 元/桶,底价为 16 元/桶,我们以 17 元/桶的价格谈判。虽然一桶只节省 1~2 元,可是时间长了也是很可观的,而且厨房用这么多种调料,每种节省 1~2 元,就能节省一笔不小的开支。

另一方面,买调料一定要买回很多种,试验后选择效果一样而价格低的那种。

很多厨师喜欢用固定牌子的调味品,我们店也有厨师指定牌子,这样的话,我一定要满足他,否则会影响其出品质量。但是如果他指定供货商的话,那有可能是他在拿回扣,就不能按他的要求了,并要广泛询价后再买同样的产品。

问题呈现:(6)委婉议价比换供货商划算。

分析提示:很多饭店都有专门的食品原材料供货商,但即使采用的是供货商供货的形式,采购员也要先了解当地有几个原材料市场,然后了解这些原材料市场对同类商品的报价,如果发现同类商品有更低的价格,很多饭店"一怒之下"可能就会更换了供货商。其实换一个新供货商,他对本店原材料的要求不熟悉,需要一段磨合过程,因此我不主张换供货商,而是会去跟供货商商量,比如:"我觉得这种虾 22 元就能买到,你是不是搞错了虾的品种啊?"如果他还不相信,我会亲自去买一斤虾给他看看。这样,供货商不想失去客户就会把价格降下来。而且,委婉议价给足了他们面子,以后他们在价格方面会比较自觉。

问题呈现:(7)贵重食品原材料要留样品。

分析提示:比如鱼翅、鲍鱼等,这些原材料每斤上千元,如果这些原材料发制、烹调效果不好,而自己又没有原材料样品,口说无凭,不利于退货或者其他交涉。如果老板追究起来,可能需要自己埋单。所以,一定要留点样品做"退路"。

(资料来源:职业餐饮网)

(二)思考及练习题

1. 什么是餐饮企业采购与采购成本?
2. 简述餐饮企业采购规格标准及其内容。
3. 简述餐饮企业采购程序。
4. 如何制订餐饮企业采购最佳方案计划?
5. 简述餐饮企业采购环节的价格、数量、质量等成本控制。
6. 简述餐饮企业采购食品原材料验收入库成本控制。
7. 根据预测,某餐饮企业于7月30日需要鲜猪肉230千克,食品管理员记录的现存量为8千克,求当日鲜猪肉的采购数量。
8. 某餐饮企业大米每月订购一次,该大米的日消耗量为30千克,正常订货在途天数为1.5天。库存现有20千克,求20××年8月大米订货数量。

二、本章闯关测试

1. ××罐装食品订货数量

背景介绍:某餐饮企业中餐厅每月订购××罐装食品一次,该罐装食品的日消耗量为15罐,订期为4天,即送货日在订货日后第4天。仓库管理员通过盘点,发现××罐装食品还有40罐。保险储备量的系数为1.5。

问题呈现:求20××年6月××罐装食品订货数量。

2. 食品原材料的采购效益

背景介绍:某餐饮企业A食品原材料的采购价格为42元/千克,其质量被评为90分。如果经过调查,发现相同质量的A食品原材料的价格仅为40元/千克,而相同价格的A食品原材料的质量被评为95分。

问题呈现:求A食品原材料的采购效益,并进行分析。

第三章 餐饮企业储存成本控制

引言

餐饮企业餐饮成本控制的主要对象是食品原材料及饮料。因此，食品原材料及饮料经验收入库后，通过有效的储存管理，可以减少食品原材料的自然耗损，避免人为损耗，从而保证食品原材料的质量和数量，确保企业生产、经营有序地顺利进行。

本章着重介绍餐饮企业食品原材料储存管理；储存成本控制；食品原材料出库与领、发成本控制；储存盘点制度；库存短缺率和库存周转率控制等。

学习目的

掌握储存的各个环节、流程的内容以及相应的成本控制方法。
1. 了解仓库管理人员的素质要求。
2. 熟悉食品原材料消耗定额、储备定额、订货时间。
3. 掌握储存食品原材料的有关成本。
4. 掌握食品原材料成本控制方法。
5. 掌握原材料出库与领、发环节成本控制。
6. 掌握食品原材料储存盘点制度。
7. 掌握餐饮企业库存短缺率和库存周转率控制

关键词

储存成本控制

第一节　餐饮企业储存管理

一、储存的含义和储存的原因

(一) 储存的含义

储存是指为满足餐饮企业经营目标的需要,所购进的食品原材料和其他物料在进入生产前或终端消费前的一种预备过程和状态。

餐饮企业的食品原材料及其他物料储存在仓库通俗称为存货,它是餐饮企业在日常活动中持有以备出售的产成品或商品、处在生产过程中的在产品、在生产过程或提供劳务过程中耗用的材料和物料等。

顾名思义,储存成本是指企业为储存存货而发生的各种费用支出。

(二) 食品原材料及其他物料储存的原因

(1) 保证餐饮企业经营或销售的需要。若餐饮企业发生食品原材料短缺,就会造成损失,我们称为短缺成本,为了避免或减少出现食品原材料短缺,企业必须要储存一定数量的库存食品原材料,从而保证企业经营和销售需要。

(2) 出自价格的考虑。零购食品原材料的价格往往较高,而整批购买在价格上常有优惠。但必须考虑各种食品原材料成本与食品原材料效益之间的权衡,达到两者最佳结合。

二、仓库管理规定及仓库管理人员的岗位职责

(一) 仓库管理规定

从库房类型与库房管理上讲,仓库管理规定有以下几个方面:

1. 干货库及管理

干货库用于存放各种罐头食品、米面、干果、食用油、瓶装或罐装食品及一些干货原材料。干货库的储藏管理必须注意以下几点:

(1) 储存的各种货物不应接触地面,应整齐、有间隔地存放在货物架上。

(2) 储存的各种货物不应接触库内的各墙面,这样既有利于空气对流,又不会在库内留下死角。

(3) 食品原材料必须按照其类型进行分类整理,依次存放,分门别类,固定食品原材料的存放位置。

(4) 所有散存食品原材料都应存放在有盖子和有标记的容器内,以便于领用,并要确保卫生和质量。

(5) 货架应当整齐,地面应当干净,不留卫生死角,防止虫鼠滋生。

(6)标明各种货物的入库日期,按入库的日期顺序进行发放,执行"先入库先发放"原则。

(7)合理摆放各类食品原材料,将厨房常用的食品原材料存放在仓库出口处。

(8)将带有包装的、重量大的货物放在货架的下部。

(9)干货库的温度应保持在10~24摄氏度,湿度应保持在50%~60%之间,以保持食品原材料的基本质量。

(10)非工作时间要锁门。非领料人员或非工作需要,库管人员有权拒绝他人入内。

2. 冷藏库管理

冷藏库用于存放需要保鲜的食品原材料以及在定期内使用的畜肉、家禽和海鲜等。冷藏库储藏管理必须做到以下几点:

(1)熟食品在入库冷藏时,要存放在干净、有标记、带盖的容器内,并标记品名及入库时间。

(2)冷藏食品不要接触水和冰。

(3)经常检查冷藏库的温度,确保冷藏质量。应将奶制品、畜肉、水产、禽类存放在库内温度低的地方。

(4)不要让食品原材料接触地面,应存放在货架上。

(5)定人、定时打扫冷藏库,确保库内干净、卫生。

(6)标明各种货物的日期,按进货日期的顺序发料,遵循"先存先取"的原则。

(7)每日记录食品原材料的损失。

(8)将气味浓的食品原材料单独或隔离存放,防止原材料间相互串味,影响质量。

(9)由专人保养和检修冷藏设备,确保设备正常运转。

(10)入库前需仔细检查食品原材料,避免把已经变质、污染的食品原材料送入冷藏室。

(11)非工作时间应锁门。

3. 冷冻库管理

冷冻库用于存放畜肉、家禽、水产等需要控制在零下18摄氏度的食品原材料。冷冻库储藏管理必须做到以下几点:

(1)定人、定时检查冷冻库的温度。

(2)食品原材料入库时要控干水分,放入适合的容器内,加上盖,并在盖上标记原材料品名、入库日期。

(3)入库食品原材料不要接触地面或靠墙摆放。

(4)密封冷冻库,减少冷气损失,确保库内温度恒定。

(5)领用原材料时遵循"先存先取"的原则。
(6)保持货架与地面卫生。
(7)定人经常保养和检修冷冻库。
(8)非工作时间应锁门。

4. 水产活养原材料储存及管理

随着消费者对新鲜食品原材料的需求,水产品运用活养的储存形式作为一种新型的原材料储存方法已广泛在餐饮企业中流行。水产品的养活需要玻璃鱼缸或养鱼池、新水循环系统、氧气泵、漏网、电子秤等设备和工具。适宜的温度、盐度和水质是水产品活养的环境要求。储存不同种类的水产品要选用不同的水温或水的盐度,并根据水质变化,及时更换新水。一般的品种要每半个月换新水一次。

(二)仓库管理人员的岗位职责

(1)负责填写申请采购单。
(2)食品原材料验收入库。
①认真验收,查核食品原材料的数量、质量、保存有效期等,符合要求即入库。
②开出验收入库单。
③分类堆放整齐。
④及时登记账卡,每日结出数量、合计数。
(3)库存保管。
①合理利用仓库条件,分门分类保管好各类货品。
②做好清洁工作,保持仓库整洁。
③严格按照消防有关规定摆放各类货物。
④经常检查各类货物,防止变质损耗,发现霉变情况及时采取措施处理解决。
⑤冷库要保持足够的冷藏温度,定期刮霜冲洗。
(4)发货出库。
①严格按照发货规章制度办事,必须凭主管人员签字的领料单才能领货。如有特殊原因,需得到有关领导审批同意后方可出库。
②认真核对出库货物,由领料人和仓库保管员分别在双方的领料单上签字。
③发货后及时登记有关账、卡。
(5)采用科学管理方法,制定各类货物的最高限量和最低储量。
(6)掌握各类货物的库存量,每月按时制订补充库存量申购计划。
(7)积极配合成本控制组做好每月盘点工作,做到物卡相符、账卡相符、账账相符。
(8)每天下班时要检查库房有无隐患,关闭电源(冷藏库、冷冻库除外),锁好库门,将库房钥匙交给保安,办完手续后方可离开。

三、餐饮企业食品原材料仓库要求及分类储存管理

不同的食品原材料应有不同的储存环境,如干货仓库、冷藏室、冷冻库等,普通食品原材料和贵重原材料也应分别储存。各类仓库的设计应符合安全、卫生要求,并保持各仓库的清洁卫生,以杜绝虫害和鼠害,从而保证库存食品原材料的质量。

餐饮企业要做好仓库管理工作,保证仓库质量及安全,以免造成损失,从而引起储存成本的增加。

第二节 餐饮企业储存环节成本控制

一、储存成本的构成

储存成本的构成:

储存成本 = 采购成本 + 加工成本 + 其他成本

采购成本包括买价 + 运杂费 + 合理损耗 + 挑选整理费;加工成本是指食品原材料经过初加工可统一配送的净料或半成品,在初加工过程中发生的人工费用、合理损益等;其他成本则是指存储过程中发生的水、电、气等费用。

餐饮企业在实际餐饮成本计算中,成本仅指食品原材料成本,食品原材料成本也只计算买价成本,至于加工成本、其他成本以及运杂费、合理损耗、挑选整理费等均以经营费用的形式进行核算。

二、储存成本控制的作用

储存成本控制的总体作用就是促进企业生产和经营,满足消费者就餐的需求。

(一)提高工作效率,降低成本费用

食品原材料储存成本控制通过一系列科学、严格的工作程序实现,包括及时向各有关部门传递食品原材料储存信息,避免不必要的损失和浪费,从而相应地降低储存成本。

(二)加强储存管理,避免食品原材料变质造成浪费而增加储存成本

食品原材料储存成本控制就是要在保证原材料质量的前提下,最终实现无变质、占用空间最小、取用最方便的目的,从而将储存成本降低到最低水平。

三、储存成本的确定

餐饮企业仓库管理的关键是每个品种的量的控制。包括消耗定额、储备定额和订货时间。

(一)食品原材料消耗定额

(1)食品原材料的消耗定额是指在一定的技术条件下,为加工餐饮所需菜肴和点心而消耗的食品原材料数量标准。它是编制食品原材料采购计划和计算其他指标的基础,它表明业务经营过程中食品原材料的使用情况。因此,制定合理的食品原材料消耗定额,对于降低消耗、增加利润是很重要的。

(2)制定食品原材料消耗定额的方法有经验估计法、统计分析法和技术分析法。

经验估计法是指以有关人员(厨师长)的经验和历史资料为依据,通过分析估计来确定食品原材料消耗定额的方法。食品原材料花色品种多,变化数量大,季节性强,进货质量和净料率各不相同,很难用一个统一的公式来计算,因此核定食品原材料消耗定额的方法一般是以历史经验为基础,在分析每个餐厅的接待能力、淡旺季的差别后大致确定的。

统计分析法是指根据实际食品原材料消耗的历史资料,通过简单的计算和分析,确定食品原材料消耗定额的方法。这种方法适合于计算机管理的企业,也就是说对每个菜肴的用料要进行实地测算后形成标准菜谱,然后根据出成率折算出标准用量,从而根据销售量计算食品原材料消耗量。其计算公式为:

食品原材料消耗量 = 标准用量 ÷ 出成率 × 销售量

【例 3-1】酱鸡爪,每千克生鸡爪可出成品量为 0.8 千克,每份酱鸡爪的重量是 0.4 千克,如果当日售 20 份,则生鸡爪消耗量为多少?

生鸡爪消耗量 = 0.4 ÷ 0.8 × 20 = 10(千克)

技术分析法是指根据实地观察、测定资料或者通过技术计算确定食品原材料消耗定额的方法。这种方法虽比较精确,但工作量较大。

(二)食品原材料储备定额

食品原材料的储备定额是指在一定业务技术条件下,为完成一定的接待任务,保证经营活动不间断进行所必需的最经济合理的食品原材料数量标准。它是编制食品原材料采购计划的基础,也是采购、订货、仓库管理和储备资金管理的主要依据。

餐饮的食品原材料储备通常有经常储备、保险储备、季节储备三种。

1. 经常储备

经常储备是指在前后两批食品原材料进店的间隔期间,为满足业务经营需要而建立的经常食品原材料储备。经常储备的数量是周期性变化的,一般是每批食品原材料进货时达到最高峰,第二批食品原材料进货前降到最低点。经常储备又称为"周转储备"。经常储备定额根据进货间隔天数和平均每天需要量来计算,其计算公式为:

经常储备定额 = 进货间隔天数 × 平均每天需要量

其中平均每天需要量是用全年需要量除以年天数得出的,一般以360天计算。

2. 保险储备

保险储备是指一种后备性质的储备,是为防止交货误期、运输受阻等原因造成的产供脱节而设立的一种储备。它在正常情况下不予动用,是一种相对固定的食品原材料储备。保险储备在特殊情况下动用后应尽快补足;对正常供应或容易购买的食品原材料可不设或少设这种储备。保险储备定额计算公式为:

保险储备定额 = 平均每天需要量 × 保险天数

其中保险储备天数很难确切规定,一般根据历史统计资料和食品原材料供应情况予以确定。

餐饮企业食品原材料储备定额由经常储备定额和保险储备定额组成。其计算公式为:

某项食品原材料的储备定额 = 经常储备定额 + 保险储备定额

= 平均每天需要量 × (进货间隔天数 + 保险天数)

由于经常储备是变化的,所以食品原材料储备有它的上限和下限。上限为经常储备和保险储备之和,即食品原材料的最高储备定额;下限是保险储备,即食品原材料的最低储备定额。

【例3-2】 某餐饮企业计划三季度需要海参180千克,每1个月(30天)进货一次,经常储备定额应是多少?

进货间隔天数 = 30 天

平均每天需要量 = 180 ÷ 90 = 2(千克)

经常储备定额 = 30 × 2 = 60(千克)

【例3-3】某饭店××餐厅计划三季度需要海参180千克,每1个月进货一次,但由于厂家较远有运输受阻的可能,需要有10天保险天数,该海参保险储备为多少?总储备定额为多少?

进货间隔天数 = 30 天

平均每天需要量 = 180 ÷ 90 = 2(千克)

保险储备定额 = 2 × 10 = 20(千克)

海参的储备定额 = 经常储备 + 保险储备

= 60 + 20 = 80(千克)

3. 季节储备

季节储备是指为克服某些食品原材料供应受季节性影响而建立的食品原材料储备。

季节储备是由进货的季节性和销售的季节波动所引起的,一般有两种情况:一是受餐饮的淡旺季影响,旺季销售量大,各种食品原材料消耗大,淡季则相反。为了减少资金占用,加快资金周转,因而需要确定季节储备量。二是受某种食品原材料的生产季节影响,餐饮企业只能在某段时间内组织进货,并应满足供货中断期内的全部用量。其计算公式为:

季节储备量 = 平均每天需要量 × 中断天数

【例3-4】某餐饮企业平均每天需要对虾10千克,需要在产虾季节储备,中断供应天数150天,季节储备应为多少?

季节储备 = 平均每天需要量 × 中断天数
= 10 × 150 = 1500(千克)

(三)食品原材料订货时间的确定

订货时间的确定就是在确定最佳订货量的基础上确定订货时间,包括何时提出采购申请和两批采购原材料之间区限,即订货周期。订货时间确定的主要方法是订货点法。订货点是指为及时补充库存食品原材料而确定的订货时间或库存数量。

当企业库存的某种食品原材料下降到一定数量时就要发出"采购申请单"。这里重要的问题是备运时间,也称订货周期。备运时间是指从办理订货手续直到食品原材料进企业的全部时间,包括从发出"采购申请单"、办理订货手续、运货的进库前验收等时间的总和。

正确地确定备运时间是餐饮企业仓库保持合理储备的重要手段,如果订货周期过长,原材料储备就会过多;反之,订货周期过短,原材料储备过少也会影响业务的正常进行。备运时间确定后,订货点的计算公式为:

$R = S \times T + M$

式中:R 为订货点;S 为每日平均需要量;T 为备运时间;M 为保险储备量。

【例3-5】 某餐饮企业每月销售使用冬笋60桶,备运时间为5天,保险储备量为10桶,求冬笋订货点。

冬笋订货点 = $R = S \times T + M$
= (60 ÷ 30) × 5 + 10 = 20(桶)

当库存冬笋下降到20桶时,就要发出"采购申请单"。如果市场上的这种食品原材料供应有好转,备运时间只有2天,则

$R = 2 \times 2 + 10 = 14$(桶)

也就是当库存冬笋只剩14桶时,再发出"采购申请单"。由此可知,缩短备运时间可以减少原材料的储存量。而需求增大时,原材料的存储量亦将增加。

订货点法还可分为定量订货点法和定期订货点法两种。

(1)定量订货点法。定量订货点法是指库存数量固定,订货时间不固定,当库

存量下降到订货点时就发出"采购申请单"。而订货数量可采用经济批量,这种方法适用于占用资金较多的食品原材料。

(2)定期订货点法。定期订货点法是指订货时间固定,库存数量不固定,按规定订货时间发出"采购申请单"。这种方法适用于占用资金较少的食品原材料,如食盐这类调料就可以用定期订货点法。

【例3-6】 某餐饮企业某原材料的全年需要量为7200件,假设该项原材料的生产周期为1年,原材料的在途时间为5天,则该项原材料的再订货点为多少?

该项原材料的使用率 = 7200 ÷ 360 = 20(件/天)

该项原材料的再订货点 = 该项原材料的使用率 × 该项原材料的在途时间
= 20 × 5 = 100(件)

四、储存原材料的有关成本

食品原材料及其他物料(以下简称原材料)决策要牵涉到一些原材料成本问题,现将有关原材料成本介绍如下:

(一)取得成本

取得成本指为取得某种原材料而支出的成本,它包括订货成本和储存成本。

1. 订货成本

订货成本是指为订货而发生的各种成本,包括采购人员的薪酬、采购部门的一般经费(如办公费、水电费、折旧费等)和采购业务费(如差旅费、邮电费、检验费等)。订货成本可分为固定订货成本和变动订货成本两部分。订货成本中,为了维持一定的采购能力而发生的,各期金额比较稳定的成本,称为固定订货成本(如采购部门的一般经费);而随订货次数的变动而成正比例变动的成本,称为变动订货成本(如采购业务费)。订货成本的计算公式为:

$$年订货成本 = \frac{D}{Q} \times K + F_1$$

式中:D 为原材料年需要量;Q 为每次订货批量;K 为每次订货的变动成本;F_1 为全年固定订货成本。

2. 购置成本

购置成本是指由买价和运杂费构成的成本。其总额取决于采购数量和单位成本。购置成本的计算公式为:

$$购置成本 = D \times U$$

式中:U 为单位成本。

综上所述:可得到如下取得成本的计算公式为:

取得成本 = 订货成本 + 购置成本

或 $TC_a = F_1 + \dfrac{D}{Q} \times K + D \times U$

式中：TC_a 为取得成本。

（二）储存成本

储存成本指因储存原材料而发生的各种成本，包括支付给储运公司的仓储费、原材料占用资金应计的利息、保险费、损耗费，企业自设仓库的一切费用等。储存成本分为储存变动性成本和储存固定性成本。储存变动性成本与储存原材料数量成正比，储存的原材料数量越多，变动性成本就越高，如原材料占用资金的利息费、原材料的保险费、原材料残损和变质损失等。储存固定性成本与原材料的储存数量无关，如仓库折旧费、仓库保管人员的固定月工资等。储存成本的计算公式为：

储存成本 = 储存固定成本 + 储存变动成本

或 $TC_c = F_2 + K_c$

式中：TC_c 为储存成本；F_2 为储存固定成本；K_c 为储存变动成本。

（三）缺货成本

缺货成本指由于原材料供应中断而造成的损失，包括丧失销售机会的损失等。缺货成本用 TC_s 表示。

原材料总成本可由下式公式表示：

$TC = TC_a + TC_c + TC_s$

$= (\dfrac{D}{Q} \times K) + F_1 + (D \times U) + F_2 + K_c + TC_s$

式中：TC 为原材料总成本。

特别提示

存货应当按照成本进行初始计量。存货成本包括采购成本、加工成本和其他成本。存货的采购成本，包括购买价款、相关税费、运输费、装卸费、保险费以及其他可归属于存货采购成本的费用。

五、食品原材料成本控制方法

为解决既要使原材料数量能保证企业经营活动顺利进行，又要使原材料成本处于现有条件下的最低水平的矛盾，这里介绍一些原材料控制方法。

（一）ABC 分析法

餐饮企业的原材料品种繁多，收发频繁。为了在管理上分清主次、区别对待、抓住重点,以达到事半功倍的效果,可以借助于 ABC 分析法。

所谓 ABC 分析法,就是将各种原材料按需要额(领用量乘以单位成本)的大小划分为 A、B、C 三类(或更多类),以区分主次,在此基础上,对不同类别的原材料,按照不同类别的要求,采用不同的方法进行计划和控制的一种方法。划分类别时,一般将需要额占 70% 左右,而品种数只占 15% 左右的原材料,划分为 A 类;将需要额和品种数各占 20% 左右的原材料,划分为 B 类;将需要额占 10% 以下,而品种数却占 65% 左右的原材料,划为 C 类,见表 3 - 1。

表 3 - 1　　××餐饮企业各种原材料分类表

类别	品种数	占全部原材料品种数(%)	全年需要额(万元)	占全年总需要额(%)
A	150	15	56	70
B	350	35	16	20
C	500	50	8	10
全部原材料	1000	100	80	100

为了对上述三类原材料进行有效的控制,必须根据它们的具体情况分清主次,抓住重点,区别对待。

由于 A 类原材料占用资产的比重最大,故应把它作为控制的重点,严格把关。抓好了 A 类原材料的控制,实际就等于控制了原材料的大部分成本。

对于 A 类原材料,首先计算出它的经济订货量和订货点,千方百计地减少每次的订货量,适当增加全年的订货次数,使日常原材料量达到最优水平;其次,要应用永续盘存卡片,及时登记每次订购、收入、发出和结余的数据。当实际库存达到订货点时,需立即发出申购信号,通知有关部门订购。同时,还要经常对原材料的动态进行严格监督,以便及时发现问题。对于 B 类原材料的控制,也要事先为每个项目计算经济订货量和订货点,平时也要登记永续盘存记录,与 A 类原材料不同的就是无须经常逐项进行对比分析、严格监督,只要定期进行检查即可。对于 C 类原材料的控制,由于它们为数众多,而单位价值低,故不必像 A、B 类那样逐项计算经济订货量与订货点,可以酌量增大每项订货量,减少全年订货次数。因此这类原材料即使原材料量需求较大,其对于原材料总成本的影响也不会很大,至于对 C 类原材料的日常控制,可以采用定期盘存的方法。

(二)经济批量法

经济批量是指企业在原材料上所花费的总成本最低的每次订货量。经济批量法是找到一个最优的经济批量,使总成本最低的一种方法。

经济批量法需要设立的假设条件如下：
(1)餐饮企业能够及时补充原材料，即需要订货时便可立即取得原材料。
(2)能集中到货，而不是陆续到货。
(3)不允许缺货，即无缺货成本，TCs 为零，这是因为良好的原材料管理本来就不应该出现缺货成本。
(4)需求量稳定，并且能预测，即 D 为已知常量。
(5)原材料单价不变，即 U 为已知常量。
(6)企业现金足，不会因现金短缺而影响进货。
(7)所需原材料市场供应充足，不会因买不到需要的原材料而影响其他方面。

设立了上述假设后，原材料总成本的公式可以简化为

$$TC = (\frac{D}{Q} \times K) + F_1 + (D \times U) + F_2 + K_c$$

式中：TC 为原材料总成本；F_1 为全年固定订货成本；D 为原材料年需要量；Q 为每次订货批量；K 为每次订货的变动成本；U 为原材料的单位成本(包括单价和单位运杂费)；F_2 为储存固定成本；K_c 为储存变动成本。

从上式中可以注意到，F_1、F_2、D、U 均与每次订货量 Q 的大小无关，K_c 为变动储存成本，与订货量 Q 的大小有关，Q 越大，K_c 越大，从上一次购货日到下一次购货日，其原材料逐渐减少(从 Q 减至 0)，那么在这一段时期内平均原材料量为 $\frac{Q}{2}$。

设 C 为单位储存成本。则 K_c 应为：

$$K_c = \frac{Q}{2} \times C$$

则原材料总成本 TC 为：

$$TC = (\frac{D}{Q} \times K) + F_1 + (D \times U) + F_2 + (\frac{Q}{2} \times C)$$

经济批量法就是找出一个经济批量 Q 使原材料总成本 TC 最低，利用导数求函数值的方法，TC 对 Q 求导，并令导数为 0，求出方程的解：

$$Q = \sqrt{\frac{2 \times K \times D}{c}}$$

上式便给出使原材料总成本达到最小值时的订货批量。

【例 3-7】 某餐饮企业全年消耗青岛啤酒(8 度)14 400 箱(600 毫升×12)，采购价格为每箱 42 元，每次订货成本为 40 元，每箱年储存成本为 0.15，全年按 365 天计算，求青岛啤酒的经济批量和年度采购次数。

青岛啤酒的经济批量$(Q) = \sqrt{\dfrac{2KD}{c}} = \sqrt{\dfrac{2 \times 40 \times 14\,400}{0.15}}$

$= 2771.28$(箱)

青岛啤酒的年度采购次数 $= \dfrac{D}{Q}$

$= 14\,400 \div 2\,771.28$

$= 5.2$(次)

特别提示

以最低的资金量保证营业的正常进行,严格控制采购物资的库存量,每天对库存物品进行检查(特别是冰箱和冰库内的库存物品),对于不够的物品及时补货,对于滞销的物品,减少或停止订购,可避免或减少原材料变质造成的损失。要根据当前的经营情况合理设置库存量的上下限,每天由二级厨房仓管人员进行盘点控制,并做到原材料先进先出,保证原材料的质量,对于一些由于生意淡季滞销的原材料、酒水等及时通过前台加大促销,可避免原材料过期造成浪费。

知识拓展

1. 存货经济进货批量基本模式

在不允许出现缺货的情况下,进货费用与储存成本总和最低时的进货批量,就是经济进货批量。其计算公式为:

经济进货批量$(Q) = \sqrt{\dfrac{2AB}{C}}$

经济进货批量的存货相关总成本$(TC) = \sqrt{2ABC}$

经济进货批量平均占用资金$(W) = \dfrac{PQ}{2} = P\sqrt{\dfrac{AB}{2C}}$

年度最佳进货批次$(N) = \dfrac{A}{Q} = \sqrt{\dfrac{AC}{2C}}$

式中,Q为经济进货批量;A为某种存货年度计划进货总量;B为平均每次进货费用;C为单位存货年度单位储存成本;P为进货单价。

2. 实行数量折扣的经济进货批量模式

在供货方提供数量折扣的条件下,若每次进货数量达到供货方的进货批量要求,可以降低进货成本。通常,进货批量越大,可利用的折扣就越多。

存货相关总成本的计算公式为:

存货相关总成本＝存货进价＋相关进货费用＋相关储存成本

其中,存货进价＝进货数量×进货单价

实行数量折扣的经济进货批量具体确定步骤如下:

第一步,按照基本经济进货批量模式确定经济进货批量;

第二步,计算按经济进货批量进货时的存货相关总成本;

第三步,计算按给予数量折扣的不同批量进货时存货的相关总成本;

第四步,比较不同批量进货时的存货相关总成本。此时最佳进货批量,就是使存货相关总成本最低的进货批量。

3. 允许缺货时的经济进货模式

允许缺货的情况下,企业对经济进货批量的确定,不仅要考虑进货费用与储存成本,而且还必须对可能的缺货成本加以考虑,能够使三项成本总和最低的进货批量便是经济进货批量。

允许缺货时的经济进货批量公式:

$$Q = \sqrt{\frac{2AB}{C} \times \frac{C_{IR}}{R}}$$

$$S = \frac{Q \times C}{C_{IR}}$$

式中:S 为缺货量;R 为单位缺货成本;其他符号同上。

第三节　餐饮企业原材料出库、领用、发出环节的成本控制

一、餐饮企业食品原材料出库与领用、发出的基本要求

(一)严格执行食品原材料及物料的出库制度

食品原材料发放管理的目的:一是保证厨房用料得到及时、充分的供应;二是控制厨房用料量;三是正确记录厨房用料成本。

1. 严格执行食品原材料及物料领料单使用制度

为了记录每一次发放的食品原材料及物料数量及其价值,以正确计算食品成本,仓库原材料发放必须坚持凭领料单(见表3－2)。

表 3-2 ×××餐饮企业领料单

年　月　日　　　　　　　　　　　编号：

领料部门			用途		
原材料名称	单位	申请数量	实发数量	单价	金额
领料部门负责人			仓库管理员		
成本核算员			领料人		

领料单应由厨房领料人员填写，由厨师长核准签字，然后送仓库领料，仓库管理员凭单发料后应在领料单上签字。领料单应为三联单，一联领料部门留存，一联财务部门留存，一联仓库留存。

大型宴会的食品原材料往往需要数天甚至一周的准备时间。因此，如果有原材料不在领取日使用，而在此后某一天才使用，则必须在领料单上注明该原材料的消耗日期以及在什么宴会上使用，以便把该原材料的价值记入相应宴会的食品成本。

2. 直拨厨房的食品原材料使用制度

直拨食品原材料是从验收处直接发给生产部门（厨房），但必须填制"食品原材料领料单"，领货人和厨师长或领料部门负责人必须在"食品原材料领料单"上签字，并根据"食品原材料领料单"直接记入食品成本。

（二）定时发放食品原材料

仓库保管员应有充分的时间整理仓库，检查各种原材料的库存及质量情况。同时为了促使厨房、餐厅加强用料的计划性，对原材料的发放必须规定时间，定时发放。

（三）食品原材料的调拨处置

大型餐饮企业所有餐厅、酒吧有多个厨房，各厨房之间时常发生食品、原材料、饮料的相互调拨业务，为了准确计算各个营业点的餐饮成本，应及时办理调拨手续，即由调入部门填制"内部调拨单"，见表3-3。"内部调拨单"应为四联单，食品原材料调出、调入部门各留一联，财务部门一联，仓库记账一联，以使各部门成本用料情况得到正确全面的核算控制。

表3-3　×××餐饮企业内部调拨单

调入部门：　　　　　　年___月___日　　　　调出部门：

名称及规格	单位	数量	单价	金额	备注
合计					

调出部门经手人：　　　　　　　　　　　调入部门经手人：

二、建立健全仓库保管的台账

（1）原材料在出库后，要做好原材料发放记录和存货卡记录，要详细记载原材料的品名、数量、规格、价格、产地、来货时间、入库数量、出库数量、实存数量等原材料信息，并逐一为领用单计价，转交食品成本控制人员，以保持库中原材料与账卡相符，协助做好厨房成本控制工作。

（2）仓库发货人员要坚持原则，做到没有领用单不发货，领用单没有审批，或已被涂改、字迹不清楚的也不予发货。

特别提示

食品原材料及饮料等都有一定的保质期，因此，所有仓储物品都必须有标签，并在标签上注明保质期，如饮料保质期前若干天必须处理。某餐饮企业曾发生一起投诉，客人在早餐就餐时，喝到的饮料是当天到期的，虽然最终企业没有任何损失，但却给客人留下了极为不好的印象。

三、食品原材料领用、发出的成本计算方法

餐饮企业原材料是分次购入、分批领用的，每次进货的单位成本又各不相同，因此，在确定发出原材料的成本时，就需要选择采用一定的计算方法。

《企业会计制度》规定，原材料按照实际成本核算的企业，可根据实际情况，选择使用先进先出法、后进先出法、加权平均法、移动平均法、个别计价法等方法确定领用和发出原材料的成本。

（一）先进先出法

先进先出法是以先购进的原材料先发出为假定前提，计算原材料发出成本和结存成本的一种计价方法。在这种方法下，期末原材料的价值为最近取得的原材

料成本,而本期销售或耗用原材料价值距现行市价较远。其优点是期末原材料成本接近当前市价,在物价上涨期间,按先进先出法计算的销货成本偏低,而当期利润偏高。对于容易腐烂变质的物品,通常采用先进先出法。

需注意的是,假定先购进的原材料先发出,仅仅是一种计价的方法,而与原材料实际流转次序并没有关系。以下各种计价方法都如此。

【例3-8】 假定××餐饮企业9月份的原材料收发情况如下,见表3-4。

表3-4　　××餐饮企业×食品原材料明细账　　　　单位:元

20××年		凭证号数	摘要	收入			发出			结存		
月	日			数量	单价	金额	数量	单价	金额	数量	单价	金额
9	1		期初余额							300	2.00	600
	2		购进	400	2.50	1000				300 400	2.00 2.50	600 1000
	8		发出				300 200	2.00 2.50	600 500	200	2.50	500
	15		购进	400	2.20	880				200 400	2.50 2.20	500 880
	26		发出				200 300	2.50 2.20	500 660	100	2.20	220
	30		本期发生额及余额	800		1880	1000		2260	100	2.20	220

9月发出存货的成本 $= (300 \times 2 + 200 \times 2.5) + (200 \times 2.5 + 300 \times 2.2)$
$= 2260 (元)$

期末结存原材料成本 $= 100 \times 2.2 = 220 (元)$

(二) 加权平均法

加权平均法是以期初原材料数量与本期收货数量之和为权数,去除期初原材料成本与本期收货成本之和,进而算出本期发出原材料及期末原材料的成本的方法。其计算公式为:

$$加权平均单位成本 = \frac{期初原料成本 + 本期购进原料成本}{期初原料数量 + 本期购进原料数量}$$

期末结存原材料成本 = 期末结存原材料数量 × 加权平均单价

本期发出原材料成本 = 本期发出原材料数量 × 加权平均单价
　　　　　　　　 = 期初结存原材料成本 + 本期购进原材料成本 - 期末结存原材料成本

【例 3-9】 仍以表 3-4 中的资料为例,计算食品原材料成本如下:

$$加权平均单位成本 = \frac{300 \times 2.00 + (400 \times 2.50 + 400 \times 2.20)}{300 + 400 + 400} = 2.25（元）$$

期末结存食品原材料成本 $= 100 \times 2.25 = 225$（元）

本期发出原材料成本 $= 600 + (1000 + 880) - 225 = 2255$（元）

采用加权平均法计算食品原材料价值和发出食品原材料成本比较均衡,但与现行市价有一定差距。当市价上涨时,加权平均单价会低于现行市价;当市价下跌时,加权平均单价又会大于现行市价。

(三) 移动平均法

移动平均法也称移动加权平均法,是在每次进货以后,根据原材料数量和总成本计算出新的单位平均成本,是移动加权平均单价的一种计算方法。移动平均法通常应用于永续盘存制下。其计算公式为:

$$移动加权平均单价 = \frac{原有原料成本 + 本次进货成本}{原有原料数量 + 本次进货数量}$$

本批发货成本 = 本批发货数量 × 本批移动加权平均单价

【例 3-10】 续用表 3-4 中的资料为例,计算每次进货后新的平均单位成本和期末原材料成本,见表 3-5。

$$第一次进货后平均单价 = \frac{300 \times 2.00 + 400 \times 2.50}{300 + 400} = 2.286（元）$$

$$第二次进货后平均单价 = \frac{200 \times 2.286 + 400 \times 2.20}{200 + 400} = 2.229（元）$$

表 3-5　××餐饮企业×食品原材料明细账　　　　　　　单位:元

20××年		凭证号数	摘要	收入			发出			结存		
月	日			数量	单价	金额	数量	单价	金额	数量	单价	金额
9	1		期初余额							300	2.00	600
	2		购进	400	2.50	1000				700	2.286	1600.2
	8		发出				500	2.286	1143	200	2.286	457.2
	15		购进	400	2.20	880				600	2.229	1337.4
	26		发出				500	2.229	1114.5	100	2.229	222.5
	30		本期发生额及余额	800		1880	1000		2257.5	100	2.229	222.5

9月发出原材料的成本 $= 500 \times 2.286 + 500 \times 2.229 = 2257.5$（元）

期末结存原材料成本 $= 600 + (1000 + 880) - 2257.5 = 222.5$（元）

采用移动加权平均法计算发出原材料成本比较均衡,但计算出的原材料价值与现行市价也有一定差距。而且,每次进货都需要重新计算单位平均成本,工作量较大。

(四) 个别计价法

个别计价法是指对库存和发出的每一特定原材料的个别成本加以认定的一种方法。采用这种方法,必须建立在详细的原材料记录的基础上,即对每次发出的原材料都能具体辨认其所属的购进批次,从而确定发出成本及期末原材料成本。

【例 3-11】假如表 3-4 的资料中,期末原材料结存量为 100 单位,经确认属于以下各批进货中的留存,则期末原材料成本见表 3-6。

表 3-6　××餐饮企业×食品原材料明细账　　　　　　单位:元

进货批次	数量	单价	金额
期初存货	20	2.00	40
第一批进货	30	2.50	75
第二批进货	50	2.20	110
期末存货			225

采用个别计价法分别确认了每一原材料的实际成本,计算比较准确,但工作量大,适用于进货批次少、能分清批次发货的原材料品种。

上述食品原材料计价的几种方法,各有其优缺点,用每一种方法计算本期发出成本和期末原材料成本可能都会有不同的结果,进而影响企业的利润。不同企业应根据本企业具体情况选择适当的方法,但一经确定采用何种方法,就不能随意更改,以保证各期资料前后的可比性。

特别提示

餐饮企业库存控制的目的是通过科学的库存管理措施,以最低的库存量保证企业的运营。在上级对企业总经理的考核中,也有关于库存的具体指标,其目的就是降低库存,加大现金流量。

第四节 餐饮企业食品原材料储存盘点制度

一、盘存的含义及作用

(一) 盘存定义

盘存是指在一定时期内,对库房领用原材料的保管台账要进行账目核对,达到账账相符、账实相符,控制原材料成本。简单来说,就是要看账点货,盘点对账。

(二) 盘存的作用

有利于加强财产管理,控制食品原材料及物料,挖掘内部潜力,掌握损益,加速资金周转;能够指导日常经营业务,真实把握经营绩效,及早堵漏。具体作用如下所示:

(1) 保证账簿记录与实物数字一致,使会计资料正确可靠。
(2) 加强财产管理,保证财产安全。
(3) 检查企业与各单位的往来款项及结算是否符合制度规定。
(4) 发现财产物资在验收、保管、领发、调拨、报废以及现金出纳等手续上的问题和缺陷,以便及时采取措施加以解决。

特别提示

盘存是一项细致的工作,是各项分析数据的基础。盘存的准确与否,也影响成本统计的准确度。某餐饮企业当月餐饮毛利率发现异常,公司财务部去检查时发现,该餐饮企业在盘存时只准确地统计在库原材料,而对在用原材料只是毛估,造成毛利率变化较大。所以在做盘存时,首要原则是先对实物后对账;其次是要盘存在库的原材料数量,更要细致盘点在用的食品原材料数量;其三是要盘存在库饮料、在用饮料酒水(如开瓶已用但未用完的数量)。

二、盘存制度

餐饮企业要完善定期盘存制度,定期做好二级仓库的盘存(一般每半个月要进行一次)。通过盘存,明确重点控制哪些品种,采用何种控制方法,如暂停进货、调拨使用、尽快出库使用等,从而减少库存资金占用,加快资金周转,节省成本开支。

现行的盘存制度主要有以下两种:

(一) 定期盘存制

定期盘存制也称实地盘存制,是指会计期末通过对全部存货进行实地盘点,以确定期末食品原材料及物料的结存数量,然后分别乘以各项原材料的盘存单价,计算出期末原材料的总金额,记入各有关原材料账户,倒挤出本期已耗用或已销售原材料的成本的盘存制度(详见第十二章)。

(二)永续盘存制

永续盘存制又称账面盘点制,是指企业设置各种有数量有金额的原材料明细账,根据有关出入库凭证,逐日逐笔登记原材料等的收发领退数量和金额,随时结出账面结存数量和金额。采用永续盘存制,可以随时掌握各种原材料的收发、结存情况,有利于原材料的各项管理(详见第十二章)。

餐饮企业应建立严格的报损丢失制度。对于原材料、烟酒的变质、损坏、丢失应制定严格的报损制度,如对餐具等制定合理的报损率,超过规定报损率的部门必须分析说明原因,并与部门奖金考核挂钩。

餐饮企业应做好发货管理工作。发放控制是储存控制的重点之一。发放控制的目的是按营业需要发放与需求符合的原材料规格和数量,从源头上来控制成本支出。餐饮企业应建立严格的出入库及领用制度。仓库应设立签字样本,特别是贵重物品要专人领用。仓库管理人员做好原材料出入的台账登记工作,这样可以很明显地看到每日经营情况与原材料领出的数量比。要做到:没有领料单,发放人员不得发放;领料单如果填写不清楚,主管领导没签字不得发放;数量、金额不相符,填写的内容与形式不符合企业财务管理制度的要求不发放等规则。对于一些贵重的酒水,则可以采用"瓶换瓶"的方法予以控制。

第五节 餐饮企业库存短缺率和库存周转率控制

一、餐饮企业库存短缺率控制

(一)餐饮企业库存短缺率

按照原材料实际盘点的数量和一定的计价方法计算出库房月末食品、饮料的实际库存额。为控制实际库存额有无短缺,需要将实际库存额与账面库存额作比较。库房账面库存额的计算公式为：

月末账面库存额＝月初库房库存额＋本月库房采购额－本月库房发料总额

库存短缺额＝账面库存额－实际库存额

$$库存短缺率 = \frac{库存短缺额}{发料总额} \times 100\%$$

根据国际惯例，库存短缺率不应超过百分之一，如果超过百分之一为不正常短缺，必须查明原因。

月初库房库存额数据从上月末库存额结转而来。本月库房采购额数据从本月验收日报表的库房采购原材料的总金额汇总而来。本月库房发料总额数据从本月领料单上的领料总额汇总而来。

【例3－12】××餐饮企业经过月末库房库存实物盘点，实际库存额为5.8万元，账面库存额为：月初库房库存额10.2万元、本月库房采购额28.2万元、本月库房发料总额32.2万元，该库存短缺率是多少，并给予分析。

月末账面库存额＝月初库房库存额＋本月库房采购额－本月库房发料总额
　　　　　　　＝10.2＋28.2－32.2
　　　　　　　＝6.2（万元）

库存短缺额＝账面库存额－实际库存额
　　　　　＝6.2－5.8
　　　　　＝0.4（万元）

$$库存短缺率 = \frac{库存短缺额}{本月库房发料总额} \times 100\%$$

$$= \frac{0.4}{32.2} \times 100\%$$

$$= 1.24\%$$

（二）库存短缺率分析

在理想的条件下，库存的账面额和实际库存额应该相同，然而在绝大多数情况下二者之间会有差异。这种差异产生于多种原因，有的是合理的原因，有的是不合理的原因。

1. 差异产生的合理原因

（1）原材料单统计的发料额和月末实物盘点的库存额不是完全按实际进价计价，从而带来人为的金额之差。

（2）原材料发放时，重量的衡量有允许范围内的误差。

（3）有些原材料会自然干燥失重。

2. 差异产生的不合理原因

(1) 对某些部门或个人发料,不凭或不记入领料单,或者发放的原材料量与领料单记录不一致。

(2) 因管理不妥,食品变质腐败,或因饮料瓶打碎造成流失等。

(3) 因管理不严,食品原材料丢失、被盗或被私自享用等。

如果库存短缺率超过1%,管理员有责任调查原因,采取改进措施。这些改进措施会涉及采购、验收、储存和发料管理等。

月末库存盘点、统计库存额是一项重要的餐饮成本控制的工具。

二、餐饮企业库存周转率控制

评估储存成本控制效率的指标除库存短缺率外还有库存周转率。库存周转率反映企业原材料的储备量是否合适、是否充足、是否过量。为保证菜点品种的供应,原材料的储备要充足,但过量会增加原材料变质、丢失的可能性,会加大库存管理费和导致资金积压。

库存周转率的计算公式为:

$$库存周转率 = \frac{原材料消耗额}{平均库存额}$$

$$= \frac{月初库存额 + 本月采购额 - 月末库存额}{(月初库存额 + 月末库存额) \div 2}$$

【例3-13】××餐饮企业食品原材料月初库存额为48.95万元,本月采购额为58.04万元,月末库存额为40.76万元,库存周转率为多少?

$$库存周转率 = \frac{月初库存额 + 本月采购额 - 月末库存额}{(月初库存额 + 月末库存额) \div 2}$$

$$= \frac{48.95 + 58.04 - 40.76}{(48.95 + 40.76) \div 2}$$

$$= 1.50$$

库存周转率越大,说明每月库存周转次数越快,相对库存的消耗来说库存量较小。库存周转率应控制在多大,取决于多种因素,如餐饮企业所处的地点、采购的方便程度、企业需要储备的原材料量等。一般来说,食品原材料库存周转率每月为2~4次为宜,库存原材料周转一次需要时间为一周至二周,但这只是平均值,不是所有的原材料都应以同样的速度周转。许多鲜货原材料每天周转一次,而有些干货原材料则应数周或数月周转一次。饮料一般不直接发送厨房或酒吧,因而饮料库存周转率略小些,一般为每月0.5~1次,一些高档洋酒也许一年采购一次,用量很多的啤酒也许每天进货。

对于库存周转率来说,重要的是要注意它的变化,如果某企业的库存正常周转率为每月两次,如果某月周转率增加或降低很多,就要查明原因。库存周转率太快,有时储备的原材料会供不应求,而库存周转率太低,又会积压资金过多,因此企业管理人员应经常分析库存周转率,以保持适度库存。

三、餐饮企业食品原材料及物料存货资金数额测算

餐饮企业食品原材料及物料存货资金数额测算的公式如下所示:

存货资金数额 = 计划期存货平均每日耗用量 × 存货计划价格 × 存货资金周转日数

计划期存货平均每日耗用量 = 计划期存货用量(消耗定额 × 产量)/计划期日数(360、90、30)

存货计划价格 = 预计存货买价 + 直接确认运杂费 + 保管费等

存货资金周转日数 = 在途日数 + 验收日数 + 整理准备日数 + 应计供应间隔日数 + 保险日数

零库存成本控制

1. 零库存成本控制的含义

零库存是一种特殊的库存概念,零库存并不等于不要储备和没有储备。所谓的零库存,是指物料(包括原材料、半成品和产成品等)在采购、生产、销售、配送等一个或几个经营环节中,不以仓库存储的形式存在,而是均处于周转的状态。

2. 零库存成本控制的意义

实现零库存管理的目的是为了减少社会劳动占用量(主要表现为减少资金占用量)和提高物流运动的经济效益。如果把零库存仅仅看成是仓库中存储物的数量减少或数量变化趋势而忽视其他物质要素的变化,那么,上述的目的则很难实现。因为在库存结构、库存布局不尽合理的状况下,即使某些企业的库存货物数量趋于零或等于零,不存在库存货物,但是,从全社会来看,由于仓储设施重复存在,用于设置仓库和维护仓库的资金占用量并没有减少。因此,从物流运动合理化的角度来研究,零库存管理应当包含以下两层意义:

(1)库存货物的数量趋于零或等于零。

(2)库存设施、设备的数量及库存劳动耗费同时趋于零或等于零。后一层意义上的零库存,实际上是社会库存结构的合理调整和库存集中化的表现。

3. 零库存成本控制的发展

（1）国外零库存成本控制的发展状况

零库存管理作为产生于日本的先进管理方式，在日本企业中有着广泛的应用。截至1989年，零库存管理方式在日本制造业已经被广泛采用。谈到零库存管理在日本的成功应用，日本丰田汽车公司无可争议地成为了零库存管理最大的受益者，也是最好的证明。随着零库存管理在日本丰田汽车公司的成功实施，越来越多的日本企业加入到了实行零库存管理的行列中。经过几十年的发展，零库存管理在日本已经拥有了供、产、销的集团化作业团队，形成了以零库存管理为核心的供应链体系。

美国的企业从20世纪80年代开始逐步了解并认识了零库存管理理论。现在，零库存管理已从最初的一种减少库存水平的方法，发展成为内涵丰富，包括特定知识、技术、方法的管理哲学。如戴尔公司运用直销模式以实现产成品的零库存，通过"供应商管理库存（VMI，Vendor Management Inventory）"的方式，实现原材料的零库存管理。

零库存管理方式不仅在日本、美国广泛应用，其应用足迹也遍布欧洲、大洋洲等世界各地。

（2）国外企业零库存管理对中国的借鉴意义

虽然零库存在美国、日本和欧洲等许多国家已经被普遍推广，但它充满了诱惑也充满了风险。零库存能否真正实现取决于各方面的具体条件和情况，包括供应商、技术、产品、客户和企业自身决策层的支持，因此，建议企业做好以下工作：

①转变员工观念，树立全员对减少库存的认识。企业在推行零库存管理前，应对全体员工广泛宣传教育，对于不同专业的员工进行针对性宣传，做到人人了解推行零库存管理的意义，形成推行零库存管理的良好氛围。

②合理选择供应商，与供应商建立合作伙伴关系。由于零库存要求供应商在需要的时间提供高质量的原材料，因此对于原材料库存、供应商的距离远近及运输方式的选择是关键因素。同时注重与供应商建立长期的合作伙伴关系，分享信息，共同协作解决问题，保证对订货的及时供应。

③建立由销售定生产的观念。销售部门要致力于拓展销售市场，并保证销售渠道的稳定，而生产部门要以灵活的应变能力和弹性的生产方式全力配合销售部门的工作，使企业能较均衡地进行生产，这对减少存货是有利的。

④严格奖惩制度。在零库存管理系统中，企业生产经营各环节、各生产工序的相互依存性空前增强，企业内部整条作业环节中的任何一个环节出现差错，都会使整条作业链出现紊乱，甚至瘫痪。因而应严格奖惩制度，保障生产经营活动顺序顺利进行。

4. 零库存成本控制产生原因

虽然传统的仓储管理给企业带来了一系列好处,如可以避免缺货,保障向客户的供应;应对各种意外变化;保证生产与经营过程的连续进行;缩短供货周期;应对产品季节性需求波动;通过价格投机获取利润等。但是其弊端也是显而易见的,如仓储占用大量资金,增加库存利息支出;为仓储而发生的不动产投资增大,甚至有可能会掩盖企业的管理缺陷,不利于责任明确及管理水平的提高。而与此同时,生产的发展,竞争的加剧,对企业降低成本的要求越来越迫切,因而"零库存"作为一个新的降低成本和提高管理水平的方式便应运而生。

5. 零库存成本控制实现的方式

零库存成本控制实现的方式有许多,大致可以归纳为以下6类:

(1) 无库存储备

无库存储备事实上仍然保有储备,但不采用库存形式,以此达到零库存。有些国家将不易损失的铝材这种战备物资作为隔音墙、路障等储备起来,以备万一。

(2) 委托营业仓库存储和保管货物

营业仓库是一种专业化、社会化程度比较高的仓库。委托这样的仓库或物流组织储存货物,从现象上看,就是把所有权属于用户的货物存放在专业化程度比较高的仓库中,由后者代理用户保管和发送货物,用户则按照一定的标准向受托方支付服务费。采用这种方式存放和储备货物,在一般情况下,用户自己不必再过多地储备物资,甚至不必再单独设立仓库从事货物的维护、保管等活动,在一定范围内便可以实现零库存和进行无库存式生产。

(3) 协作分包方式

主要是制造企业的一种产业结构形式。这种形式可以以若干企业的柔性生产准时供应,使主企业的供应库存为零,同时主企业的集中销售库存使若干分包劳务及销售企业的销售库存为零。

(4) 适时适量生产方式

适时适量生产方式,即"在需要的时候,按需要的量生产所需的产品"。这是在日本丰田公司生产方式的基础上发展起来的一种先进的管理模式,它是一种旨在消除一切无效劳动,实现企业资源优化配置,全面提高企业经济效益的管理模式。看板方式是适时适量生产方式中的一种简单有效的方式,也称传票卡制度或卡片制度。采用看板方式,要求企业各工序之间或企业之间或生产企业与供应者之间采用固定格式的卡片为凭证,由下一环节根据自己的节奏,逆生产流程方向,向上一环节指定供应,其主要目的是在同步化供应链计划的协调下,使制造计划、采购计划、供应计划能够同步进行。在具体操作过程中,可以通过增减看板数量的方式来控制库存量。

(5) 按订单生产方式

在拉动生产方式下，企业只有在接到客户订单后才开始生产，企业的一切生产活动都是按订单来进行采购、制造、配送的，仓库不再是传统意义上的储存物资的仓库，而是物资流通过程中的一个"枢纽"，是物流作业中的一个站点。物是按订单信息要求而流动的，因此从根本上消除了呆滞物资，从而也就消灭了"库存"。

(6) 实行合理配送方式

一般来说，在没有缓冲存货情况下，生产和配送作业对送货时间不准更敏感。无论是生产资料，还是成品，物流配送都在一定程度上影响其库存量。因此，通过建立完善的物流体系，实行合理的配送方式，企业及时将按照订单生产出来的物品配送到用户手中，在此过程中通过物品的在途运输和流通加工，减少库存。企业可以通过采用标准的零库存供应运作模式和合理的配送制度，使物品在运输中实现储存，从而实现零库存。

①采用"多批次，少批量"的方式向用户配送货物。企业集中各个用户的需求，统筹安排，实施整车运输，增加送货的次数，降低每个用户、每个批次的送货量，提高运输效率。配送企业也可以直接将货物运送到车间和生产线，从而使生产企业呈现出零库存状态。

②采用集中库存的方法向用户配送货物。通过集中库存的方法向用户配送货物，形成规模优势，降低单位产品成本，同时，在这种有保障的配送服务体系支持下，用户的库存也会日趋弱化。

③采用"即时配送"和"准时配送"的方法向用户配送货物。为了满足客户的特殊要求，在配送方式上，企业采用"即时配送"和"准时配送"的方法向用户配送货物。"即时配送"和"准时配送"具有供货时间灵活、稳定、供货弹性系数大等特点。作为生产者和经营者，采用这种方式，库存压力能够大大减轻。

（资料来源：百度百科网，http://baike.baidu.com/view/1631414.htm）

 课后练习

一、案例分享与思考

（一）案例分享

餐饮企业经济批量法的运用

背景介绍：××餐饮企业的某种原材料库存情况如下：采购价为96元/件，年需求量为4000件，订购成本为每次300元，年库存持有成本是采购价的10%，经济订购数量为500件。

问题呈现:该企业是否应当 1 次订购 1000 件,并享受 8% 的折扣优惠?
分析提示:
(1)经济订购数量为 500 件时年度总成本 = 96 × 4000 = 384 000(元)
订购成本 = 300 ×(4000 ÷ 500)= 2400(元)
库存持有成本 = 96 × 10% ×(500 ÷ 2)= 2400(元)
(2)采购数量为 1000 件时的年度总成本 = 384 000 × 92% = 353 280(元),
订购成本 = 300 ×(4000 ÷ 1000)= 1200(元)
库存持有成本 = 96 × 92% × 10% ×(1000 ÷ 2)= 4416(元)
每次订购 1000 件时每年可以节约额 =(384 000 + 2400 + 2400)-(353 280 + 1200 + 4416)= 29 904(元)

(二)思考及练习题
1. 什么是储存、储存成本和构成?
2. 储存成本控制的作用是什么?
3. 如何确定餐饮企业消耗定额、储备定额和订货时间?
4. 简要说明经济批量法及应用。
5. 食品原材料的领用、发出的成本计算方法有哪些?
6. 简要说明餐饮企业库存短缺率和库存周转率控制。
7. ××餐饮企业食品原材料月初库存额为 30 万元,本月采购额为 35 万元,月末库存额为 25 万元,库存周转率为多少?
8. ××餐饮企业欲购买一批某原材料,其中每次订货费用和验收费用为 210 元,储存成本率为 10%,单价为 45 元/千克,该企业经济订货量是多少?
9. ××餐饮企业现有库存牛肉罐头 80 听,平均日耗用量为 16 听,规定采购周期为 18 天,平均订货期为 3 天,安全系数为 50%,求该牛肉罐头最佳订购量是多少?
10. ××餐饮企业月消耗某原材料 108 千克,每次订货费用为 300 元,每千克每天的存储费用为 0.03 元,求该原材料储存总费用最低的经济批量。

二、本章闯关测试
1. ××餐饮企业年度最佳进货批次
背景介绍:××餐饮企业预计年耗用 A 原材料 6000 千克,单位采购成本为 15 元,单位储存成本 9 元,平均每次进货费用 30 元,假设该原材料不存在缺货情况。
问题呈现:试计算:
(1)A 原材料的经济进货批量;
(2)经济进货批量下的总成本;
(3)经济进货批量下的平均占用资金;

(4)年度最佳进货批次。

2. ××餐饮企业库存短缺率的计算

背景介绍:××餐饮企业经过月末库房库存实物盘点,实际库存额为6.96万元,账面库存额为月初库房库存额12.25万元、本月库房采购额33.84万元、本月库房发料总额38.64万元。

问题呈现:计算该库存短缺率是多少,并给予分析。

第四章 餐饮企业食品生产成本控制

引 言

本章将对食品生产计划制订,生产环节标准化成本控制,生产过程的成本控制,宴会、会议的成本控制,自助餐成本控制,火锅成本控制,食品成本控制指标和菜肴、点心的开发创新等几个方面分别进行阐述。

学习目的

全面了解、领会、掌握食品生产成本控制的内容和各种方法。
1. 掌握食品生产成本计划的制订。
2. 掌握食品生产环节标准化成本控制。
3. 掌握食品生产过程的成本控制。
4. 掌握宴会、会议的成本控制。
5. 掌握自助餐、火锅的成本控制。
6. 掌握和运用食品出成率、食品原材料熟制率、食品成本率。

关键词

生产成本控制

第一节 食品生产计划

一、销售量预测

餐饮企业管理人员应使用各种可以获得的、适用的销售史资料对各种菜肴的销售量做出预测。有精确的预测销售量,才能制订正确的生产计划,从而减少原材料浪费、食品变质、员工偷盗、生产过剩等问题发生的可能性。

(一) 预测客人数

要预测销售总量,先要了解最近一段时间内与预测日期类似的若干天的销售总量和客人数量,同时结合餐饮订单来预测客人数量。

对饭店的餐厅来讲,就餐人数一般分为两个部分:一部分是住店客人;另一部分为外来就餐的客人,而且随着人们消费方式的变化,非住店客人的就餐比例不断增加。非住店客人就餐人数的预测主要依靠以往的历史资料,以及天气、节假日等影响因素。住店客人就餐人数的预测主要是根据入住率。例如,某饭店拥有300间客房,已知某天住店客人在餐厅就餐的人数为150人,若该天的入住率为70%,则有210人在饭店入住,就餐率为 $150 \div 210 = 71.43\%$。假定就餐率比较稳定,则以此可预测就餐人数。例如,若第二天的入住率为78%,则有234人入住,第二天的就餐人数为 $234 \times 71.43\% = 167$(人)。这便是根据入住率和就餐率预测就餐人数的方法。

(二) 预测总销售量

通过查阅销售史资料,可以了解最近一段时间内与预测日类似的若干天的总销售量,并在分析了环境因素对以往销售量的影响后,作出预测日发生类似情况的可能性判断。例如,根据最近一段时间的销售史记录,在天气晴朗的星期五,晚餐总销售量在280~310份之间,那么,如果天气预报下星期五也是晴天,那么下星期五晚餐总销售量为310份左右。

(三) 菜单上各种菜肴销售量的预测

在菜单不变的情况下,可根据适销指数预测。例如,销售史资料表明过去一段时间某种菜肴在星期五晚上的销售量稳定在总销售量的18%,就可假定这种菜肴在下星期五晚上也将占总销售量的18%。

采取上述步骤后,就可以对未来某一天的销售总量做出估计。假如某几种菜肴是热销的,它的销售量在总销售量中占的比例也较高,再根据"餐厅菜单",一般就能预测未来某日、某周的销售量。

【例题4-1】

不确定型任务预测,即××餐饮企业某类菜点生产预测,如表4-1所示。

假设明日是双休日,按照历史的销售经验,表中的预测值为4月份日平均销量的1.5倍,即⑤ = 预测值/10 = $(14\ 144 \div 10 \div 30) \times 1.5 = 70.72$(份)。

表 4-1　×××餐饮企业某类菜点生产预测表

序号	菜点名称	4月份销售量（份）①	日平均销售量（份/日）②=①÷30	总平均销售量（份/日）③=(∑①÷10)÷30	喜爱程度④=②÷③	明日平均销售量（份）⑤=预测值÷10	明日预测生产量（份）⑥=④×⑤
1	A	1229	40.97	47.15	0.87	70.72	61.53
2	B	1800	60.00	47.15	1.27	70.72	89.81
3	C	1183	39.43	47.15	0.84	70.72	59.40
4	D	1546	51.53	47.15	1.09	70.72	77.08
5	E	1884	62.80	47.15	1.33	70.72	94.06
6	F	967	32.23	47.15	0.68	70.72	48.09
7	G	1536	51.20	47.15	1.09	70.72	77.08
8	H	922	30.73	47.15	0.65	70.72	45.97
9	I	1920	64.00	47.15	1.36	70.72	96.18
10	J	1157	38.57	47.15	0.82	70.72	57.99
合计		14 144					

编制者：　　　审核人：　　　日期：＿＿年＿＿月＿＿日

预测销售量应有一定的灵活性，可以随着环境因素的变化，随时修改预测数据。通常在生产前的一两天要对预测进行调节，以保证预测的准确性。

（四）预测结果的传递

预测数是管理人员（包括餐厅经理、厨师长、成本控制员等）对预计销售量做出的最合理的判断，由经理审查后，管理人员将销售预测数通知有关人员，餐厅经理就能更好地安排员工的工作时间，搞好人工成本控制；厨师长就能更好地估计需要的采购厨工，了解应领取多少原材料；采购员就能更好地决定应采购多少数量的食品原材料。销售量预测也是编制生产计划的主要依据。

二、制订生产计划

生产计划是在厨房生产过程中，在销售量预测的基础上，对所需使用的食品原料进行预测，从而使生产和需求相适应，起到一定的防止浪费的作用。

（1）餐饮企业管理人员应尽可能提前几天编制生产计划表，尽早交给厨师长，以便厨师长根据生产计划确定领用食品原材料的数量及提出鲜活原材料采购计划。

（2）生产计划的作用。餐饮企业生产计划表是管理人员控制生产、防止浪费的一种工具。通过制定生产指标,防止花费过多的食品成本,搞好控制工作。最理想的生产计划是生产量与销售量相接近,把生产过剩压缩到最低点。

(3)生产计划的内容。生产计划的内容包括以下几点:各种菜肴每份的分量、生产方法、现有份数、预测份数、剩余份数。

三、生产计划表的类型

(一)**简单的生产计划表**(见表4-2)。

表4-2　×××餐饮企业生产计划表(1)

星期:　　　　　　日期:　　　　　　早餐□　午餐□　晚餐□
预测总销售量:　份

菜肴	预测数	预测调整数
合计		

生产计划表上的"预测调整数"是根据天气和其他因素变化对预测数的修正值,它是厨师长应完成的生产指标。

(二)**复杂的生产计划表**(见表4-3)

表4-3　×××餐饮企业生产计划表(2)

星期:　　　　　　日期:　　　　　　早餐□　午餐□　晚餐□
预测总销售量:　份

菜肴	预测数	预测调整数	每份数量	生产方法	现有份数	需生产份数	可供出售份数	剩余份数
A								
B								
…	…	…	…	…	…	…	…	…
T								
合计								

比较复杂的生产计划表有以下几个优点:

(1) 强化提示作用。再次说明各种菜肴的每份分量,向厨师再次强调管理人员对菜肴分量控制工作的重视。这对于那些在午餐、晚餐、宴会时每份菜肴分量不同的餐饮企业来说尤为重要。

(2) "现有份数"可促使厨师长在生产之前查点一天或上一餐剩下的份数,并尽可能用于这一餐的销售。

(3) "可供出售的份数"等于现有份数和需要生产份数之和,也等于"预测调整数"。

(4) "剩余份数"表明这一餐的剩余份数。如果可以使用余下的菜肴,这一栏中的数字应转入下一餐的生产计划。某些餐饮企业为了保证菜肴的质量,规定不可使用剩下的菜肴,但在另一些餐饮企业里,厨师可以使用剩下的菜肴。

总之,无论是使用简单的还是复杂的生产计划表,目的都是通过制定生产指标,防止食品原料的浪费,搞好控制工作。在理想的条件下,生产量与销售量相等,不会有剩下的菜肴。尽管这一点很难做到,但经营管理人员仍应把精确地预测销售量作为自己努力的目标。

四、餐饮成本预算

餐饮成本预算是在编制营业收入预算基础上进行编制的,其方法有二:

一是根据营业收入和历史资料、市场供求关系等确定本企业餐厅的毛利率。其计算公式为:

预算餐饮成本 = $\sum$[某餐厅预算餐饮营业收入 × (1 - 某餐厅餐饮毛利率)]

二是根据标准成本法计算。对购进的食品原材料进行加工测试,求出加工后实际的净料成本,编制成本计算表来确定每种食品(菜肴)的主料、配料、调料等标准成本,然后追加一定的附加成本,最后确定出餐饮食品的标准成本。其计算公式为:

预算餐饮成本 = $\sum$[某餐厅预算餐饮营业收入 × 标准成本率]

[例题4-2] 某旅游饭店餐饮部中餐厅预算主营业务收入为600万元,毛利率为55%;西餐厅预算主营业务收入为480万元,毛利率为60%;风味厅预算主营业务收入为300万元,毛利率为65%;自助餐厅预算主营业务收入为360万元,毛利率为40%。计算该餐饮部的预算餐饮成本和平均毛利率分别为多少?

预算餐饮成本 = 600 × (1 - 55%) + 480 × (1 - 60%) + 300 × (1 - 65%) + 360 × (1 - 40%) = 783(万元)

平均成本率 = 783 ÷ (600 + 480 + 300 + 360) × 100% = 45%

平均毛利率 = 1 - 45% = 55%

第二节　生产环节标准化成本控制

生产环节的标准主要有生产标准、标准菜谱、每份菜肴的标准量、每份菜肴标准成本、每套食品标准成本五个标准，它们虽然各有侧重的角度，但都是餐饮企业餐饮成本控制不可缺少的重要环节。

一、生产标准

生产标准是对重复事物和概念所作的统一规定。它以科学、技术和实践经验的综合成果为基础，经有关方面协商一致，由主管机构批准，以特定形式发布，作为有关企业共同遵守的准则和依据。建立菜肴点心生产标准就是对生产质量、菜肴点心产品成本、制作规格进行数量化，并用于检查指导生产的全过程，随时消除一切生产性误差，确保菜肴点心产品质量的优质形象，使产品质量有标准的检查依据，达到控制管理的效能。

（一）基础标准

基础标准是一组标准，包括《加工制作名词术语》《食品原材料加工标准》《干货涨发标准》《菜肴点心产品评价标准》等。例如加工标准，规定了食品原材料用料的数量、加工制作的方法、基本程序、质量要求等。

（二）产品标准

产品标准是对菜肴点心成品统一口径的说明书，该标准不但规定了菜肴点心的规格、质量，食品原材料的品种与配置、生产加工方法等技术内容，还明确了成本、成本率、销售价格等经济指标。

菜肴点心标准是厨房标准中最重要的标准，它属于产品和过程标准。制定菜肴点心标准可以在微型计算机通用多媒体数据库平台上实现。其基本结构由菜肴点心的整体特征、工艺方法和耗用食品原材料的详细情况两部分组成。

二、制定标准菜谱

（一）标准菜谱的含义

为了保证菜谱上各种菜点的质量达到一定的标准，并使质量具有一定的稳定性和有效地进行餐饮成本控制，有必要对餐饮生产进行标准化控制，为此，要对菜单上的各种菜点制定标准菜谱。

标准菜谱是指厨房对每个菜点规定各项质量标准的文件。它是以菜谱的形式列出配方、原材料，规定操作程序，明确装盘形式、盛器规格，指明菜肴的质量标准和每份菜肴的可用餐人数以及成本、毛利率和售价的菜谱，并设立成本卡，附加文字说明和照片,这种卡片称为"标准配方法",也就是餐饮企业常用的"食品原材料耗用配料定额成本计算单"。标准菜谱实际上是食品质量、成本的控制工具,同时也反映一家餐厅的餐饮风格。标准菜谱的制定是食品生产环节成本控制的重要工作。

(二)标准菜谱的内容

标准菜谱应包括以下几种内容:

1. 菜肴名称

菜肴名称是菜肴质量的基础。一个高水平的菜肴,其名称必须符合生产该产品所使用食品原材料的品种和规格,符合该菜肴的制作方法,符合该菜肴的特点,还可以用菜肴的名称说明其寓意。

2. 菜肴的标准份额和烹制份数

在厨房中,有的菜肴只适宜一份一份地单独烹制,有的则可以或必须按一定份数,甚至数十份一起烹制。因此菜谱对菜肴的烹制份数必须明确规定,才能正确计算标准配料量、标准份额和每份菜的标准成本。

标准份额是某份菜肴以一定价格销售给顾客的规定的数量。每份菜肴每次出售给顾客的数量必须一致,比如一份小盘酱牛肉的分量是 200 克,那么每次给顾客销售时,其分量应该保持一致,必须达到规定的标准份额。

因而,餐饮管理人员对餐厅中供应的每一份菜和饮料等都要规定标准份额,并且必须要让烹调人员知道。有些餐厅将每份菜的标准份额贴在墙上,使生产人员能按标准加工烹调。

3. 菜肴的标准配料量

生产的另一个控制环节是要规定生产某菜肴所需的各种主料、配料和调味品的数量,即标准配料量。在确定标准生产规程以前,首先要确定生产一份标准份额的菜肴需要哪些配料,每种配料需要多大用量,每种配料的成本单价是多少。

确定各项配料的成本单价有时比较困难,如果某份菜需要三个洋葱,则必须从洋葱中找出一个中等的洋葱,经称重定出一个洋葱的价格。各种菜会有加工切配折损,价值低的蔬菜打上一定的折损率;价值高的菜要作折损试验,定出标准折损率。有些肉及家禽还有烧煮、烧烤折损。由于配料原材料的市场价格经常发生变化,成本也要不断调整,成本调整的次数取决于市场价格的波动情况。如果市场价格波动不大,一般可 3~4 个月调整一次。

4. 菜肴的标准烹调程序

在标准菜谱上还应规定菜肴的标准烹调方法和操作步骤。标准烹调程序要详细,要具体规定食品烹调需要的炊具工具、原材料加工切配的方法、加料的数量及次序、烹调的方法、烹调的温度和时间,同时还要规定盛菜的餐具、菜肴的摆布方法。

标准份额、烹制份数和烹调程序一般由每个厨房自行编制,但不能通过一次烹饪就作规定,必须多次试验或实践,并不断改进,直至生产出的产品色、香、味、形俱佳,得到顾客欢迎为止。

5. 每份菜肴的标准成本

标准菜谱上规定了每份菜肴的标准成本。确定每份菜肴的标准成本首先要通过试验,将各种菜肴的每份份额、菜肴的配料及用量、烹调方法固定下来,制定出标准。然后将各种配料的金额相加,汇总出菜点生产的总成本额,再除以烹制份数,得出每份菜点的标准成本。每份菜点的标准成本是控制餐饮成本的工具,也是菜点定价的基础。它的计算公式为:

$$每份菜肴的标准成本 = \frac{\sum(各种主料、配料、调料成本单价 \times 各主料、配料、调料的数量)}{烹制份数}$$

每份菜肴的标准成本率是标准成本额占菜肴售价的比例:

$$每份菜肴的标准成本率 = \frac{标准成本额}{售价} \times 100\%$$

(三) 标准菜谱的格式

标准菜谱即"标准菜谱配方"的格式根据上述标准菜谱的内容结合本企业的经营特点可自行制定,见表4-4、表4-5、表4-6。

表4-4　×××餐饮企业标准菜谱配方

菜名:凤尾河虾仁　　　　　份数:1　　　　　　日期:
每份成本:54.60元　　　　预计售价:109.20元　　编号:

	名　称	单位	用量	净料价格	成本金额(元)	备注
主料	活河虾仁	克	500	50元/500克	50.00	
	鸡蛋清	只	1	0.5元/只	0.50	
	青豌豆	克	50	4元/500克	0.40	
配料	料酒	克	10	2元/500克	0.04	
	精盐	克	5	0.5元/500克	0.005	
	味精	克	1.25	15元/500克	0.035	
	淀粉	克	15	4元/500克	0.12	
	色拉油	克	50	8元/500克	0.80	
	麻油	克	5	10元/500克	0.10	

续表

菜名:凤尾河虾仁　　　　　　份数:1　　　　　　日期:
每份成本:54.60元　　　　　预计售价:109.20元　　编号:

名　　称	单位	用量	净料价格	成本金额(元)	备注
食品原材料成本合计	元			52.00	
附加成本率	%	5		2.60	
总成本合计数	元			54.60	
销售价格	元			109.20	
成本率	%			50	
毛利率	%			50	
烹饪方法					
填制方法					

表4-5　×××餐饮企业标准菜谱配方

菜名			机密□　公开□					
主料	分量		选料标准				切配标准	
辅料	分量		选料标准				切配标准	
调料	重量	调料	重量	调料	重量	调料	重量	
烹调制作		烹调步骤				注意事项		
装盘标准	容器规定		碟头要求		菜形要求		注意事项	
菜点特色	口味:		营养:			适宜人群:		
菜点预定毛利:　　%			菜点毛利下限不低于:　　%			建议售价:　　元		

表4-6　×××餐饮企业标准菜谱配方

菜肴名称:白玉虾丸		
总成本: 　　原材料成本率:35% 　　销售价:92元		
原材料类型	原材料名称	原材料重量(克)
主料	新鲜河虾仁	500
配料	熟肥膘	100
	新鲜马蹄	100
	蛋清	100
调料	精盐	2.5
	味精	1
	干淀粉	25
	寿司	25
制作过程: (1)虾仁洗净沥水,斩成茸,肥膘和马蹄也同样斩成茸。 (2)将虾茸放入盛器内,加入调味料拌匀,分别放入蛋清、干淀粉、肥膘、马蹄、盐、味精拌匀。 (3)炒锅上火,放入清油,待油温升至二三成热时,挤入虾丸。待虾丸熟后捞出,装入10英寸(25.4厘米)圆盘,带寿司调味碟盘上桌。		
制作要求: (1)马蹄可斩粗一些,肥膘和马蹄要最后放入,油温不可太高,否则虾丸表面易结壳。 (2)菜肴要做到色泽洁白,光润饱满,大小均匀,形似核桃,质地脆嫩。		

(四)多功能标准菜谱

多功能标准菜谱是指将标准菜谱与投料成本卡合二为一的表格,见表4-7,可一表两用。关于调料的计算,在实际制作中采用调料的一个固定金额,比如每份菜肴1元、1.5元、2元、2.5元、3元等。

表4-7　×××餐饮企业多功能标准菜谱

菜肴名称: 　　份数或适合人数: 　　年　月　日						
设计人: 　　烹调方法: 　　总重量: 　　总成本:						
项目	名称	单价	数量	金额	加工步骤	
原料	主料					

续表

菜肴名称：		份数或适合人数：		年 月 日			
设计人：		烹调方法：		总重量：		总成本：	

项目		名称	单价	数量	金额	加工步骤	
原料	辅料						
	调料						
	装饰						
总成本							
工具					剩余额		
					料处理		
盛装器皿							
菜肴							

（五）标准菜谱制定的步骤

（1）确定标准菜谱制定的顺序。餐饮企业应采取先高档后低档、先重点后次要、先易后难确定标准菜谱制定的顺序。本企业销售量大的食品或特色食品、市场上原材料供应丰富的或本企业长期不变的食品都可以作为重点。制作方法简单或不容易受到厨师抵制的菜品制定标准菜谱时比较容易。

（2）确定标准菜谱制定的时间计划。制定标准菜谱的时间计划包括多长时间出一份标准菜谱，应选择在经营淡季时制定标准菜谱。

（3）确定主、配料原材料及数量。确定调味料品种，试验确定每份用量。

（4）根据主、配、调料用量，计算成本、毛利及售价。

（5）确定加工制作步骤，对菜谱进行现场记录、测试、修订。通过记录烹调方法和操作顺序，经过多次测试和修订后形成的标准菜谱才能保证菜肴的质量符合预先确定的要求。

（6）选定盛器，落实盘饰用料及式样。

（7）填制标准菜谱。

（8）推广实施。标准菜谱制定后，应分发给各位厨师，并通过培训，使厨师掌握其使用方法，都能按标准菜谱烹调出色、香、味一致的菜肴。

 **特别提示**

标准菜谱是一种控制工具,也是厨师的工作手册,餐饮企业可以变通制作形式,但一定要有实际指导意义。

(六)标准菜谱的作用

标准菜谱的作用主要包括以下几个方面:

(1)便于科学管理。企业使用标准菜谱后,有关标准菜谱、成本等方面的信息均能输入电脑,可以随时随地测算每个菜肴的成本,实现利用计算机进行成本控制、分析,达到企业科学管理。

(2)预示产量。可以根据食品原材料数量,测算可生产菜肴的份数,方便成本控制。

(3)保持菜肴的质量稳定。标准菜谱使食品生产能够按统一的方法和配料进行,保证了菜肴质量的稳定,使菜肴的色、香、味能满足顾客的需求。

(4)降低管理费用。由于每份标准菜谱都列明了菜肴生产过程中所需的各种用具和烹调时间,相关人员就很容易制订生产计划表、采购计划、资金计划等,从而节省了大量的时间,降低了管理费用。

(5)减少对食品原材料存货控制的依赖。通过销售菜肴份数与标准用料计算出已用料情况,再扣除部分损耗,便可测知库存原材料情况,从而减少对食品原材料存货控制的依赖。

三、制定每份菜肴的标准量

所谓标准量,就是指烹饪菜肴或米面制品时,使用定量的标准化。在制定标准配方卡时应注意四个方面的问题:

(1)合理确定主、配、调料用量标准。

(2)在厨房里应张贴各种标准菜谱所规定的每份菜肴分量,厨房员工必须了解每份菜肴的分量,每次配菜和装盘时,厨房员工必须使用量具、量勺、量杯等分量控制工具。

(3)正确掌握附加成本,其成本率一般为5%,高档餐饮企业也不应超过10%。

(4)正确掌握毛利率。餐饮企业应根据货源、工作量、设备条件、炊事人员的技术和客人的口味,制定自己的配方,并且计算每份菜肴(或西点)的标准成本。餐厅销售每一种菜肴,都要事先填列标准菜谱配方(见表4-4),经测算成本,定下售价后方可出售。

四、制定每份菜肴的标准成本

标准成本的制定,是为了保证菜肴在制作、加工过程中,能够按规定的分量和比例出品,并实现期望的毛利率。而标准菜单的制定,可以保证厨房工作的有序,并赢得期望的毛利。标准成本和标准菜单,是高星级酒店、餐饮企业的质量保证。每份菜肴标准成本是指生产每份菜肴所耗费的食品原材料的成本,餐饮企业通常用以下方法确定每份菜肴的标准成本。

(一) 公式计算法

每份菜肴的标准成本计算公式为:

每份菜肴标准成本 = 单位购价 ÷ 单位食品原材料可生产的份数

(二) 投料成本卡

每批量菜肴的总成本除以本批量的菜肴份数,即为每份菜肴标准成本。要确定一批菜肴的总成本,可使用投料成本卡(见表4-8),将各种原材料、辅料、调料的名称和数量分别填入第1行和第2行,根据用量和最近的单位购价,求出各种原材料的成本。计算各种原材料的成本之和,即可确定某一标准菜谱的总成本,再用这个数量除以份数,求出每份菜肴的标准成本。如各种原材料的市价发生变化时,应随时重新计算每份菜肴的标准成本。如果采用餐饮计算机操作系统,只要将有关数据输入电脑,新的每份菜肴标准成本总额会自动生成。

表4-8 ×××餐饮企业投料成本卡

菜肴名称:宫保鸡丁		标准售价:18元/份			
产量:15份		标准成本:5.74元/份			
日期:20××.×.×		标准成本率:31.9%			

序号	1	2	3	4	5	合计
1	原材料名称	鸡脯肉	花生米	干辣椒	混合调料	
2	用量	3千克	0.5千克	0.1千克	0.8千克	
3	单价	20元	12元	40元	20元	
4	金额	60元	6元	4元	16元	86元

第三节 生产过程的成本控制

餐饮企业食品生产加工是运用一系列生产加工方法将食品原材料烹制成符合客人所需要的食品的过程,这个环节是企业餐饮成本控制的核心。

一、生产过程的成本控制基本要求

生产加工是一个相当复杂的过程,控制项目多,控制难度大,企业管理者在这方面多下功夫,企业就会有很大的盈利空间,其基本要求是:

(1)餐饮企业每个管理者、员工都必须了解各项生产标准,特别是标准菜谱。管理人员要加强监督控制。

(2)餐饮企业食品原材料使用要适当。企业追求的是用最小的成本创造最大的利润,但不能一味追求低成本的原材料。管理者应当让生产出的菜肴与价值相符,使顾客感到物有所值。企业既不能用低劣原材料冒充生产高档菜肴,又不能用高档原材料生产低廉菜肴。因此,食品原材料使用一定要适当。

(3)加强对未用完的原材料的看管,防止个别员工擅自拿回家。

(4)记录好生产环节的情况,为日后改进或制订工作计划、总结经验教训等提供信息。

(5)餐厅、厨房、备菜间、清洗间等地方严格控制水、电、燃气等能源,防止常流水、常明灯、常燃火等浪费现象。

二、菜点质量成本控制

(一)菜点质量成本概述

1. 菜点质量成本的概念

菜点质量成本是企业为确保产品质量水平和进行全面质量控制所发生的费用,以及企业因产品出现质量问题而发生的损失费用的统称,它包括可控成本与结果成本两部分。

(1)可控成本。主要由预防成本、检验成本、外部质量保障成本等三个部分组成。

(2)结果成本。主要由内部缺陷成本、外部缺陷成本等两个部分组成。

产品质量要求越高,需付出的可控成本越大,可控成本与产品质量正相关;而产品质量要求越高,需付出的结果成本越小,结果成本与产品质量负相关。

2. 质量与质量成本的关系

质量是由顾客的满意度来体现的,高质量的产品为企业带来好的效益。为此,企业也同时支付相应的质量成本。越追求高质量的产品,企业所付出的质量成本越高。企业必须找到既令顾客满意又有利于企业的切合点,即质量与质量成本的最佳切合点,如图4-1所示。

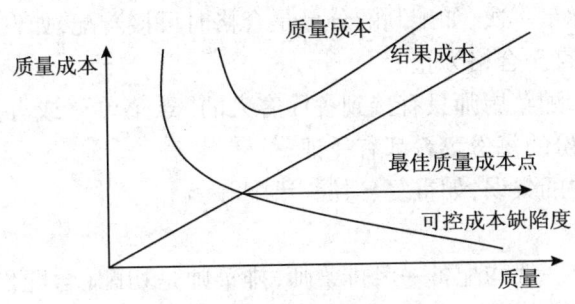

图 4-1 质量成本最佳结构图

企业必须妥善处理好二者间的关系方能提高经营效益,否则不仅会使效益降低,还可能危及企业生存。

（二）菜点质量成本控制

菜点质量成本控制的唯一方法就是采用标准菜谱,使厨房每次烹饪出的同一种产品在色、香、味、形、量、质等方面永远相同,吸引更多的"回头客"光顾。

三、食品生产过程成本控制的环节

（一）原材料选取

厨房烹饪出的菜肴质量和原材料的状况密切相关。不能用低档原材料冒充高档原材料烹饪高档菜肴;也不允许用高档原材料生产低档菜肴。总之,选取原材料是食品生产过程中成本控制的重要一环,选取的原则要适当,不能大材小用,也不能以次充好。

（二）粗加工

粗加工主要包括摘洗、宰杀、冲洗、刮削、发涨、晾晒等工作。在粗加工中,要求员工尽量达到粗加工所涉及的生产标准,如原材料净料率、净料成本率等。对粗加工后剩下的边角料部分(肉骨头等)应充分回收利用,变废为宝,可降低成本。

（三）切配与配份

(1) 切配。切配时应根据原材料的实际情况,整料整用、大料大用、小料小用、下脚料综合利用,以降低菜肴成本。加工数量应以销售预测为依据,满足需要为前提,留有适量的储存周转量,避免加工过量而造成浪费,并根据剩余量不断调整每次的加工量。

(2) 配份。配份必须严格按照"标准菜谱"中规定的用量标准配料。严禁出现用量不足或过量或以次充好等情况,配料过程的控制是食品成本控制的核心,也是保证菜肴质量的重要环节。配料过程控制要点如下:

①在配份中应执行规格标准,使用称量、计数和计量等控制工具。通常做法是

每配两份到三份称量一次,如配制的分量是合格时可接着配,如发觉配量不准时则后续每份都要称,直至合格为止。

②凭单配发。配菜厨师只有接到餐厅客人的"点菜单",或有关正式"通知单"才可配料,保证配份的每份菜肴都有凭证。

③杜绝配份中的失误,如重复、遗漏、错配等。

(四)排菜

大型餐饮企业一般均配备一名排菜师,排菜师是切配(含配份)师与厨师间的"二传手",他(她)的主要工作是帮助厨师根据顾客的点菜情况,安排烹饪的先后顺序、烹饪份数等。

(五)烹饪

一道菜肴的色、香、味、形基本上都在这一环节形成,烹饪可以说是整个生产加工起决定作用的环节。厨师应严格按照"标准菜谱"中的操作规程进行操作,掌握好烹饪时间及火候。此外,厨师还应努力提高烹饪技术和创新能力,合理投料,力求不出或少出废品,有效控制烹饪过程中的菜肴成本。

企业厨房最常用的调料有盐、糖、料酒、高汤,厨师可在营业前事先将这些调味品按一定比例要求调制好。如厨师可在事先按"调味汁规格"调制麻辣味汁、糖醋味汁、茄汁味汁、鱼香味汁等,以便待用。这样可以节约能源、人工等一系列成本。

(六)装盘

装盘是生产加工的最后一道工序。烹饪是一门艺术,装盘也要体现出艺术性。

四、主菜肴的成本控制

主菜肴是企业的特色菜肴或成本较高的菜肴,这类菜肴的成本占整个菜肴的成本比率较大。因此,必须加强对主菜肴的成本控制。

对价格昂贵的食品原材料(有的已加工好),厨师在领用时必须填制"主菜肴定额备料单"(见表4-9),并在备料单上签名。

表4-9　×××餐饮企业主菜肴定额备料单

原材料	领料份数	增领份数	领料总数	退料份数	实用份数

领料人：　　　　　　增领人：　　　　　　收料人：

星期_____　　_____年_____月_____日

五、退菜单控制

餐厅服务员可能会传错顾客的定菜单、写错顾客所点菜肴的名称,排菜师可能会排错顺序,顾客可能会因为厨师火候没控制好、厨师烹饪质量问题等要求退菜。管理人员可制作"退菜表"(见表4-10)。无论是什么原因,收到退菜之后,厨师长都必须在"退菜表"上记下菜肴的名称、点菜单编号、退菜原因。退菜是企业最大的浪费,填写"退菜表"是为了明确责任,分析原因,杜绝今后的退菜现象。管理者通过对退菜情况的了解可以对员工进行业绩考核和控制,同时也能比较便捷地总结顾客要求退菜的原因,杜绝员工偷拿或偷吃退回菜肴的机会。

表4-10　×××餐饮企业退菜表

星期_____　　　　_____年_____月_____日

菜肴名称	点菜单编号	服务员工号	退回原因	审批人	售价

如何控制厨房成本

有效控制厨房生产管理成本,对整个餐厅的利润提升有十分重要的意义和作用。然而,在当下原材料成本急剧上升、人力成本压力不断加大等多方面因素的影响下,控制成本已经成为很多厨师长、餐饮店老板最为头疼的问题。那么,我们应当如何追根溯源,找到影响厨房成本居高不下的根源,进而采取有效的措施控制厨房成本呢?下面我们就来一同分享本文。

一、影响厨房成本高低的九个因素

1. 原材料进价变化过快

原材料没有固定、稳定的供应商或是货品来源,造成货品时好时坏或是价格波动幅度太高,让菜品的出品和菜单无所适从,直接影响销售。

2. 原材料储存不善

四害、潮湿、霉变、过期等，以及领用的货品到使用现场中无人监管，不先进先出，没按照标准统一收捡，使之凝块、混乱、被打翻等。

3. 积压过期

一次性进货太多，或者是没先进先出，或是进货后又不适用被搁置，也无人问津和处理，缺乏对原材料从下单、审单、采购、验收、领用、非正常积压各环节追究责任，造成原材料的积压过期。

4. 配份失误

员工工作过程中，没有利用好配置的工具，造成了浪费。

5. 标准化生产不落实

具体表现为：同样的菜品和菜单，但配菜的主辅料分量不一；炒菜口味凭厨师的心情好坏；配菜的分量凭个人的喜好；没有规定的标准和流程，好与不好由厨师长说了算。

6. 生产损耗

菜品的出成率本来可以达到八成的，但因为人为原因只达到六成或更低，厨房的设备设施使用后该关的不关，冰箱可以整理后只使用一台就可以了，但将冰箱全部都用上，这就既损坏了设备，又增加了能源费用，造成企业成本费用增加。

7. 菜单定价不准

市场上的菜品都已飞速上涨，但菜单的定价却没有做适时适当的上调；或是市场上菜品本来很平，但菜单定价却定得很高。

8. 销售与生产脱节

厨房部新推了好多个新菜，但缺乏与前堂的充分沟通，前堂不知菜品的制作和特色，无法进行推销，最终导致新菜不新，特色不特色，且积压过多研发新菜的材料，也浪费了研发成本。

9. 人力浪费和其他消耗增大

专人专岗的要求过于死板和教条，没能充分利用人力资源，将最繁忙的时段和比较清闲的时段进行调整，造成人员忙过最忙那一个小时左右以后，站着的站着，闲聊的闲聊，既浪费人力又影响员工士气和团结协作精神。

二、厨房成本控制的五个方法

针对以上厨房成本管理过程中存在的常见问题，我们特别给出五个解决方法：

1. 实行成本控制责任制

厨房管理人员可以将毛利率指标落实到整个厨房，厨房再将总目标分解到各个环节。各个环节之间和各环节内部交接班的沟通都要有书面记录，如初加工与切配、切配与灶台、灶台与传菜之间的原材料成本的传递都应有书面凭证。

2. 实行成本控制奖罚制度

为了加强菜点生产加工的成本控制,有必要建立成本控制奖罚制度,对成本控制不力的厨房管理人员和员工,都要根据其责任大小,相应地给予一定处罚。同时,对主动找出菜点生产加工成本漏洞,提出改善食品生产加工成本控制措施的部门和个人应给予相应的奖励。

3. 定期盘点

厨房生产成本控制的难点在于环节上的不完整性,原因之一就是"有头无尾",厨房即使编制了标准菜谱,却没有对每种菜肴的销售量和厨房剩余量进行统计。为了解决这道难题,必须加强统计工作,以便为成本控制提供详细的基础资料。

统计最简单有效的方法就是每天供餐结束后对食品原材料进行盘点。有的厨房因为怕麻烦,往往缺乏这一环节。其实,这项工作只需配备一名核算员,建立食品成本日报分析制度,每天定期进行盘点,执行起来难度不大。

4. 定期核对实物与标准

每天对食品原材料进行盘点是为了提供实际数据。将出库量减去盘点剩余就是实际用量,将实际用量与标准用量进行比较,就能知道食品生产加工成本控制的效果了。

标准用量要根据标准菜谱来计算,即将每道菜肴的用料品种与数量除以该菜肴的销售量,这就是该菜肴的标准用量。标准用量与实际用量的差额就是食品生产加工成本控制的对象。

5. 全员控制法

厨房成本控制的目标是靠全体厨房员工的积极参与来实现的。厨房成本的形成体现在整个菜品加工的每一个环节,从原材料的初加工、精加工、配份到打荷、烹调,都与成本密切相关。

厨师长和厨师都要提高成本控制意识,充分认识到成本控制与增加企业销售额同等重要,认识到菜点生产加工的成本控制不仅关系到企业目前的利益,而且决定着企业长期的稳定发展,与员工的切身利益息息相关。只有这样,全体员工才能积极主动地按要求的成本控制的方法进行工作。

(资料来源:职业餐饮网)

第四节 宴会、婚宴、会议的成本控制

一、宴会的含义及由来

(一) 宴会的含义

宴会是因习俗或社交礼仪需要而举行的宴饮聚会,又称为燕会、筵宴、酒会,是

社交与饮食结合的一种形式。人们通过宴会,不仅获得饮食艺术的享受,而且可增进人际间的交往。宴会上的一整套菜肴席面称为筵席,由于筵席是宴会的核心,因而人们习惯上常将这两个词视为同义词。

(二)宴会的由来

宴会起源于社会及宗教发展的朦胧时代。早在农业出现之前,原始氏族部落就在季节变化的时候举行各种祭祀、典礼仪式,这些仪式往往有聚餐活动。农业出现以后,因季节的变换与耕种和收获的关系更加密切,人们也要在规定的日子里举行盛筵,以庆祝自然的更新和人的更新。

中国宴会较早的文字记载,见于《周易·需》中的"饮食宴乐"。随着菜肴品种不断丰富,宴饮形式向多样化发展,宴会名目也越来越多。

历代有名的宴会有饮酒礼、百官宴、大婚宴、千叟宴、定鼎宴等。如今宴会已有多种形式,通常按规格分有国宴、家宴、便宴、冷餐会、招待会等;按习俗分有婚宴、寿宴、接风宴、饯别宴等;按时间分有午宴、晚宴、夜宴等;另外还有船宴等。

从宴会的发展可以看到一个国家在一定时期里经济、政治、文化的发展水平及民族烹饪技术的发展水平。

二、宴会(包括婚宴、会议等)标准化菜单

菜肴制作的科学性是餐饮控制成本和毛利率的关键。餐饮企业应对宴会制定标准菜单。标准菜单要经过认真核算,而且要定期更新。如宁波开元大酒店,针对"会议之都"的品牌经营,制定了"春夏秋冬"四季菜单,成功地稳定了餐饮经营。现在,一些食品原材料价格变化大,而一些会议、婚宴预订时间长,很难预测将来的原材料价格波动情况。所以对宴会预订有一条成文的规定,就是只预订场地,而菜单一般要求提前一个月或半个月确定,这就避免了企业在遇到市场价格变化大的情况下利益受损。同时要注意常年菜单与季节性菜单的搭配。

三、宴会成本控制的重要性

(一)宴会的收入是构成餐饮收入的重要部分

宴会的总体消费水平要高于零点消费,高档宴会的人均消费水平往往比零点消费高出很多倍。根据业务结构的不同,有些餐饮企业的宴会收入占总收入的60%以上。由于宴会的档次高,食品原材料成本所占的份额相对很小,因此销售毛利率极高,可达70%以上,里面包含的纯利润也很高。因此,正确地进行宴会成本核算和成本控制,是餐饮企业保证经济效益的重要条件。

(二)宴会是提高餐饮企业档次的重要组成部分

宴会是对餐饮企业的产品、服务质量和管理水平集中的体现。重视宴会经营,

提高产品质量和服务质量,使客人在物质和精神两个方面都得到满足,必然会提高企业的声誉,增强企业的社会竞争能力。

通过宴会的组织实施,在管理方面,可以迅速提高成本管理、质量管理等各方面工作的水平;在烹调技术方面,可以锻炼厨师队伍,提高厨师的技艺水平,创造名优产品,发展烹调艺术;在服务方面,宴会的服务可以使服务人员的服务专业技能得到良好的锻炼和提高。

四、宴会预订业务

宴会预订业务包括:准备工作、预订受理工作、编制"宴会预订单"(见表4-11)。

表4-11　×××餐饮企业宴会预订单

××酒店宴会预订单							编号:
预订日期		预订方式		预订员		负责人	
宴会名称		宴会地点		宴会时间			
宴会类型		参宴人数		宴会标准		预付金额	
联系单位							
单位名称				地址			
联系人		电话		E-mail			
宴会费用						单位:元	
菜点费用		酒水费用		鲜花费用		香烟费用	
礼品费用		设备费用		厅堂费用		其他费用	
宴会内容							
宴会程序				宴会菜单			
餐桌布置				服务方式			
备注及特殊要求							
预订员:		审核人:			日期:20××年　月　日		

为保证宴会预订的准确性,预订工作完成后,要签发宴会预订确认书(见表4-12)。

表4-12　×××餐饮企业宴会预订确认书

×××酒店宴会预订确认书　　　　　　　编号：							
您所预订的宴会我店已经准备完毕。请您核对以下项目，如有问题及时联系，敬请准时光临。 　　×××餐饮企业　　　　　　　　　　　　　　　　经理：_____							
预订日期		宴会名称		宴会地点		参宴人数	
宴会标准		预付金额		宴会时间			
宴会费用　　　　　　　　　　　　　　　　　单位：元							
菜点费用		酒水费用		鲜花费用		香烟费用	
礼品费用		设备费用		厅堂费用		其他费用	
宴会内容							
宴会程序				宴会菜单			
餐桌布置				服务方式			
备注及特殊要求							

五、宴会的成本控制

（一）宴会成本控制的计算程序

各式宴会业务的菜点（菜肴和点心）内容一般由厨房根据"宴会预订单"具体安排。宴会成本一般以饮食成本为中心，再参考菜点的风味特点、食品原材料品种、烹调方法、营养成分、饮食习惯等因素进行综合设计。

宴会的饮食部分可分为两类：酒水与菜点。因为它们从成本到销售价格的计算方法不一样，一般应分别计算，这样就有两种类型的计算方法。一种计算方法是把酒水与菜点分开结算。另一种计算方法是酒水与菜点一起结算。

餐饮企业通常为宾客提供多种宴会费用标准，以供选择，如宴会单位费用标准为300元/人、500元/人、800元/人、1800元/人等，并根据餐厅档次和业务特点，在企业标准中规定了宴会单位费用标准的上限和下限。

设计宴会菜点必须遵照《各类宴会设计标准》和《宴会菜点标准》。一般宴会菜点的选料、加工制作、装饰造型都要优于零点菜点。餐饮企业宴会设计与计算标准程序,如表4-13所示。

表4-13　×××餐饮企业宴会设计与计算标准程序

\multicolumn{5}{c}{××酒店宴会设计与计算标准程序}
文件编码			计算方法	酒水与菜点分开计算	适用范围	
序号	项目	内容与计算方法	依据	备注
1	基本给定条件	1. 宴会风味类别 2. 参加宴会人数(人) 3. 宴会单位价格(元/人) 4. 宴会时间 5. 结算方式 6. 特殊要求	宴会预订单	
2	计算基本数据	1. 宴会总价格 　　=宴会单位价格×参加宴会人数(元) 2. 食品原材料总成本 　　=宴会总价格×(1-宴会销售毛利率)(元) 3. 食品原材料单位成本 　　=食品原材料总成本/参加宴会人数(元/人)	《各类宴会设计标准》	
3	计算各菜点单元食品原材料单位成本	1. 菜点单元分类:M类 2. 各菜点单元食品原材料单位成本 　　=第i单元占总成本百分比×第i单元食品原材料单位成本(元/人) i=1,2,…,M	《各类宴会设计标准》	
4	安排各菜点单元的品种	1. 从《各类宴会设计标准》查出每单元安排菜点品种数量 2. 从《宴会菜点标准》中选配菜点 3. 计算各菜点单元盈亏值 　　第i菜点单元盈亏值 　　=第i菜点单元食品原材料单位成本-第i菜点单元实际食品原材料单位成本(元/人)	《各类宴会设计标准》《宴会菜点标准》	注意优先与禁忌的特殊要求

续表

\multicolumn{2}{c}{××酒店宴会设计与计算标准程序}				
文件编码		计算方法	酒水与菜点分开计算	适用范围	
序号	项目	内容与计算方法		依据	备注
5	分析成本误差,评定宴会设计是否符合要求	1. 宴会成本核算的允许相对误差 2. 计算总盈亏值 　　总盈亏值=Σ各菜点单元盈亏值 3. 计算实际相对误差 　　实际相对误差 　　=(总盈亏值/食品原材料单位成本)×100% 4. 将实际相对误差与允许相对误差比较,符合企业标准规定才能通过		《各类宴会设计标准》	
6	编制《宴会菜点核算表》	1. 编制 2. 审核 3. 下达任务 4. 存档		《各类宴会设计标准》	

编制者:　　　　　　审核人:　　　　　　日期:20××年　月　日

(二) 中餐宴会的成本计算

1. 标准宴会的成本计算

这种计算形式是在掌握单一成本计算方法以后,将组成宴会各种菜点的原材料成本相加,所得总值即为该宴会的成本。其计算公式为:

宴会成本=Σ(菜点1成本+菜点2成本+…+菜点n成本)

【例题4-3】某普通宴会2桌(酒水另计),菜点组合计4冷盘、4热炒、5大菜、1点心、1甜汤。其成本计算如下:

4冷盘:白切鸡(15元)、香肠(8元)、皮蛋类(5元)、黄瓜(2元)。

4热炒:爆炒墨鱼筒(13元)、爆腰花(16元)、炸三丝卷(12元)、熘鱼片(15元)。

5大菜:海参鹌蛋(40元)、酿冬菇(18元)、香酥鸡(15元)、清蒸武昌鱼(30元)、橘瓣鱼丸汤(20元)。

1点心:佛手包(10元)。

1甜汤:银耳果羹(15元)。

销售毛利率为60%,试计算2桌宴会的成本及售价。

宴会成本 = Σ(菜点1成本 + 菜点2成本 + … + 菜点n成本)×2
       = Σ(15 + 8 + 5 + 2 + 13 + 16 + 12 + 15 + 40 + 18 + 15 + 30 + 20 + 10 + 15)×2
       = 468(元)

$$宴会售价 = \frac{食品原材料成本}{1-销售毛利率}$$

$$= \frac{468}{1-60\%}$$

= 1170(元)

2. 预订宴会的成本计算

对于顾客预订宴会的成本计算，应按照预订宴会的规格要求、费用标准、参宴人数、宴会时间、结算方式及相应的成本率，计算宴会的成本、各类菜点成本及各道菜肴的成本。其计算步骤为：

第一步，根据宴会的规格要求和费用标准及规定的成本率，计算宴会总成本和单位成本。其计算公式为：

宴会总成本 = 宴会总售价 × 成本率
         = 宴会总售价 × (1 - 销售毛利率)

$$宴会单位成本 = \frac{宴会总成本}{宴会桌数}$$

= 每桌宴会售价 × (1 - 销售毛利率)

第二步，根据宴会成本及等级（普通、中等、高等、特等）和各类菜点成本所占的比重，计算各类菜点总成本和单位成本。其计算公式为：

某类菜点总成本 = 宴会单位成本 × 该类菜点所占的比重

$$某类菜点单位成本 = \frac{某类菜点总成本}{宴会桌数}$$

第三步，确定每桌菜点品种和个数，并分别计算出各个品种的成本。各菜点品种的成本之和，应与宴会成本相一致。

【例题4-4】某顾客预订普通宴会30桌，每桌900元（酒水另计）。普通宴会的销售毛利率为50%，4冷盘、4热炒、6大菜、2点心和1果盘，分别占10%、20%、60%、10%。试计算该宴会的成本和各类菜点的成本。

第一步，按规定的成本率计算该宴会的总成本和单位成本。

① 宴会总售价 = 900 × 30 = 27 000(元)

② 宴会总成本 = 27 000 × (1 - 50%) = 13 500(元)

③ 宴会单位成本 = $\frac{13\,500}{30}$ = 450(元)

第二步,根据宴会成本和宴会各类菜点成本所占的比重,计算宴会各类菜点总成本和单位成本。

① 冷盘总成本 = 1350 × 10% = 1350(元)

冷盘单位成本 = $\frac{13\,500}{30}$ = 45(元)

② 热炒总成本 = 13 500 × 20% = 2700(元)

热炒单位成本 = $\frac{2700}{30}$ = 90(元)

③ 大菜总成本 = 13 500 × 60% = 8100(元)

大菜单位成本 = $\frac{8100}{30}$ = 270(元)

④ 点心果盘总成本 = 13 500 × 10% = 1350(元)

点心果盘单位成本 = $\frac{1350}{30}$ = 45(元)

第三步,实际业务工作中,应在分类菜点成本的基础上,按各类菜点所应有的件数,进一步核定各种菜点的成本。

冷盘每桌成本45元,其中:

冷盘1成本12元、冷盘2成本8元、冷盘3成本15元、冷盘4成本10元。

热炒每桌成本90元,其中:

热炒1成本15元、热炒2成本25元、热炒3成本30元、热炒4成本20元。

大菜每桌成本270元,其中:

大菜1成本40元、大菜2成本60元、大菜3成本20元、大菜4成本33元、大菜5成本37元、汤品成本80元。

点心果盘每桌成本45元,其中:

点心1成本9元、点心2成本20元、果盘成本16元。

【例题4-5】中华大酒店在某大型宴会销售活动中,计划销售价格标准为200元/人,接待客人总数为200人,规定执行的销售毛利率为60%。试求计划投入的食品原材料成本应是多少元?

食品原材料成本 = 产品总销售额 × (1 - 销售毛利率)

　　　　　　　= 200 × 200 × (1 - 60%)

　　　　　　　= 16 000(元)

(三)西餐宴会的成本计算

西餐中的"西"是西方的意思,一般指西欧各国,"餐"是指餐饮菜肴。西餐宴会的等级标准,主要是按照参加宴会的每人费用标准来划分的,但西餐宴会的成本计算方法与中餐宴会成本计算方法基本上是一致的。

一般西餐宴会的菜单主要有：头盘，即西餐的第一道菜，也称为开胃品；汤，大致可分为清汤、奶油汤、蔬菜汤和冷汤等4类；蔬菜类菜肴，一般用生菜、西红柿、黄瓜、芦笋等制作成沙拉等；副菜，包括各种淡、海水鱼类、贝类及软体动物类；主食，包括面、米饭等；主菜，以肉、禽类菜肴为主；甜品，如布丁、煎饼、冰激凌、奶酪、水果等；饮料有咖啡、茶、优质矿泉水等。

西餐宴会成本的计算公式为：

西餐宴会成本 = 参加宴会人数 × 每人的宴会费用标准 × 成本率

= 参加宴会人数 × 每人的宴会费用标准 ×（1 - 销售毛利率）

【例题4-6】××公司宴请外商在中华大酒店举办西餐宴会，每人的宴会费用标准为300元，预订80人参加宴会的毛利率为65%，试求该西餐宴会的成本是多少元？

西餐宴会成本 = 参加宴会人数 × 每人的宴会费用标准 ×（1 - 销售毛利率）

= 80 × 300 ×（1 - 65%）

= 8400（元）

（四）宴会套餐成本控制

宴会是以提供套餐为主，目前许多会议餐转向自助餐。餐饮企业根据宴会的类型和客人活动的目的可以设计一系列的主题宴会套餐和自助餐。宴会套餐特别是会议用餐人均用餐标准有精确的额度要求，对气氛要求较高，因此，餐饮经理在充分考虑突出活动氛围的基础上计算出每套菜肴的成本至关重要。企业每套食品包括几道甚至十几道菜肴，各道菜肴的成本之和是一套食品的标准成本总额。企业最好能按客人期望的套餐价格设计菜肴和计算成本（见表4-14）。

表4-14 ×××餐饮企业每套套餐标准成本计算表

套餐名称：

菜肴名称	每份分量(克)	每份成本(元)	份数	合计成本(元)
合计				

计算一个套餐标准成本时，应注意如下几点。

(1) 要确定各种菜肴的组合成本，可借用以往菜肴的标准成本来提高计算效率。

（2）如果要增加顾客对菜肴的选择机会，可以将增菜肴成本按照销路最广的菜肴成本计算。

（3）如果某种菜肴的原材料成本发生了变化，应重新计算这道菜肴的标准成本，再根据这道菜肴新的标准成本数额，求出所有菜肴的成本之和，即计算出新的每套菜肴的标准成本总额。

以上计算如果采用餐饮计算机操作系统，只要将有关数据输入电脑，新的每套菜肴的标准成本总额会自动生成。

（五）宴会的过程控制

1. 宴会前的控制

（1）明确宴会任务，做好组织分工。组织分工的具体内容包括厨房和服务两个主要方面，涉及工程部、保安部等辅助部门。

（2）宴前准备，保证宴会如期举行。具体内容包括三个方面：根据"宴会服务通知单"（见表4-15）进行服务准备、厨房菜点准备（见表4-16）、其他辅助工作准备。

表4-15　×××餐饮企业××宴会服务通知单　　　　编号：

预订日期		预订方式		宴会名称		宴会类型	
宴会地点		参宴人数		宴会时间			
宴会内容							
宴会程序				服务方式			
餐会布置				宴会设备			
宴会菜单				宴会酒水			
备注及特殊要求							
分送单位							

预订员：　　　　　　审核人：　　　　　　日期＿＿＿年＿＿＿月＿＿＿日

表4-16　×××餐饮企业××宴会菜点安排表　　　　编号：

宴会名称	参宴人数	宴会时间	宴会地点	预订员

菜点类别	菜点编码	菜点名称	单位成本/(元/人)	备注
A		A_1		
		A_2		
		A_3		
		A_4		
		A_5		
		A_6		
		A_7		
		A_8		
B		B_1		
C		C_1		
		C_2		
		C_3		
		C_4		
		C_5		
D		D_1		
E		E_1		
		E_2		
		E_3		
		E_4		
		E_5		
总成本(元/人)				

制人：　　　　　审核人：　　　　　日期：　　年　　月　　日

2.宴会中的控制

(1)迎接宾客。

(2)按程序服务,掌握宴会时间。

(3)加强巡视检查,及时处理特殊情况。

3.宴会后的控制

(1)召开总结会,总结成功的经验,分析出现的问题,研究解决的对策。

(2)建立宴会客史档案(见表4-17)。

表4-17 ×××餐饮企业××宴会宾客档案卡

××酒店宴会宾客档案卡						编号:	
预订日期		预订方式		预订员		负责人	
宴会名称		宴会地点		宴会时间			
宴会类型		参宴人数		宴会标准			
联系单位							
单位名称				地址			
联系人		电话		E-mail			
宴会费用						单位:元	
菜点费用		酒水费用		鲜花费用		香烟费用	
礼品费用		设备费用		厅堂费用		其他费用	
宴会内容							
宴会程序				宴会菜单			
餐桌布置				服务方式			
备注及特殊要求							
宾客意见							

编制人: 日期: 年 月 日

降低食品成本的策略

餐饮企业管理者加强对食品生产加工成本的控制,既可以有效提高企业餐饮经营管理水平,增加企业利润,又能生产出符合标准规格的食品供应顾客享用,提高顾客的满意度,为企业带来无形利润。

(1)制定并完善各生产标准(见本章第二节)。

(2)建立完善监督与控制机制,明确各部门责任。

生产加工的各个环节相互关联、相互承接,呈现出一环紧扣一环的链式特征,任何一个环节出了问题,都有可能影响菜点的质量和餐饮生产成本。因此,必须建立生产加工各环节之间的监督控制机制,明确各部门、各岗位的责任。

(3)努力提高员工技能和素质,加强员工控制成本的意识。

①提高员工的业务素质。业务素质主要体现在员工的业务操作技能上。员工既要懂得所需业务技能,还要对这些技能操作娴熟。

②加强员工的责任感。企业员工应具备强烈的责任感,把企业当作自己的家,时时想到如何节约成本、如何管理好企业。

(4)要优化菜单结构,提高各种原材料的综合利用率。

在保证企业食品质量的前提下,在菜单设计方面要下功夫,综合利用原材料,减少辅料和边角料的浪费,只有这样,才能控制成本支出的增加。

(5)建立有效的成本考核和奖惩制度。

企业为了加强生产加工成本控制,必须建立有效的成本考核和奖惩制度,对成本控制不力的管理人员和员工,要根据其责任大小(如根据"退菜单"),相应地给予一定处罚;同时,对主动找出在食品生产加工过程中的成本漏洞,提出改善食品生产加工成本控制措施的部门和个人应给予相应奖励。这样,才能提高全体员工节约成本的积极性,不断降低食品生产加工成本。

(6)采用现代化的管理方式。

计算机在餐饮企业中应用已很普及,它不仅可以统计出厨房领用量、出库量和盘存量以及各种菜肴的销售量,而且可以根据标准菜谱的要求迅速计算出标准用量,然后自动进行对比分析,找出差距,发现成本控制点。

第五节　自助餐成本控制

一、自助餐的含义

自助餐,有时亦称冷餐会,它是目前国际上所通行的一种非正式的西式宴会,在大型的商务活动中尤为多见。它的具体做法是:不预备正餐,而由就餐者自作主张地在用餐时自行选择食物、饮料,然后或立或坐,自由地与他人在一起或是独自一人用餐。自助餐之所以称为自助餐,主要是因其可以在用餐时调动用餐者的主观能动性,由其自己动手,自己帮助自己,在既定的范围之内安排选用菜肴。至于它又被叫作冷餐会,则主要是因其提供的食物以冷食为主。当然,适量地提供一些热菜,或者提供一些半成品由用餐者自己进行加工,也是允许的。

二、自助餐的由来

这种就餐形式起源于公元 8~11 世纪北欧的"斯堪的纳维亚式餐前冷食"和"亨联早餐(Hunt breakfast)"。相传这是当时的海盗最先采用的一种进餐方式,至今世界各地仍有许多自助餐厅以"海盗"命名。海盗们性格粗野,放荡不羁,用餐时讨厌那些用餐礼节和规矩,只要求餐馆将他们所需要的各种饭菜、酒水用盛器盛好,集中在餐桌上,然后由他们肆无忌惮地畅饮豪吃,吃完不够再加。海盗们这种特殊的就餐形式,起初被人们视为是不文明的现象,但久而久之,人们觉得这种方式也有许多好处。对顾客来说,用餐时不受任何约束,随心所欲,想吃什么菜就取什么菜,吃多少取多少;对酒店经营者来说,由于省去了顾客的桌前服务,自然就省去了许多工作量,可减少服务生的使用,为企业降低了用人成本。因此,这种自助式服务的用餐方式很快在欧美各国流行起来。随着人们对美食的不断追求,自助餐的形式由餐前冷食、早餐逐渐发展成为午餐、正餐;由便餐发展到各种主题自助餐,如:情人节自助餐、圣诞节自助餐、周末家庭自助餐、庆典自助餐、婚礼自助餐、美食节自助餐等;由传统的客人取食,发展到客前现场烹制、现烹现食,甚至还发展为由顾客自烹自食的"自制式"自助餐,真可谓五花八门,丰富多彩。

西餐传到中国以后,自助餐的就餐方式自然随之带到我国。这种就餐方式最早出现在 20 世纪 30 年代外国人在中国开的大饭店里,但它真正与中国老百姓接触,则是在 20 世纪 80 年代后期。随着中国对外开放,新兴的合资宾馆、酒店将自助餐推广到我国大众化餐饮市场,自助餐以其形式多样、菜式丰富、营养全面、价格低廉、用餐简便而深受消费者青睐,尤其受青年人和儿童的喜爱。

三、自助餐的内容

各种自助餐虽然表面看没什么大的差别,但实际上还是各有不同的。根据标准的不同,档次也有很大的不同。但一般自助餐的布置、用料及菜品的种类大多是西餐中的焖、烩、煮类菜肴,再配上些沙拉、面包、甜点、饮料作为辅助。

头盘为开胃品。基本上是具有特色风味的咸、酸为主的菜。

第二道菜是汤。包括浓汤、茸汤和清汤。

第三道菜一般为鱼类菜肴,餐厅档次的高低都是从这道菜开始明显体现,主要包括各种淡水鱼、海水鱼、贝类,一般档次较高的餐厅,鱼类菜肴以空运进口为多。

肉禽类菜肴是第四道菜,也称为主菜。有牛、羊、猪肉,也有鸡、鸭、鹅肉,可煮、可炸、可烤、可焖。牛排、羊排等肉禽的新鲜度和烹调口味也同样体现自助餐厅的档次。蔬菜类菜肴一般安排在肉类菜肴之后,也可以与肉类菜肴同时食用,品种有生菜类,也有熟食类。西餐的甜品一般是在主菜之后食用的,如果冻、薄饼、冰淇淋、水果等。特别要说的是,高档餐厅的烧菜比重较少,甚至没有,有些餐厅会安排厨师现场制作一些烧、烤类菜品,客人现点现食,以保证火候和新鲜程度。

四、自助餐菜点成本控制

自助餐菜点稀少是不明智的,不能满足顾客"物有所值"的心理。其实菜品多成本反而有可能降低,如果一家高级自助餐厅只为顾客准备少数几种昂贵的菜品,例如大虾、银鳕鱼、进口牛肉等,肯定要亏本。如果同时准备大量用鸡、猪、羊肉烹制的菜品,还有大量生蚝、扇贝等相对便宜的海鲜,再加上蔬菜、糕点和沙拉,食品的单位成本就降下来了。

(一)显眼处摆放廉价菜品

在顾客容易首先看到和取到食品的地方,摆放大量相对价值低的食品,而在餐台的最后,或者不起眼的角落摆放相对昂贵的菜品。西餐里面经常有现场制作的海鲜、牛肉铁扒和烧烤,价值比较高,但需要一定时间制作。等铁扒制作完毕端上来时,食客往往已吃掉大量沙拉和蔬菜水果,没什么胃口再吃铁扒了。

(二)昂贵菜品粗糙烹饪

餐厅一般把相对昂贵的菜品制作得味道一般,而相对廉价的菜品制作得非常美味。例如有的餐厅的意大利比萨饼香气扑鼻,有的烤鸡排香脆可口,成为主打菜品,在食客中也享有盛誉,可是其实这些食品单位成本不高,但是食客为了享受又不得不吃,一旦这些东西吃多了,一些昂贵的菜品肯定就吃不多了。

(三) 宣传节约制造压力

服务中要随时提醒顾客不要浪费，让吃少拿多的顾客有心理压力。

(四) 搭配一定量的高热量食品

多准备香气重、味道好、相对热量高的食品。例如油炸制品、培根、烤乳猪、烤五花肉、奶油蛋糕、冰淇淋等，这些食品热量较高，能满足食客食量的需求。

五、自助餐成本控制方法

(一) "百种"菜品循环滚动

一般的自助餐厅都号称有上百种菜，但100多种是指总量，它们每天循环滚动，不但能让菜品始终保持在几十种，还能使一段时间内，每天的菜品种类都有区别。

(二) 昂贵菜品慢慢上

先将一些成本低廉的菜上够分量，并且保证盘中不空，而对一些成本较高的品种，主要通过延长上菜时间控制成本。

(三) 掐头去尾缩时间

自助餐厅早餐、午餐用餐时间在3个小时左右，晚餐为4个半小时。去掉前面半小时的上菜时间和后面提前半小时的提醒，顾客真正用餐的时间只有2小时左右。

(四) 服务费收入

一般高星级宾馆餐饮自助餐都加收15%服务费，目前在有的城市对80元以上标准的自助餐基本上都会加收15%的服务费，这成为自助餐厅的一笔不小的纯利润。

(五) 剩菜的处置

当天剩余的点心、烤肉、炖菜等不易变质的食品一般调拨给员工餐厅，也可出售给快餐店，经重新加工后出售，但前提是保证菜肴点心的质量。

(六) 食品切盘防夹带

为了防止顾客偷拿食物，餐厅一般都采取将水果、点心切盘的方式。

(七) 进货量大能降低成本

对于顾客"吃够本"的心态和做法，作为中国比萨自助市场的第一品牌——北京好伦哥餐饮有限公司品牌推广部经理王延一告诉记者："顾客'吃够本'的心态是可以理解的，在控制成本方面，我们主要采用的方法是：一是通过规模经营，通过数量的绝对优势控制、降低进货成本；二是缩短物流周期，有效地降低食物在冷冻、库存和运输方面的成本。"

第六节　火锅成本控制

火锅的成本由火锅底料、小碗酱料、涮菜等三部分组成。

一、火锅底料的成本控制

(一) 广义的火锅底料成本

广义的火锅底料成本包括直接材料成本,水、电、气成本,人工成本,折旧成本,原材料损耗,风险成本。

(1) 直接材料是指炒火锅底料应用的原材料。

(2) 水、电、气成本。根据实际测定,每炒制一千克火锅底料应投入水、电、气成本 0.3~0.5 元。

(3) 人工成本(人工成本内容见第九章第一节)。现以一个火锅店的炒料师傅每月工资为例。假设炒料师傅每月工资为 5000 元,每月炒 1000 千克料,每斤人工成本为 1.5 元,炒 500 千克料,则每斤人工成本 3 元,以此类推。

(4) 折旧成本是指火锅店所用的设备设施的折旧费。根据实际测定,每斤火锅底料应摊折旧金额为 0.1~0.3 元。

(5) 原材料损耗是指原材料在经过购买、运输、储存、蒸发、去皮、变质等过程后,进货的重量与实际重量的差额,一般以 5%~7% 计算。比如,购买了 1000 千克火锅原材料,真正用于并炒制成火锅底料的材料只有 950 千克,而火锅底料炒制后的成品率在 85%~90% 之间。也就是说,如果炒料时投放原材料 100 千克,炒好底料后的成品料只有 85~90 千克。这样,每斤火锅底料应摊入损耗金额为 0.2~0.6 元。

(6) 风险成本,传统的火锅底料是由火锅店老板雇请炒料师制作完成的,但是请炒料师存在如下的问题。

① 炒料师本身是个"半罐子水",技术不精,炒出来的料不能使客人满意。

② 采购人员、炒料师与供货商勾结,以次充好,炒出的底料不好,不但导致底料质量低劣,无形中又加大了成本。

③ 生意一旦很好,炒料师会以各种借口(工作时间长,家里有事请假,父母生病要回家照顾等)要挟老板给钱,加工资,否则,轻者炒料、兑锅时乱来,得罪顾客,影响生意,重者一走了之,连招呼都不打,让老板措手不及。

④ 炒料师的个人素质。有的厨师因为老板没有满足他的要求,结果把店里的油、鸡精、味精等趁人不注意就往下水道里倒。因此,在所有成本中,风险成本是较高的,而很多火锅店老板往往忽略了这点,没有详细地进行成本控制。根据上述计

算得出每公斤火锅底料的成本：

每千克火锅底料的成本＝7元(直接材料成本)＋0.4元(水、电、气成本)＋2元(人工成本)＋0.2元(折旧)＋0.4元(损耗)＝10元/斤(不含风险成本)

(二)狭义的火锅底料成本

狭义的火锅底料成本是指火锅底料的直接成本，亦称为火锅底料的总成本。在进行火锅底料的成本计算时，可以利用汤锅底子成本计算表，如表4-18所示。

表4-18 ××火锅店汤锅底料成本计算表　　　　　　单位：元

锅底名称：

用料名称	毛料重量	净料重量	毛料单价	成本	出成率
主要用料					
辅料					
调料					
合计					

按照表4-18，就可以计算出每种锅底料的总成本：

总成本＝主料成本＋辅料成本＋调料成本

一般汤锅主料为鸡、鸭、鱼、骨头等肉类食材，辅料为油、蔬菜等，调料则包括辣椒、大蒜、酱、醋等。

【例题4-7】计算乌江鱼火锅的汤锅底子的成本。

用料：鱿鱼，净重量500克，单价22元/千克，出成率85%。

成本＝0.5×22÷85%＝12.94(元)。

鱼的主要烹饪调料的净重量为250克，单价为12元/千克，出成率为100%，成本＝0.25×12÷100%＝3.00(元)。

辅料有红油和丝瓜两种。

红油的用量是150克，单价为14元/千克，出成率为100%。

成本＝0.15×14÷100%＝2.10(元)。

丝瓜重量为375克，净重量为250克，单价为8元/千克，出成率为70%。

成本＝0.25×8÷0.7≈2.86(元)。

调料5.2元，燃气2.4元。油、盐、酱、醋等调料的分量很轻，只能粗略估计为0.40元。

乌江鱼料的总成本是＝12.94＋3.00＋2.10＋2.86＋5.20＋2.40＋0.40
＝28.90(元)。

乌江鱼火锅的售价是60.00元，则其毛利＝60.00－28.90＝31.10(元)。

乌江鱼火锅的毛利率 =（31.10÷60.00）×100% =51.83%。

二、小碗酱料成本

小碗酱料种类众多,有纯香油、香辣汁、麻辣汁、蒜蓉汁、麻酱汁、花生酱汁等。在此,以蒜蓉汁为例,进行成本计算。

蒜蓉汁制作比较简单,只需要大蒜、香油、味精、盐即可。现在以一桶(100份小碟)蒜蓉汁为例：

大蒜:单价为8.00元/千克,净重量为2千克,出成率为100%,成本为16.00元。

香油:单价为22元/千克,净重量为2千克,出成率为100%,成本为44.00元。

味精:单价为14元/千克,净重量为0.5千克,出成率为100%,成本为7.00元。

盐:单价为5.00元/千克,净重量为1千克,出成率100%,成本5.00元。

原材料成本合计为72.00元。一桶蒜蓉汁可分为100份,每份为4.10元,总售价是410元。

毛利 =410.00 -72.00 = 338.00(元)。

销售毛利率 =338.00÷410.00≈82.44%。

每份的利润 =338.00÷100 =3.38(元)。

三、涮菜成本

火锅原材料非常多,茶树菇、仙草菇、竹笋、兰竹片、毛肚、牛蹄筋、羊肋卷、羊肉卷、鸭血等都是经常使用的原材料。其中羊肉卷最为常见。

有的餐饮企业在一天中,使用到的羊肉卷可能占到火锅原材料总重量的40%。一般每盘羊肉卷净料的重量是250克,羊肉卷的出成率是80%,质量高的,可以达到95%。

要计算羊肉卷的成本,可用毛料单价除以出成率,再乘以净料重量。如毛料的单价是22.00元,出成率是0.8,净料重量为0.5：

成本 =22.00÷0.8 ×0.5 =13.75(元)。

毛利 =22.00 -13.75 = 8.25(元)。

销售毛利率 =（8.25÷22.00）×100% =37.5%。

毛利率有低有高,毛利率平均在35%就有一定利润空间了,当然也需要考虑房租等因素。

综上所述,火锅成本的计算公式为：

火锅成本 =汤锅锅底成本 +小碗酱料成本 +涮菜成本。

特别提示

如果使用了80种原材料,因为各种原材料的销售毛利率有高有低,要计算平均毛利率,就要把80种原材料的毛利率加起来再除以80。

第七节 菜肴、点心的开发创新

一、餐饮企业必须建立创新机制

餐饮企业菜肴、点心的开发创新,可以通过有效利用原有菜点没有利用而浪费的原材料进行创新,也可以是菜点装盘、名称等的创新。餐饮企业必须建立创新机制。

(一)指标机制

行政总厨把菜肴、点心创新的总任务分解成若干的小指标,分配给每个分厨房或班组,分厨房或班组再把指标分配给每个厨师,规定在一定时间内完成菜肴、点心的创新任务。厨房菜肴、点心创新的总任务则根据餐饮企业对菜肴、点心更换、更新的计划而定。

(二)激励机制

(1)晋升职级激励。把菜肴、点心创新与晋升职级联系起来,具备一定的条件后就有晋升职级机会。

(2)成果奖励激励。直接把厨师的创新菜肴、点心作为科技成果,获得使用后,就给予菜点创新人一定的奖励。

(3)公派学习、旅游激励,以提高厨师创新的积极性。

二、以创新吸引顾客,增收、增利

(1)有效利用食品原材料,尽可能地用一种原材料开发出多个品种的菜肴、点心,从而节约成本。

(2)菜肴、点心精细化。粗粮精工细作,用精致的器皿盛置,使菜点外观新颖,原材料成本低,卖价却不低。

(3)主料替换。尽量少用整只鸡、整条鱼来做菜,可加入新鲜的蔬菜、蘑菇等,降低肉类主料用量。

(4)药材入菜。药材入菜即"药膳""食疗"。把药材当作原材料加入菜点中,既让菜点有了药用价值,迎合了顾客需求,也会因为小投入获得大回报。

(5)改造老菜。

(6)注重装饰。菜点经装饰后给人一种新奇感,使菜点更具有文化品位。

三、菜点创新的"四性"标准

(一)新颖性

新颖性是指菜点的造型、口味均要新颖,不能是换汤不换药。如烹饪糖醋排骨,原来用的是糖醋汁,如果把糖醋汁改成茄汁或橙汁,菜点只是口味变化了而已,并不具备新颖性。

(二)独特性

独特性是指菜点不仅要与其他菜点不同,还要与其他餐饮企业相同的菜点不同,做到"人无我有,人有我特,人特我优"。

(三)经济性

餐饮企业可以针对暂时用不着的下脚料进行菜点研发,对使用下脚料研发出新菜点的工作人员进行奖励,从而减少浪费,增加利润。

如将茄子去头之后,上面还有一些茄子皮,可将茄子皮加点盐和生粉,上蒸笼蒸,就可以做成粉蒸茄皮这道菜,蘸蒜蓉汁吃,别具一番风味;也可以把较厚的茄子皮切成丝,沾上脆皮糊,烹饪成椒盐炸茄皮。再如冬天的大葱须子很长,可以把须子切下洗净,然后放在油里炸,就可以得到葱油;葱须还可炒梅豆、干虾。又如姜皮,将其洗涤干净之后榨成汁,可以做成姜汁,在醋中加入姜汁,将会使醋的味道更香。对于芹菜叶,很多餐饮企业都将它扔掉,其实芹菜叶可以做芹菜粥、芹菜饼、菜团子等。

(四)优良性

在进行菜点创新时,餐饮企业一定要明确其优点、卖点,使创新出的菜品更容易被客人接受。

四、菜品创新的"四化"标准

(一)专业化

大型餐饮企业要形成研发组织或研发机构,而不是仅仅派几个厨师到其他餐厅品尝菜品之后如法炮制。一味地模仿他人是永远也不会进步的,因此,一定要形成自己的独特风格。

(二)规范化

餐饮企业要实现规范化,形成标准菜谱。

(三)科学化

科学化主要体现在加工工艺、冷藏工艺等方面上。科学化符合当今时代的需求,也符合健康、绿色的创新标准。

(四)标准化

标准化可以使客人每次吃到的菜点的分量、口味、造型等都是固定的,以免出现菜点味道太咸或太辣的现象。

五、创新菜肴、点心的步骤

(一)酝酿与构思

所有的创新菜肴、点心的产生都是从酝酿与构想创意而开始的,新创意主要来源于广大顾客的需求和烹饪技术的不断积累。

(二)选择与设计

在选择与设计新菜肴时,需要考虑的问题有:原材料要求如何、准备调制什么味型、使用什么烹调方法、运用什么面团品种、配置何种馅心、造型的风格特色怎样、器具装盘有哪些要求等。

(三)试制与完善

试制与完善的步骤为:菜肴、点心名称—营养卫生—外观色泽—嗅之香气—品味感觉—成品造型—菜点质感—分量把握—盘饰包装—市场试销。

第八节　食品成本控制指标

一、食品出成率

餐饮企业购入海鲜、家禽或家畜,经初步加工、出肉、取料、去骨、剥膘之后,各种原材料的价值有很大差别,食品出成率就是加工后原材料的净重量占购进原材料总重量的百分比,是表示全部原材料利用程度的指标。出成率类似名称很多,如常使用的名称有:净料率、熟品率、生料率、拆卸率、涨发率等。出成率越高,即原材料的利用率越高;出成率越低,即原材料的利用率越低,菜肴单位成本就越大。

(一)食品净料率(详细见第十二章)

(1)毛料。毛料是指未经加工处理的食品原材料,即原材料采购回来的市场形态。

(2)净料。净料是指经加工后可用来搭配和烹制食品的半成品。

(3)净料成本。净料成本是指由毛料经加工处理后成为净料的成本,又称为起货成本。

(4)净料率。净料率是指净料重量占毛料重量的百分比,又称为起货率。也可以说,净料率是指食品原材料在初步加工后的可用部分的重量占加工前原材料

总重量的比率,它是表明原材料利用程度的指标,其计算公式为:

净料率=(加工后可用食品原材料的重量÷加工前食品原材料总重量)×100%

【例题4-8】某餐饮企业购入带骨、带皮猪腿一只18千克,经初步加工处理后别出腿骨、腿皮5千克,求净猪腿肉的净料率。

$$\begin{aligned}猪腿肉的净料率&=(加工后可用原材料的重量÷加工前原材料总重量)×100\%\\&=(18-5)÷18×100\%\\&=72.22\%\end{aligned}$$

(二)食品原材料损失率

食品原材料损失率是对于净料率而言的,它是指在加工中的损失重量占原材料毛重量的比率,其计算公式为:

食品原材料损失率=(原材料损失重量÷原材料毛重量)×100% = 1 - 净料率

如上例题中所得猪腿肉的净料率为72.22%,则其损失率 = 1 - 72.22% = 27.78%。食品原材料标准出材率表见表4-19。

表4-19 ×××餐饮企业食品原材料标准出材率表

食品原材料编码	食品原材料名称	食品原材料规格	加工处理项目	净料(半成品)编码	净料(半成品)名称	净料(半成品)规格	标准出材率(%)

编制者: 审核人: 日期:20××年 月 日

(三)原材料净料成本标准

食品原材料购回后,需根据原材料特点进行不同的加工,如鱼经过宰杀,去鳞、去内脏,再洗涤后得净重。不同原材料计算成本的方法也不完全相同,一般分一料一档和一料多档型原材料。(详见本书第十二章)

(四)食品出成率的使用

出成率主要用于投料标准的确定、制定标准菜谱和边角余料再利用,具体使用方法有:

(1) 编制出成率登记表

为便于查阅出成率与成本系数,可将经过各种测试的出成率登记在"出成率登记表"(见表4-20)上。

表4-20 ×××餐饮企业出成率登记表

原材料名称	单价	出成率(%)	烹调后出成率(%)	成本系数	边角料用途

(2) 编制投料标准或标准菜谱

利用测试出来的出成率,可以方便地确定每份菜肴的投料标准。根据投料标准可编制菜点投料单(见表4-21)。

表4-21 ×××餐饮企业菜点投料单

编号	菜名	项目	主料			调配料
01		名称	×××			
			毛料	出成率(%)	净料	
		数量				
编号	菜名	项目	主料			调配料
02		名称	×××			
			毛料	出成率(%)	净料	
		数量				
…	…	…	…	…	…	…

(五) 常用原材料的出成率(见表4-22)。

表4-22 ×××餐饮企业常用原材料的出成率

原材料名称	出成率(%)	烹调方法说明	成本系数
鲜鱿鱼	50	烧、爆炒	2
干鱿鱼	400~700	烤	0.15~0.25

续表

原材料名称	出成率(%)	烹调方法说明	成本系数
鲍鱼	280～300	烧、煮	0.33～0.36
鱼肚	300	烧	0.33
海参	300	烧	0.33
木耳	1200～1300	炒、炖	0.076～0.09
黄花菜	300	炒、烧汤	0.33
银耳	1000	拌、炖	0.01
蹄筋	250	烧、拌	0.4
兔肉	60	烧、炖	1.67
猪腰	33	炒、拌	3
猪肚	55	凉拌	1.8
牛腱	45	烧、炖	2.2
鸡胗	44	爆炒	2.27
鲫鱼	75	烧、炖、氽	1.33
海螺	20	炒、煮	5
鲤鱼	80	烧、炖、生鱼片	1.25
牛肉	70	焖、烧、炒	1.43
排骨	75	炖、烧、焖	1.33
羊肉	60	炒、烧、炖	1.67
鸡肉	75	炒、烧、炖	1.33
鸭肉	50	烧、烤、炖	1.67
其他			

二、食品原材料熟制率

食品原材料熟制率是指食品原材料经过烹制后的重量（用"熟品量"表示）与加工前的重量（用"毛重"表示）之比。其计算公式为：

食品原材料熟制率＝（熟品量÷毛重）×100%

【例题4-9】购进10千克生牛肉,经烹制后的重量为7千克,则生牛肉的熟制率是多少?

食品原材料熟制率 = (熟品量 ÷ 毛重) × 100%
　　　　　　　　　 = 7 ÷ 10 × 100%
　　　　　　　　　 = 70%

一般而言,熟制率会受烹制时间与火候影响。

三、成本系数

由于食品原材料中大部分是农副产品,其地区性、季节性、时间性很强,因此,食品原材料的价格变化很大。每次进货的原材料价格不同,其净料成本也就会发生变化。为避免因进货价格不同而需要逐项计算净料成本,厨房可利用"成本系数"来调整每千克净料的成本和每份菜肴的成本。成本系数是指某种食品原材料经初步加工或切割实验后所得净料的单位成本与毛料单位成本之比,其计算公式为:

每千克净料成本系数 = 每千克净料成本 ÷ 每千克毛料价格
每份菜肴成本系数 = 每份菜肴成本 ÷ 每千克毛料价格

【例题4-10】某餐饮企业购入羊腿17千克,每千克12元,经加工后净料重量为8千克,每份菜肴耗料净重量为250克,计算有关指标数。

每千克净料成本系数 = 每千克净料成本 ÷ 每千克毛料价格
　　　　　　　　　　 = (12 × 17 ÷ 8) ÷ 12
　　　　　　　　　　 = 2.125

每份菜肴成本系数 = 每份菜肴成本 ÷ 每千克毛料价格
　　　　　　　　 = 〔(12 × 17 ÷ 8) × 0.25〕÷ 12
　　　　　　　　 = 6.375 ÷ 12
　　　　　　　　 = 0.531

利用成本系数,能很容易计算出价格调整后,每千克净料的成本和每份菜肴的成本。其计算公式为:

价格调整后每千克净料成本 = 每千克净料成本系数 × 每千克毛料新价格
价格调整后每份菜肴的成本 = 每份菜肴成本系数 × 每千克毛料新价格

【例题4-11】仍用以上例题,如果羊腿购入价调到15元/千克,则价格调整后每千克净料成本和每份菜肴的成本分别为:

价格调整后每公斤净料成本 = 每千克净料成本系数 × 每千克毛料新价格
　　　　　　　　　　　　 = 2.125 × 15
　　　　　　　　　　　　 = 31.875 元/千克

价格调整后每份菜肴的成本 = 每份菜肴成本系数 × 每公斤毛料新价格
$$= 0.531 \times 15$$
$$= 7.965 \text{ 元/千克}$$

采用成本系数来确定净料成本,最重要的是应取得准确的成本系数,由于进货渠道、原材料质地、进货价格及加工技术水平的不同,每种食品原材料的成本系数必须经过反复测试才能确定。对于已经测定的成本系数也应经常进行抽查复试。餐饮企业进行食品原材料加工测试时,一般都填写"食品原材料加工试验单",如表4-23所示。

表4-23　×××餐饮企业食品原材料加工试验单

供应单位名称：　　　　　　加工日期：　　　　　　编号：

原材料名称	毛重	毛料单价	毛料总值	净料				成本系数
				品名	数量	单价	金额	

审核：　　　　　　　　　　加工人：

实行毛利率预警制度

关注价格信息,实行毛利率预警制度。针对不同季节的原材料价格变动情况,定期预报价格变动并提前调整出品价格,可以有效稳定毛利率。餐饮企业的毛利率的控制水平,可体现餐饮管理的成熟度。对加工、配制、烹调三个环节的操作标准制定有效可行的控制方法,对某些经常容易出现生产问题的环节重点管理、重点检查,可提高各种原材料的综合利用率,如目前许多餐饮企业建立的二级厨房,就可以提高对各种半成品的利用率,物尽其用,降低损耗,其中包括对边角料加以再利用,使原材料的利用率达到最大化,更有效地控制成本。

课后练习

一、案例分享与思考

（一）案例分享

预订宴会的成本计算

背景介绍：某顾客预订普通宴会 20 桌，每桌 1500 元（酒水另计）。普通宴会的销售毛利率为 55%，6 冷盘、6 热炒、8 大菜、2 点心和 1 果盘，分别占 10%、20%、60%、10%。

问题呈现：试计算该宴会的成本和各类菜点的成本。

分析提示：

第一步，按规定的成本率计算该宴会的总成本和单位成本。

（1）宴会总售价 = 1500 × 20 = 30 000（元）

（2）宴会总成本 = 30 000 × (1 − 55%) = 13 500（元）

（3）宴会单位成本 = $\frac{13\,500}{20}$ = 675（元）

第二步，根据宴会成本和宴会各类菜点成本所占的比重，计算宴会各类菜点总成本和单位成本。

（4）冷盘总成本 = 13 500 × 10% = 1350（元）

冷盘单位成本 = $\frac{1350}{20}$ = 67.50（元）

（5）热炒总成本 = 13 500 × 20% = 2700（元）

热炒单位成本 = $\frac{2700}{20}$ = 135（元）

（6）大菜总成本 = 13 500 × 60% = 8100（元）

大菜单位成本 = $\frac{8100}{20}$ = 405（元）

（7）点心果盘总成本 = 13 500 × 10% = 1350（元）

点心果盘单位成本 = $\frac{1350}{20}$ = 67.50（元）

第三步，实际业务工作中，应在分类菜点成本的基础上，按各类菜点所应有的件数，进一步核定各种菜点的成本。

（8）冷盘每桌成本 67.5 元，其中：

冷盘 1 成本 12 元、冷盘 2 成本 8 元、冷盘 3 成本 15 元、冷盘 4 成本 10 元、冷盘 5 成本 10.5 元、冷盘 6 成本 12 元。

（9）热炒每桌成本 135 元，其中：

热炒1成本15元、热炒2成本25元、热炒3成本30元、热炒4成本20元、热炒5成本23元、热炒6成本22元。

(10) 大菜每桌成本405元,其中:

大菜1成本40元、大菜2成本60元、大菜3成本31元、大菜4成本35元、大菜5成本45元、大菜6成本50元、大菜7成本44元、煲汤成本100元。

(11) 点心果盘每桌成本67.50元,其中:

点心1成本15元、点心2成本20元、果盘成本32.5元。

(二)思考及练习题

1. 什么是标准菜谱?标准菜谱有什么作用?它应包括哪些内容?
2. 什么是生产标准?
3. 如何制定每份菜肴的标准成本控制?
4. 如何制定每份菜肴的标准量?
5. 如何进行中餐、西餐宴会的成本计算?
6. 简述自助餐菜点成本控制及其控制方法。
7. 简述食品出成率及计算公式。
8. 什么是成本系数?简述成本系数的计算公式。
9. 晋元大酒店在某大型宴会销售活动中,计划销售价格标准为250元/人,接待客人总数为300人,规定执行的销售毛利率为65%。试求计划投入的食品原材料成本应是多少元?
10. ××公司宴请外商在东方大酒店举办西餐宴会,每人的宴会费用标准为250元,预定100人参加,宴会的销售毛利率为65%,试求该西餐宴会的成本是多少元?

二、本章闯关测试

1. 计算宴会的成本和各类菜点的成本

背景介绍:某顾客预订普通宴会15桌,每桌800元(酒水另计),其销售毛利率为56%。品种包括6冷盘、4热炒、6大菜、2点心和1果盘,各类菜点成本占总耗料成本的百分比分别为15%、25%、50%、10%。

问题呈现:试计算该宴会的成本和各类菜点的成本。

2. 计算菜肴的总成本和单位成本

背景介绍:某菜肴用4种原材料烹制而成。其中A原材料的净料为3千克,净料率为70%,毛料进货单价为6.00元/千克;B原材料(注:B原材料为净料进货)2千克,单价为5.00元/千克;C原材料净料1千克,净料率为45%,毛料进货单价为4.00元/千克;D原材料净料0.2千克,净料率为50%,毛料进货单价为1.00元/千克,共出产品10份。

问题呈现:试求该菜肴的总成本和单位成本是多少?

3.计算价格调整后净料成本和每份菜肴的成本

背景介绍:某餐饮企业购入猪腿 20 千克,每千克 28 元,经加工后净料重量为 16 千克,每份菜肴耗料净重量为 300 克。

问题呈现:计算每千克净料成本系数和每份菜肴成本系数。当购入猪腿价调到 30 元/千克时,计算价格调整后每千克净料成本和每份菜肴的成本。

第五章 餐饮企业酒水成本控制

引 言

餐饮企业的酒水成本在餐饮成本中占有较大比重,成本控制的潜力很大,加强酒水成本控制,防止酒水成本流失,对提高企业经营效益有十分重要的作用。餐饮企业酒水成本控制在许多方面与食品成本控制是相同的,企业管理者同样应制定酒水采购、验收、仓储、领发料、生产和销售的控制标准和程序。因酒水的采购、验收、仓储成本控制与食品成本控制类同,本章不再赘述,而是着重对酒水领发料、生产和销售的成本控制进行探讨。

学习目的

全面了解、领会、掌握酒水成本控制的内容、方法。
1. 熟悉酒水的构成、酒水成本。
2. 掌握酒水成本控制的环节。
3. 掌握酒吧酒水成本控制。
4. 掌握酒水标准配方和酒水标准成本控制。
5. 掌握酒水标准营业收入控制和酒水还原控制法。
6. 掌握宴会酒水成本控制。

关键词

酒水成本控制

第一节　酒水成本控制概述

一、酒水的构成

（1）含酒精酒水，又称为硬饮料、酒水。硬饮料（酒水）又可分为啤酒、果酒、烈酒三类。

（2）不含酒精酒水，又称为软饮料、软酒水。软饮料（软酒水）可分为碳酸饮料、果蔬汁饮料和保健饮料三类。

二、酒水成本

（1）广义的酒水成本是指企业在经营酒水时所支付的各种费用。
（2）狭义的酒水成本是指购买酒水所支付的费用。

三、酒水成本控制的对象

酒水成本控制的对象不同于食品生产，它包括原材料（酒水）、现金、人力。

（一）原材料（酒水）

必须对原材料（酒水）从进货到出售的每一个环节都加以控制，控制内容包括其质量、数量、品牌等。

（二）现金

企业应不断加强和完善酒水成本控制工作，使酒水销售现金及时、足额回笼，减少损失，增加利润，提高企业整体效益。

（三）人力

在餐饮企业中，人力资源的控制受到越来越多的重视，这项控制的主要内容是选择、培训员工并建立岗位责任制和操作规范，提高员工的工作效率。

四、酒水成本控制的环节

酒水成本控制的环节是指酒水生产和销售过程中可能导致成本流失的环节。

（一）品种的确定

不同的餐饮企业客人对酒水的需求也不同。因为，品种档次过高，难以及时销售，反而占用资金；品种档次过低，既满足不了客人的需求，又减少收入。管理者应根据自己企业经营特点选择适用的酒水。

（二）发放、领用

酒吧服务员或领班在营业前填制好"酒水领料单"（表5-1），由主管或经理签名后,凭"酒水领料单"与空瓶一起到仓库领用补充品,所有"酒水领料单"上必须填写日期和时间,以备日后核查。

（三）调制

调制是指在客人提出某种酒水调制要求时,酒吧调酒师调配各种鸡尾酒或用鲜果压榨果汁的过程。酒吧调酒师以服务员开出的"酒水小票"为依据,同时要按"标准酒水配方""标准量具""标准成本""标准程序"进行调制。管理者要进行严格的监督,并制定有效的控制措施,确保调制环节的成本控制。

（四）出售

出售是指酒吧将酒水给客人消费的过程。这个过程必须注意随时做好销售记录,必要时应让客人签字。

（五）剩余酒水处理

剩余酒水是指客人消费活动结束后,已经出售的酒水的剩余部分。零点客人所剩余的酒水应由客人自己带走。宴会、婚宴、会议等所剩余酒水应退回酒吧,经酒吧验收后再入酒吧。

（六）收入控制

酒水销售收入控制是餐饮成本控制的一个重要环节,详见第七章。

表 5-1　×××餐饮企业酒水领料单

班次		日期		
酒吧		付货员		
酒水名称	瓶数	每瓶容量	单价	小计
总瓶数：		总成本： 审批人： 发料人： 领料人：		

第二节 酒吧(吧台)酒水成本控制

一、酒吧(吧台)标准原材料(存货)成本控制

为了便于了解每天应领用多少酒水,餐饮企业应建立酒吧(吧台)存货标准。存货标准的酒水数量应根据顾客的酒水消费喜好及消费量来确定,它应保证餐饮企业既能满足顾客需求,又不能存有过多的酒水。酒吧(吧台)存货标准包括:

(1)能满足3天的周转量。成本控制部(组)每3个月更新标准存货量。

(2)任何情况下,服务员不能擅自为本企业同事、朋友、亲属免费提供饮料或自饮酒水。

(3)酒吧(吧台)营业员每天必须正确填制"收发存日报表"。

(4)所有酒水的标准存货量的变更及品种的更换必须经餐饮部经理批准,并以书面的形式报成本控制部(组)存档。

(5)餐厅与厨房之间酒水的相互调拨,应按实际调拨数量填制"酒水调拨单",以便正确记录各部门的消耗成本及酒水的实际库存量。

(6)成本控制部(组)人员每半个月对酒吧(吧台)进行突击检查,确保酒吧(吧台)标准存货量与实际存货量一致。

(7)对每次的抽查应有书面记录,针对存在的问题,应及时报告餐饮部经理及财务总监,并查明原因。

(8)各营业点不得私自更改酒吧(吧台)标准存货量,如有特殊变动,必须书面报告成本控制部(组)。

(9)针对整瓶销售的酒类,各部门的提货必须严格按照以一换一、以空瓶换整瓶的原则,按实际销售量进行补货。

(10)酒吧(吧台)营业员必须每日根据实际销售数量填制"提货单",经成本控制部(组)及财务总监审批,确保与酒吧(吧台)标准存货量相一致。

二、酒吧(吧台)酒水领发的成本控制

酒吧(吧台)酒水领发的程序包括:

(1)每天下班前,酒吧(吧台)付货员将空瓶放在酒吧。

(2)酒吧(吧台)付货员填制"酒水领料单"(见表5-1)。

(3)酒吧(吧台)经理(领班)根据酒水单(酒水小票)核对酒吧(吧台)上的空瓶数和牌号,如两者相符,在"酒水领料单"内"审批人"位置签名。

(4)酒吧(吧台)经理(领班)或酒吧(吧台)付货员将空瓶和酒水单(酒水小

票)送交储藏室。酒水管理员应根据空瓶核对领料单上的数据,并逐瓶用满瓶酒替换空瓶,然后在"酒水领料单"内"发料人"位置签名,酒吧(吧台)经理(领班)或酒吧(吧台)付货员在"酒水领料单"内"领料人"位置签名。

(5)为防止员工用退回的空瓶再次领料,酒水管理员应按规定处理空瓶。

(6)酒水管理员通过计算后分别填写"酒水领料单"内单价、小计、空瓶数、总成本。

第三节　酒水标准成本控制(一)

一、酒水标准

酒水标准(见表5-2)是规定酒水的配方、工艺方法、质量要求等的标准。

表5-2　×××餐饮企业酒水标准

酒水编码		酒水类别		酒水名称	
制作程序		质量标准		图片	
成本(元/杯)		成本率(%)		售价(元/杯)	

(一)基础标准

加工标准,制定对酒水原材料用料的品牌、数量、质量标准等,并制定《加工制作名词术语》《酒水原材料标准》《酒水产品评价标准》。

(二)产品标准

酒水产品标准是对酒水成品统一口径的说明书,该标准不但规定了酒水的规格、质量,酒水原材料的品牌、品种与酒水产品的配置、生产加工方法等技术内容,还明确了成本、成本率、销售价格等经济指标。

酒水标准是酒吧标准中最重要的标准,它属于产品和过程标准,同样可以在微型计算机上通过多媒体数据库平台实现。其基本结构由酒水的整体特征、工艺方法和耗用酒水原材料以及辅料、配料的详细情况两部分组成。

(三)酒水标准的主要项目和编制要点

1. 酒水的整体特征和工艺方法

(1)编码:酒水的特征符号。

(2)类别:酒水的类型归属。

(3)酒水名称:要求标有标准的中、外文名称。

(4)酒水单位成本:酒水所耗用的原材料成本,例如×元/千克、×元/毫升等。

(5)精度等级:对于使用贵重酒水的误差要求严格,精度等级高;对低档酒水误差限制较宽,精度等级较低。例如,主要酒水原材料成分投料量相对误差要控制在1%以内的可以定为一级精度;相对误差要控制在1%~5%之间的可以定为二级精度等。

(6)器具:加工配置所需的器具。

(7)彩色形象:图片。

(8)制作程序:各操作步骤的内容及有关参数,必须使用企业标准中规定的名词术语和代号。

(9)质量标准:详细列出企业标准中规定的指标,例如酒水的口味、色泽、装配要求等。

(10)编制日期、编制人、审核人:这些项目都是制定标准文件所必需的组成部分。

2. 耗用酒水原材料及其他辅料、配料明细情况(见表5-3)

(1)酒水原材料及其他辅料、配料名称:包括名称、编码。

(2)各原材料规格:品牌、色泽等参数。

(3)各原材料品质:质量等级。

(4)各原材料用量:重量、数量、精度等级(损耗率)参数。

(5)其他:酒具、直接消耗品等。

表5-3　×××餐饮企业酒水原材料明细表

序号	原材料编码	原材料名称	品牌(规格)	品质	数量	精度(损耗率)	单位成本	成本
1								
2								
3								
4								
5								
6								
7								
8								
9								
10								

编制者:　　　　　　审核人:　　　　　　日期:20××年　月　日

二、酒水标准配方

"酒水标准配方"与"标准菜谱"的本质是一致的。"标准酒水配方"的作用是使每一种酒水都有统一的质量、口味、酒精含量和调制方法。"酒水标准配方"的类型有两类:

(一)烈性酒的标准配方

烈性酒的调配比较简单,只要用标准量酒器,便可以按规定标准量调配,同时加入适量冰块、矿泉水即可。

(二)鸡尾酒的标准配方与标准成本

1. 鸡尾酒的标准配方

鸡尾酒的配方比较复杂,不但要规定各种配料酒的分量,还要使用樱桃、橄榄、橘片等围边、装饰。此外,还应规定冰块的形状和用量,因为用冰块调配的方法会直接影响鸡尾酒的质量和数量,并要注意使用哪一种酒杯。

酒吧应保存所有的标准酒水配方,酒吧调酒师要熟悉各种酒水的调配方法。

表5-4 ×××餐饮企业曼哈顿鸡尾酒标准配方卡

日期:____年____月____日

酒吧名称: 配方卡编号:

酒水名称 曼哈顿	每份成本	7.2元	售　　价	18元
用 料 名 称	单 位	数 量	单 位	成本金额
波本威士忌酒	盎司(1盎司=28.3495克)	2.5	2.4	6.00
仙山露红酒(味美思)	盎司	0.75	1.2	0.90
比特酒(苦味)	滴	2	0.10	0.20
樱桃	粒	1	0.10	0.10
成 本 合 计	—	—		7.2

配制方法:① 同碎冰搅拌,用樱桃围边装饰。
② 用盎司高脚杯斟酒。

2. 鸡尾酒标准成本

在确定每份鸡尾酒的标准成本时,主要需计算每杯鸡尾酒所耗用的烈性酒的价值,由于次要配料的价值比较低,故只要估计其价值就行,如"樱桃"。每份鸡尾酒的标准成本的计算公式为:

每份鸡尾酒的标准成本 =

$$\frac{\text{每瓶烈性酒进价}}{(\text{每瓶容量} - \text{每瓶允许流失量}) \div \text{每份鸡尾酒耗用烈性酒容量}} + \text{每次鸡尾酒耗用次要配料的价值}$$

由于酒水市场价格会有变化,所以酒水的标准成本和售价要随之进行调整,在配方卡上留出空格(见表5-5),以便使表格能使用较长的时间。

表5-5　×××餐饮企业马天尼鸡尾酒标准配方及标准成本　　　　单位:元

品名:马天尼,_____,_____　酒吧配方:_____
售价:29.29元,_____,_____
标准成本:8.20元,_____
成本率(%):28.00,_____,_____

配料名称	用量	日期××.××.××		日期		日期	
		成本		成本		成本	
格特斯那帕金酒	2盎司	6.41					
干苦艾酒	0.5盎司	1.34					
马天尼橄榄		0.45					
总容量	2.5盎司	8.20					

配制方法:将金酒和干苦艾酒倒入玻璃混合器里,加入碎冰轻轻搅和,将饮料倒入3盎司容量的鸡尾酒杯中,加入橄榄。

标准酒杯:3盎司鸡尾酒杯。

3. 操作标准化

为了配制符合质量标准的酒水,酒水的配制应符合下列标准操作规范和要求:
(1)酒杯降温

为使烈性酒和鸡尾酒保持清新爽口的冰味,酒杯应储藏在冷藏柜中降温。如果冷藏柜容量不足,则可在调制前先把碎冰放进杯子或把杯子埋入碎冰中使之降温。有些鸡尾酒要求酒杯加霜处理。长时间埋入碎冰中的酒杯,在取出时会由于冷凝使杯身上出现一层霜雾,给人一种极冷的感觉。某些鸡尾酒需要杯口加霜处理,即用碎冰冷却酒杯的杯口,用柠檬片擦湿,然后均匀地蘸上糖粉或盐粉。

(2) 冰的使用要适当

在使用冰时，不管是冰块、碎冰还是刨冰，都应当新鲜、洁净、无异味。不管以什么方法调制酒水都应先将冰放入酒杯或调酒器中，随后再加入基酒，并在调酒器和酒杯中用冰块和碎冰调酒。

(3) 充分混合

鸡尾酒调制应充分混合。采用调酒杯调制时，将作为主要配料的烈性酒与混合配料(如汽水、可口可乐或干姜水等)一起搅拌，搅拌动作应轻巧，搅拌时间应恰当。搅拌时间太短，各种原材料混合不均匀，酒水不冷；搅拌时间太久，则冰块溶解过多，会冲淡酒水。

如果用较难混合的果汁、奶油或鸡蛋等作配料，通常要用调酒器配制。摇酒动作宜快捷、连贯，以使原材料充分混合并降温，但应避免摇得太久，使冰块过度溶解、冲稀酒水。一般当调酒器外出现霜雾时即可停止摇动。

(4) 倒酒

倒酒时要注意用符合规格的酒杯，如果用调酒器一次调制两份以上的鸡尾酒，在倒酒前先将酒杯准备好，排成一列，各酒杯先倒入1/4杯，然后1/2杯，直至倒完，而不能先倒满一杯再倒第二杯。这样才能保证每杯鸡尾酒具有相同的酒度和味道。

(5) 多色酒水配制次序

多色酒水的制作是利用各种不同颜色酒的不同比重，使一种酒漂浮于另一种酒上面。因而配多色酒时尤其要注意按标准配方将原材料按顺序倒入，切不可颠倒次序。在各种酒分别用量杯量好后，要将玻璃搅拌棒或长匙柄插入酒杯，再把各种酒依次沿棒慢慢倒入，这样各种酒就不会混合，成为层次分明、颜色漂亮的多色酒水。

(6) 水果和果汁

应尽量使用新鲜的水果配制饮料，常用来配制饮料的水果有橙子、柠檬、菠萝、樱桃、橄榄、香蕉等。许多水果需要切成各种形状，有的水果起装饰作用，所以一定要按标准配方的规格切，例如橙片要选无斑痕的新鲜橙子，一般按纵长方向(蒂、脐方向)切成0.6厘米左右厚的橙片。柠檬片应先以纵向切成两半，再横向切成小片等。

常用的果汁有番茄汁、菠萝汁、橙汁、柠檬汁、苹果汁、梨汁。尽量用新鲜水果当场榨取。

三、量酒器标准化

标准量具在配制酒水过程中有至关重要的作用，采用标准量具既能很好地控制酒水成本,又能让顾客消费得放心。常用的标准量具有刻度量酒杯、标准量酒杯、斟酒器、自动配酒器。

(一) 刻度量酒杯

刻度量酒杯即杯体带有刻度的量杯。这种量杯的好处是能倒出刻度范围内任意量的酒水。

(二) 标准量酒杯

标准量酒杯没有刻度,但每种量杯会代表一定的标准容量。常见的标准量酒杯有:

(1) 酸味威士忌酒杯,一般可盛 3~4 盎司。

(2) 白兰地酒杯,常用的可盛 2~6 盎司。

(3) 鸡尾酒杯,通常可盛 3~6 盎司。

(4) 劳克斯酒杯,通常可盛 3~6 盎司。

(5) 香槟酒杯,通常可盛 4~5 盎司。

(6) 甜酒杯,一般可盛 3 盎司。

(7) 高飞球杯,能盛 5~10 盎司。

(8) 葡萄酒杯,一般可盛 5~10 盎司。

另外,还有一种特殊的标准量酒杯,其两端可以用来盛装两种不同容量的酒,这种标准量酒杯又称量酒器。

(三) 斟酒器

斟酒器通常又称标准量酒嘴,可分为许多不同的规格。在斟倒时将斟酒器装在酒瓶瓶口即可按规定用量斟酒。每一种斟酒器代表一种容量,而且每一次只能倒出一份标准量,如果要再倒一份,需重复上一次的动作。

(四) 自动配酒器

自动配酒器是目前最新的一种酒水控制装置,而且有些自动配酒器不仅能自动配制酒水,还与收银机相连,在斟倒酒水时便能在收银机上自动记录销售量及销售额,从而简化整个服务程序。

要做好酒水成本控制,酒吧调酒师不能徒手斟酒,而应该使用消过毒的、完好无损的标准量酒器。量酒杯一般用于调配 1 盎司或 3/2 盎司的酒;计量杯一般用不锈钢制成,用于调配鸡尾酒中少量的成分,如 1/4 盎司或 1/2 盎司的酒;或使用自动配酒器,这样能保证数量的一致性。

四、卫生标准化

卫生标准化是指使用的标准量酒器必须清洁卫生、消过毒,且调制过程必须严格按卫生标准操作。坚持卫生标准既是对顾客健康的重视,又是企业的信誉所在。

五、价格标准化

确定每杯酒水标准售价最重要的原因是保证酒吧所售出的每杯酒水的成本率都和计划成本率一致。根据标准酒水配方的成本计算酒水销售价格的计算公式为：

$$酒水销售价格 = \frac{成本}{1 - 销售毛利率}$$

将酒水销售价格记入标准配方卡，并编制酒水价目表。

酒水生产的七个"标准化"

用量的标准化(Standard Portion)、量的标准化(Standard Glassware)、配方的标准化(Standard Ingredient)、酒牌的标准化(Standard Mark)、操作程序的标准化(Standard Procedure)、每杯酒水成本的标准化(Standard Cost)、每杯酒水售价的标准化(Standard Price)。

第四节 酒水标准成本控制(二)

一、每杯酒水标准成本

(一) 每杯纯酒标准成本

纯酒是指直接开瓶进行销售的酒水，这种酒水的标准成本计算比较简单，常用的计算公式为：

方法一：

$$零杯酒的标准成本 = \frac{每瓶酒进价}{(每瓶酒容量 - 每瓶酒允许流失量) \div 零杯酒每杯标准容量}$$

【例题5-1】如果苏格兰威士忌零杯酒销售每杯的标准容量为1.5盎司，整瓶苏格兰威士忌的容量是32盎司，在配制过程中溢出、挥发的允许量是1盎司，每瓶酒的进价是98元，则每杯酒的标准成本是多少？

$$每杯酒的标准成本 = \frac{98}{(32-1) \div 1.5}$$
$$= 4.74(元/杯)$$

(1)每杯纯酒标准成本 = 一瓶酒水成本 ÷ 可倒杯数

由于不少酒吧仍沿用英美制液量单位,而瓶装酒则已采用升制容量单位。因此,酒吧调酒师、服务员应使用"酒的容量换算表"(见表5-6)进行换算。

表5-6 ×××餐饮企业酒的容量换算表

美制液量	盎司	升	毫升
1加仑	128.00	3.785	3785
0.44加仑	59.20	1.750	1750
0.25加仑	33.80	1.000	1000
1夸脱	32.00	0.946	946
0.7夸脱	25.40	0.750	750
0.51夸脱	17.00	0.500	500
1品脱	16.00	0.473	473
0.41品脱	6.80	0.200	200
0.1品脱	1.70	0.05	50

【例题5-2】如果每升通用牌号杜松子酒的购入价为200元,每瓶杜松子酒的容量为33.8盎司,每杯杜松子酒的标准用量为3/2盎司,因此,每杯杜松子酒的标准成本为多少?

每杯纯酒标准成本 = 200 ÷ (33.8 ÷ 1.5) = 8.88(元/杯)

(2)每杯纯酒标准成本 = 单位纯酒标准成本 × 每杯容量

【例题5-3】例题同【例题5-2】

每杯杜松子酒的标准成本 = 200 ÷ 33.8 × 1.5 = 8.88(元/杯)

(二)每杯混合酒水标准成本

在计算每杯混合酒水标准成本时都会涉及瓶酒的成本和容量之间的关系,这里主要介绍每杯鸡尾酒的标准成本。

鸡尾酒比一般的烈性酒更清淡、爽口,同时又具有美观、浪漫的特点,既不容易喝醉,又能起到烘托、营造气氛的作用。通常,调酒师需要当面为顾客调制鸡尾酒,并用精湛的调酒技术和精巧的鸡尾酒外观激起顾客的消费欲望。鸡尾酒的标准成本由基酒、调味料、附加料、装饰品和冰构成。

(1)基酒。白兰地酒、金酒(Gin)、朗姆酒(Rum)、伏特加酒(Vodka)、威士忌酒(Whisky)和中国的一些白酒等。

(2)调味料。

①香料酒、开胃酒和利口酒。如鸭臣酒(Absinthe)、苦艾酒(Bitter)、可可甜酒(Crème Be Cacao)、橙皮酒(Curacao)等。

②啤酒、果汁、软饮料等。如姜汁啤酒、柠檬汁、苏打水、雪碧、可乐等。

③鸡蛋。

④糖。如糖粉、糖浆、白糖水、红糖水等。

(3)附加料。附加料一般为增加鸡尾酒风味及色彩而使用,常用的如胡椒粉、豆蔻粉、丁香、辣酱油、牛奶等。

(4)装饰品。装饰品主要为增添色彩和美感而使用,使鸡尾酒充分艺术化、完美化。如薄荷叶、黄瓜片、菠萝块、柠檬、樱桃等。

(5)冰。根据冰的形状分为方冰、圆冰、薄片冰、细冰、碎冰等,能起到冰镇和稀释的作用。

每杯鸡尾酒标准成本是各种原材料成本之和,其计算公式为:

每杯鸡尾酒标准成本 = $\sum C_i$

式中 C 为成本(Cost), i 为某种原材料。

【例题5-4】根据(表5-4)曼哈顿鸡尾酒标准配方卡计算曼哈顿鸡尾酒标准成本是多少?

每杯鸡尾酒标准成本 = $\sum C_i$

每杯曼哈顿鸡尾酒标准成本 = $\sum (2.4 \times 2.5 + 1.2 \times 0.75 + 0.1 \times 2 + 0.1 \times 1)$
$= 7.20(元)$

二、酒水标准营业收入控制

酒水标准营业收入控制即以销售量计算出标准营业收入与实际营业收入,并进行比较,但必须事先确定销售每瓶酒的营业收入,比如整瓶金酒是用1夸脱(即32盎司),每杯金酒有$1\frac{1}{4}$盎司,每瓶金酒可以酌25.6杯(均不考虑溢出量)。如果每杯金酒售价1.60元,则每瓶金酒营业收入为40.96元(25.6×1.6)。

用加权平均法来计算标准营业收入要计算平均权数,可先将预算期的销售量计算出来,取得这个数据的方法是将销售账单加总或从收银机上记录下来。例如某酒吧在预算期内,以金酒为原材料所调配的五种酒的耗用量如表5-7所示。

表5-7 ×××餐饮企业某酒吧金酒耗用总量预算表

酒 名	销售量	每杯金酒用量(盎司)	金酒耗用总量(盎司)	备 注
1号酒		$1\frac{1}{4}$	2320	
马丁尼酒		$1\frac{1}{4}$	1470	
3号酒		1	240	
4号酒		$1\frac{1}{2}$	165	
5号酒		$1\frac{1}{4}$	105	
合 计	—		4300	

在预算期内,金酒耗用总量为4300盎司,如果每瓶容量为1夸脱,需要金酒134.4瓶(4300盎司÷32盎司),同时计算含有金酒的酒水的营业收入(见表5-8)。

表5-8 ×××餐饮企业某酒吧含有金酒的酒水的营业收入表　　单位:元

酒 名	销售量	售价	营业收入额	备注
1号酒	1856	1.684	3125.50	
马丁尼酒	840	2.00	1680.00	
3号酒	240	1.53	367.20	
4号酒	110	1.80	198.00	
5号酒	84	1.60	134.40	
合计	—	—	5505.10	

最后,用销售量的瓶数去除营业收入总额,求得每瓶金酒的标准营业收入:

$$标准营业收入 = \frac{5505.10}{134.40} = 40.96(元)$$

如果将酒吧的各种酒水都按上述方法计算,则采用标准营业收入控制方法比较简单(见表5-9)。

表5-9　×××餐饮企业某酒吧标准营业收入控制表

20××年××月××日　　　　单位:元

酒名	每瓶容量	期初存货	加:本期领用数	内部转移数	合计	期末存货	耗用数	每瓶标准营业收入	标准营业总额收入
金酒	1夸脱	5.6	13	—	18.5	2.1	16.4	40.96	671.74
伏特加酒	1夸脱	5.8	20	—	25.8	4.7	21.7	40.32	874.94
苏格兰威士忌酒	1/5加仑	3.4	8	+3	14.4	0.3	14.1	46.90	661.29
合计	—	—							6498.96

标准营业收入总额　　6498.96元
实际营业收入总额　　6467.50元
差异　　　　　　　　31.48元

表5-9中,某酒吧各种酒当天耗用数=期初存货数+本日从仓库领货数±内部转移数-期末存货数。

将标准营业收入总额与实际营业收入总额比较,两者之间的差额不应该大于标准营业收入总额的1%(即两者之间差异不应超过1%)。标准营业收入总额的1%为64.99元;而标准营业收入总额与实际营业收入总额之间差异为31.48元。因此,这一差异是可以接受的。每瓶酒的标准营业收入总额是根据预算期的销售构成情况制定的,而在实际营业中,各控制期的销售构成不会一成不变,因此,产生一些差异是可以允许的。若销售构成发生明显变化,则价格应予以调整。

三、酒水还原控制法

标准成本控制法是从金额上对酒水成本进行控制,而酒水还原控制法则从数量上对酒水成本进行控制。

目前酒吧的酒水销售方式一般分为整瓶销售、零杯销售、混合酒水销售(如鸡尾酒等)。

所谓还原控制法是指按上述三种销售方式统计其销售量,乘以各种酒水标准配方卡的规定用量,还原出标准耗用总量,然后与实际用量进行比较的方法。

(一)整瓶销售

整瓶销售一般指各种啤酒及软饮料等,可据销售量账单统计。

(二)零杯销售

烈性酒水,因客人在消费时用量不大,可按零杯供应(宴会除外)。根据多少杯折合为一瓶,可倒算出整瓶耗用量。例如:轩尼诗 XO 白兰地,每瓶容量为 700 毫升,每杯规定为 1 盎司(30 毫升),每瓶可分 23.3 杯(700÷30)销售,如果当日销售 75 杯,即为 3.2 瓶,这就是将零杯销售酒水按实际销售量去除每瓶规定杯数,还原成整瓶销售,以进行成本控制。

(三)混合酒水销售

混合酒水销售就是用两种或两种以上的酒水混合在一起进行销售,它的还原控制主要以标准配方卡为标准。其计算公式为:

某酒水实际耗用量 = 标准配方卡规定的该酒水用量 × 实际销售量

以前面讲的"曼哈顿鸡尾酒标准配方卡"为例,假设本月销售曼哈顿鸡尾酒 360 杯,按配方倒算出波本威士忌酒和仙山露红酒的实际耗用量。

波本威士忌酒实际耗用量 = 360 × 2.5 = 900(盎司),

若每瓶波本威士忌酒为 26.5 盎司,则:

波本威士忌酒实际耗用整瓶数 = 900 ÷ 26.5 = 33.96(瓶)。

仙山露红酒实际耗用量 = 360 × 0.75 = 270(盎司),

若每瓶仙山露红酒为 25 盎司,则:

仙山露红酒实际耗用整瓶数 = 270 ÷ 25 = 10.8(瓶)。

因此,整瓶、零杯、混合酒水销售,都可以按标准配方还原成整瓶耗用量。所以,酒吧应定期盘点,算出各种酒水实际耗用量,再与还原后的酒水耗用量进行比较,就可以从数量上对各种酒水成本进行控制。这种控制方法应允许有一定的误差,误差的大小,由企业经营管理者作具体规定。

第五节 宴会酒水成本控制

如果宴会部设酒水保管室,就可以凭领料单从仓库领取酒水(见表 5 - 10),同酒吧一样,采用上述一种或几种方法进行酒水成本控制。

表5-10　×××餐饮企业宴会酒吧领料单

主办单位：　　　　　　　　　　　日期： 主办地点：　　　　　　　　　　　酒吧付货员：							
酒水名称	数量	最初发料	增发数量	退回数量	耗用数量	单位成本	总成本

申请人：
发料人：
领料人：
回收人：

宴会部酒水保管室应备有足够的酒水，以便满足整个宴会的需要。

(1)储藏室发给特殊用途宴会部酒水保管室的酒水数量要高于实际需使用量，宴会结束之后，再将剩余酒水退回给酒水管理员。

(2)为了防止差错，宴会部发料时要经常使用宴会领料单。在这种特殊的领料单上，发出的所有酒水，无论是已使用了的还是退回储藏室的都应填明。

(3)宴会领料单通常由宴会经理填写。宴会经理将领料单交给酒水管理员之后，由酒水管理员将酒水发给宴会部酒水保管室酒吧付货员。宴会领料单上还应有"增发数量"一栏，记录宴会部酒水保管室增加领用的酒水数量。

(4)宴会结束之后，最好由另一位员工核对所有整瓶酒水、剩有部分酒水的瓶子和空瓶，并计算实际使用量，计入酒水成本。

(5)未用完的酒水应退回储藏室。永续盘存表和存料卡应根据宴会部酒水保管室酒吧领料单的"耗用数量"一栏的数字填写。

如果宴会部不设酒水保管室，那么只能按需要量向酒吧凭内部调拨单领取酒水，宴会之后，剩余的酒水退回酒吧，经酒吧验收后再入酒吧。要搞好宴会酒水控制，可参见表5-11。

表 5-11　×××餐饮企业宴会酒水成本控制表

（20××年××月××日）　　　　　　　　　　　　　　　单位：元

宴会厅：		宴会名称：			主办单位：		日期：			
酒名	每瓶容量	领用瓶数	退回瓶数	耗用瓶数	每瓶成本	成本合计	每瓶可斟杯数	销售总杯数	每杯销售价	标准营业收入总额
波本威士忌酒	1夸脱	18	1.9	15	24	362.40	26.5	400.00	45.53	1812.00
苏格兰威士忌酒	1/3加仑	5.0	2.0	3.0	45	135.00	25.0	75.00	12.00	900.00
□	□	□	□	□	□	□	□	□	□	□
合计	—	—	—	—	—	638.4		850.00		3040.00

成本率 = (638.4 ÷ 3040.00) × 100% = 21%

发货经手人：_____　　　　退货经手人：_____
收货人：_____　　　　　　收货人：_____

表 5-11 中，每杯容量规格为 1 盎司，标准营业收入总额 = 销售总杯数 × 每杯销售价格，标准成本率为 21%，如果企业酒水成本控制在客观上存在一定困难，则在收款环节上必须进行严格控制。

酒水成本控制的方法

一、采购环节的成本控制

（1）选择、培养合格的采购员。在保证质量的前提下降低成本，这要求采购人员一是要有丰富、扎实的酒水知识，了解市场，熟悉财务制度；二要诚实可靠。这样才能在保证酒水高质量标准的同时寻找最合理的价格。此外，采购人员在采购时要准确了解所提供商品的价格，也要了解在同一价格或稍高条件下，供应商所提供的其他服务项目。

（2）选择信誉好的销售商并要与销售代理建立良好的关系。销售代理除了能供货外，还能提供建议和帮助。此外，绝大多数批发商不会提供打散的酒，因为这对供应商来说太麻烦，但打散的酒对酒吧来说很有利，和供应商建立良好的关系后，这样做也不是没有可能的。

(3)采购要有计划,明确间隔时间与采购数量。

①蒸馏酒没有保质期可以长期储存,但要权衡大批量采购和分小批量采购的得失。

②对葡萄酒、啤酒的采购可以采用定期采购法。葡萄酒的储存要求较高,质量不容易保证,储存费用较高;啤酒的质量保质期较短。结合营业状况这样的酒水可以采用定期采购法:

标准储存量(最高储存量) = 日需要量×定期采购间隔天数 + 保险储存量

订货点储量 = 日需要量×发货天数 + 保险储存量

原材料采购量 = 标准储存量 - 订货点储量 + 原材料日需要量×发货天数

二、采购环节的成本控制

验收是采购的最后环节,可以有效地避免产品因质量不符而造成的损失,这也是降低成本的一个非常重要的手段。货物运来后,要根据收据清点货物,以确定所购酒水是否到齐;还要打开箱子,验明货物,同时也要确保自己所购酒水的年份;最后将箱子封好,贴上日期以便很好地控制、利用。

储存主要是防止酒水的丢失和保证酒水的质量,储存管理的好坏直接决定酒吧成本的高低。

1. 葡萄酒的储存

(1)要尽可能避免光照。

(2)温度要稳定,适宜的储藏温度是10~13摄氏度。白葡萄酒储存温度越低,酒的品质越新鲜。

(3)湿度在55%~65%,并远离发热体。

(4)葡萄酒应该静置。经常的震动会破坏它们的口味。

(5)储藏时葡萄酒的商标向上,以便识别葡萄酒的种类和品牌。

2. 啤酒的储存

啤酒是唯一越新鲜越好的酒类,购入后不宜久藏,最佳保质期3个月。温度超过16摄氏度会导致啤酒变质,零下10摄氏度会使酒液混浊不清,注意货架的牢固、平稳,一旦酒箱打开,酒品应全部取出,放置在合适的架子上,同时,在运输、搬放的过程中要尽量避免震荡。为了方便管理,可以把仓储数字化,目录、订货单、卡片要包括所需的信息,如品名、尺寸、生产日期等。最后就是注意防盗问题,严格控制进入储藏室的人员。

三、对销售进行成本控制

1. 增强成本观念,实行全员成本管理

(1)酒水的浪费现象在各酒吧都广泛存在。例如:在打扎啤酒时由于泡沫过多把整杯、整扎啤酒都倒掉;员工在开工前和12点后偷喝酒水的现象;员工间以物品交换酒水的现象。其原因是员工将成本控制当作是管理层的任务,没有成本控制的责任心。

(2)在员工培训中应加入提高广大职工对成本管理的认识,增强成本观念。向全体职工进行成本意识的宣传教育,培养全员成本意识,变少数人的成本管理为全员的参与管理;改变传统的工资结构为大比例的变动工资结构,将降低成本作为工资评定的标准之一,并在职工行为规范中引入一种内在约束与激励机制,强调人性的自我激励,在酒吧内部形成职工的民主和自主管理意识;改变酒吧常用的靠惩罚、奖励实施外在约束与激励的机制,实现自主管理,这既是一种代价最低的成本管理方式,也是降低成本最有效的管理方式。

(3)运用盘存表来加强管理。盘存表的填写方法是,调酒员每天上班时按照表中品名逐项盘存,填写存货基数,营业结束前统计当班销售情况,填写售出数,再检查有无内部调拨,若有则填上相应的数字,最后,用"基数+调进数+领进数-调出数-售出数=实际盘存数"的方法计算出实际盘存数填入表中,并将此数据与酒吧存货数进行核对,以确保账物相符。酒水领货按惯例一般每天一次,此项可根据饭店实际情况列入相应的班次。管理人员必须经常不定期检查盘点表中的数量是否与实际储存量相符,如有出入应及时检查,及时纠正,堵塞漏洞,减少损失。

2. 丰富标准配方内容

各个酒吧的酒水销售都有标准配方作为依据。标准配方可以控制成本和保证产品的质量。

标准配方不仅要包括产品的配方、装饰、载杯,还应包括服务时间、标准颜色、口感和表演方式。服务时间主要指酒水的制作时间。标准颜色主要来自果汁、糖浆和利口酒,通过颜色可以检验酒水的质量。表演方式可以增加客人的购买欲望。

3. 酒嘴的使用

酒吧里都有这种卡在酒瓶上的酒嘴,但除了美式酒吧在花式调酒时使用外,其他酒吧很少使用。酒嘴的使用可以稳定流量,减少损失;减轻调酒员的紧张,提高服务速度。

 课后练习

一、案例分享与思考

(一)案例分享

零杯酒水成本计算实例

背景介绍:某白兰地酒,每瓶的容量为 23.8 盎司,进货价格为 320.00 元/瓶,酒水标准规定:每杯 1.02 盎司,每瓶允许损耗量为 4.1%。

问题呈现:试计算白兰地酒的单位成本。

分析提示:

(1)允许损耗量为:$23.8 \times 4.1\% = 0.96$(盎司);

(2)实际用量为:$23.8 - 0.96 = 22.84$(盎司);

(3)每瓶应出成品:$22.84 \div 1.02 = 22.39$(杯);

(4)为了严格控制,计算出最优的每瓶允许损耗量:$23 = (23.8 - X) \div 1.02$,

式中:X 为最优的每瓶损耗量,$X = 23.8 - 23 \times 1.02 = 0.92$(盎司),即每瓶出成品 23 杯时,每瓶允许损耗量为 0.34 盎司;

计算单位成本:

(5)单位成本 $= \dfrac{32.00}{(23.8 - 0.34) \div 1.02}$

$= 13.91$(元/份);

(6)结论:白兰地酒的单位成本为:13.91 元/份。

计算时可以分别算出每杯酒水的理论成本,并将之与实际成本进行比较,从而发现问题并及时纠正销售过程中的差错。

(二)思考及练习题

1. 酒水标准中的基础标准和产品标准是什么?
2. 酒水标准配方应包括什么内容?如何计算零杯酒水和鸡尾酒的标准成本?
3. 如何控制零杯酒和鸡尾酒的成本?
4. 简述餐饮企业如何进行酒水成本控制。
5. 简要说明酒水控制的环节。
6. 简述餐饮企业酒水标准成本控制。
7. 简述餐饮企业酒水标准营业收入控制。
8. 简述餐饮企业酒水还原控制法。
9. 简述餐饮企业宴会酒水成本控制。
10. 苏格兰威士忌每瓶容量为 32 盎司,零杯销售每杯容量为 1.5 盎司,售价为 18 元,酒吧当日消耗 4 瓶苏格兰威士忌酒,每瓶允许流失量为 1 盎司,该酒吧本日的潜在销售额为多少?
11. 如果某烈性酒的每瓶酒进价 98 元,每瓶酒的容量为 32 盎司,配制过程中每瓶允许流失 1 盎司,每杯鸡尾酒容量为 1.5 盎司,每杯酒混合用的次要配料价为 0.5 元,该鸡尾酒需要达到 20% 的成本率,其售价该为多少?

二、本章闯关测试

1. 计算干马提尼酒鸡尾酒单位成本

背景介绍:某酒吧销售干马提尼酒,其配方是金酒 60 毫升,味美思 15 毫升,装饰物成本为 1.50 元/杯;金酒进价 350.00 元/瓶,每瓶 600 毫升;味美思进价

150.00元/瓶,每瓶700毫升;某期间共销售干马提尼酒250杯。

问题呈现:求其单位成本(不计损耗)。

2.计算每杯朗姆酒的标准成本和每杯杜松子酒的标准成本

背景介绍:如果每升通用牌号朗姆酒的购入价为250元,每瓶杜松子酒的容量为33.8盎司,每杯杜松子酒的标准用量为1.5盎司。

问题呈现:每杯朗姆酒和每杯杜松子酒的标准成本各是多少?

第六章 餐饮企业食品价格的确定

引言

餐饮成本控制是餐饮企业经营管理的重要内容,餐饮企业的成本结构制约着餐饮产品的价格,而餐饮产品的价格又影响着餐厅的经营和餐厅入座率,因此,餐饮成本控制是餐饮企业经营的关键。在餐饮经营中,保持或降低餐饮成本中的生产成本和经营费用,尽量提高食品原材料成本的比例,使餐饮产品的价格和质量更符合市场要求,更有竞争力,是保证餐饮企业经营效益、竞争能力的具体措施。本章着重对食品价格的含义和构成、食品价格确定的步骤、食品价格确定的方法等方面分别进行阐述。

学习目的

全面了解、领会、掌握餐饮企业食品价格确定方面的知识。
1. 熟悉食品价格的含义、构成。
2. 熟悉食品价格确定的步骤、原则。
3. 掌握制定毛利率标准、确定食品标准成本的方法。
4. 掌握食品价格以成本为基础的定价方法。
5. 熟悉食品价格以需求为基础的定价方法。
6. 掌握食品价格调整的方法。

关键词

食品价格的确定

第一节　食品价格的概述

一、食品价格的含义

餐饮企业食品价格是餐饮市场最敏感和最复杂的问题，它直接影响餐饮企业的经济收入和市场竞争能力。餐饮食品的价格就是餐饮企业所销售商品（食品）的价值的货币表现，也就是各种类型的餐饮企业，包括饭店、酒店、酒楼、火锅店、自助餐厅等企业以及个体劳动者（如流动摊点等）所出售的菜点、酒水等一切餐饮食品的价格。

二、食品价格的构成

餐饮企业食品价值包括三个方面，一是物化劳动的转移价值，包括食品原材料的价值，为维持生产和销售食品配置的设施、设备和家具用品等的价值；二是劳动支出中的必要劳动部分；三是劳动支出中的剩余劳动部分。餐饮企业在餐饮管理的同时兼有生产加工、商业零售等多种职能，在价值向价格的转化过程中，食品原材料及饮料成本主要转化为生产成本，设施、设备、能耗、职工薪酬等转化为费用，因此，餐饮企业食品价格的构成公式为：

餐饮企业食品价格＝食品成本＋生产经营费用（营业费用）＋利润（经营利润）＋税费＝食品成本＋毛利额

式中：

食品成本是指产品所耗用的食品原材料成本，包括主料、配料、调料成本。

生产经营费用是指生产经营过程中的各项开支，如能源费、工薪、折旧费、租赁费、办公费、修理费等，即营业费用。

税费是指按国家规定的税率计算出的税金及附加费。

利润也称为经营利润，是指营业收入扣除食品成本、生产经营费用（营业费用）、税费后的余额。

三、食品价格的特点

由于餐饮企业是服务行业，菜肴、点心类型众多，具体价格形式也各不相同，这就决定了食品的价格具有自己的特点。

（1）复杂性。餐饮企业的食品种类多种多样，各种食品形式和价格构成均不相同，呈现出一定的复杂性。

（2）灵活性。餐饮企业的食品只有灵活运用价格这一经济杠杆，才能达到促销的目的,常用的灵活价格有:淡季价、浮动价、优惠价、地区差价等。

（3）时令性。使用时令性原材料的食品的价格波动性较大,必须坚持高进高出、随行就市、时菜时价的原则,使食品能适应市场价格的变化,保证经济收入,提高经济效益。

（4）供求关系和季节性。为适应市场需求,供不应求的食品价格可以略高一些,供过于求的食品价格则可以略低一些;热点城市食品的价格可以略高一些,温、冷点城市食品的价格可以略低一些;旺季时价格可以高一些,平、淡季时价格可以略低一些。

四、食品价格确定的原则

餐饮企业应当建立销售价格管理制度,明确产品或者劳务的定价和销售价格调整的权限、程序与方法,根据预期收益、资金周转、市场竞争、法律规范约束等要求,采取相应的价格策略,防范销售风险。

餐饮企业价格的制定在遵守国家物价政策的前提下,既要以国内外价格为基础,考虑到国内职工生活指数、国内旅游设施实际情况及服务质量,同时还应参照国际价格、国际汇率的变化以及国际旅游业的供求关系等诸方面因素来确定。

（一）按质论价

按质论价是价格规律的基本要求。商品价格是由社会必要劳动时间决定的,价格是价值的表现形式,商品交换必须以价值为基础,实行等价交换。按质论价必须结合多种产品和服务项目的具体情况分析质量的具体表现。例如,食品的质量包括原材料,烹饪制作水平,色、味、形的适合程度和服务质量等。其质量水平最终都要通过成本反映出来。因此,坚持按质论价的原则,既要分析各种产品和服务项目的成本高低,又要比较不同企业同类产品的质量水平。实行按质论价、优质优价、同质同价的原则。

（二）分等论价原则

我国餐饮企业在等级、规模、设备条件、管理水平和服务质量等方面区别很大,各企业发展不平衡,应按照企业等级、食品等级等坚持分等论价的原则。

（三）薄利多销原则

实行薄利多销的原则可以扬长避短,广招客源。薄利多销的原则有如下两个方面的要求：

（1）薄利多销策略要因时、因地、因条件制定。

（2）薄利多销不是一味地降价,更不是利用价格的竞争使企业利润流失。

（四）随行就市原则

随行就市的原则主要是针对餐饮企业食品的价格管理而言的。食品的价格受食品原材料进价成本的波动的影响,应根据成本和毛利率的高低区别不同情况,分别制定出各种食品的价格,亦称为时价。只有随行就市,才能适应市场变化,满足客人的需求,求得合理的利润。

五、食品定价的工作重点

(一) 有形产品的技术创新

餐饮企业的定价基于产品、服务、环境、文化等多种因素的整合与营造,但其基础是产品,因此,餐饮企业应建立一套完整的产品研发与质量保证体系。

核心产品的独特性是餐饮业特色经营中表现最突出的一个方面,大部分名牌餐饮企业都选择经营有特色的核心产品来突出自己的品牌。例如北京的全聚德烤鸭、内蒙古的小肥羊火锅,都是用自己经营的产品来吸引顾客,来维持顾客对其品牌的忠诚度。

同时,多数名牌餐饮企业的核心产品也是围绕着消费者的需要而不断进行技术创新的。近年来,肯德基和麦当劳在产品研发上不断创新,努力改变传统快餐品种较少及"三高"的缺憾,增加消费者在餐厅的饮食选择,尤其注重蔬菜类、高营养价值食品的开发。其中,为满足中国消费者口味开发的长短期产品,有胡萝卜面包、老北京鸡肉卷、玉米沙拉、芙蓉蛋花汤、营养早餐等。

(二) 无形服务有形化展示

服务是无形的,人们需要通过有形展示来对其进行认知,进而影响人们的支付意愿。因此,有形展示需要做到如下方面:

1. 环境布置特色化

如何设计餐厅环境取决于品牌的定位。首先需考虑餐饮企业本身所走的经营路线、客源层次,还需结合品牌内涵、投资预算的大小等。接着构思如何创造舒适幽雅的进餐氛围,把餐厅所有空间都统一考虑,在方便客人进出、方便服务操作的同时,加以恰当的色调搭配、灯光照明和优美的线条装饰,力求从中合理引导就餐客人心理期望,培育出与餐厅经营特色相匹配,既美观又大方,既幽雅又出位的饮食气氛,以此达到吸引顾客、给客人留下深刻印象的目的。环境布置还应注意以下几点:

(1)适当的地点。适当的地理位置容易吸引更多的顾客。这里,适当的地点主要是指使餐厅接近于目标顾客集中的地区,并非单纯是指餐厅应处于客流量较多的繁华商业区或交通便利的地方。这说明了解各种地段的特点,了解顾客的消费需求是有效推广服务产品的前提。适当地点的选择,可以消除服务的不可分离性特征带来的供需矛盾,方便顾客到达,并且可以通过商业集群氛围提升企业形象。

(2)餐厅的环境卫生状况。环境卫生是餐厅经营的最基本条件,它的良好状况不会使消费者感到格外的满意,但是失去这些要素或达不到消费者的要求则会削弱顾客对餐厅服务的信心。因此,从外部看,它要求招牌整齐清洁、宣传文字字迹清楚、盆景修剪整齐;从内部看,要求顾客座席、餐厅摆设和陈列台、厨房、备餐间以及洗手间等整齐清洁。但是,在短期利益和严格的清扫标准之间,餐饮业往往选择前者而忽略后者,这也正是目前许多餐厅卫生状况不佳的根本原因。

(3)餐厅的气氛。这是影响餐厅服务质量的重要因素,因而,无论餐厅外部还是内部的设计与装饰都要烘托出与企业文化相协调的气氛,以便突出餐厅的宗旨和强有力地吸引现有的和潜在的顾客。餐厅的设计、装饰、布局、照明、色调、音响等都会影响餐厅的气氛。比如音响,音量适中的音乐能使顾客心情放松,增加食欲;反之,音量过大则可能影响顾客的交谈,使人感到厌烦。不同的餐厅亦要选择不同风格的音乐,在快餐厅可能适合播放节奏性较强的流行音乐,而格调高雅的餐厅则更适合旋律优美、速度舒缓的古典音乐等。

2. 品牌设计特色化

品牌设计是企业形象识别系统的重要组成部分。通过品牌,顾客可以明确自己的购买利益、生产者的价值、企业的文化内涵以及企业的个性特征。餐饮业的品牌设计应注意以下几点:

品牌名称既结合企业文化内涵,读起来又朗朗上口、易于识别。品牌标志具有视觉冲击力,符合时代的发展,与名称相得益彰。比如,全国连锁的陶然居在品牌标志中突出绿色、健康以及巴蜀文化等理念,且将这种理念体现在员工的服装、店内的装饰等各个凸显位置上,给消费者留下鲜明深刻的印象。

3. 服务内容特色化

当前人们在外就餐已逐渐脱离单纯的生理需求,逐渐上升到社交、尊重以及自我实现的层次。据此,餐饮业应结合自己的餐饮产品特色与顾客需要进行融合。例如,婚宴的喜庆热烈、生日宴的亲切温馨、商务宴的庄重高雅等。可从菜品设计、环境布置、人员着装多个方面形成系统化设计,进而提高消费者的支付意愿。

4. 人文气息特色化

人文气息特色化包括培养员工和引导顾客两方面。

培养员工。营销管理人员利用有形展示突出服务产品的特征及优点时,也可利用类似于外部营销的内部营销方法,培训内部员工,使员工掌握服务知识和技能,指导员工的服务行为,使之为顾客提供优质的服务。培训员工不仅包括促进员工对企业规章制度的学习遵守,更重要的还是增强员工对企业文化的认同,培养员工的大顾客意识,培养员工把规章制度化为自身的需要,进而提高服务效率。此外,对员工服务技能和言谈举止的训练也是必不可少的。在提供细致、周到服务的同时,员工的一言一行无论是古色古香,还是简约时尚,皆应与餐厅的整体文化内涵相协调,从而赋予实体展示以灵动的亮点。

引导顾客。顾客之间是相互影响和制约的。通过对餐厅氛围的营造,正确引导顾客的言行举止,赢得顾客对企业文化的认同,带来顾客对品牌的忠诚。

第二节　食品价格确定的步骤

一、确定市场需求

餐饮食品的价格是针对特定的目标市场制定的,因此必须以市场需求为前提,进行充分的市场调查,分析食品的市场需求量及消费者对价格的反应,进而制定合理的食品价格。

二、确定食品定价的目标

定价目标必须与餐饮企业经营的总体目标相一致。在实际定价的过程中,企业具体选用哪个定价目标,价格水平掌握在什么程度,要根据餐饮企业的等级规模、风味特色、花色品种,以及目标市场的消费水平、支付能力、竞争状况等多种因素来确定。

(一)以经营利润作为定价目标

餐饮食品定价往往要以经营利润作为目标。企业管理人员根据利润目标,预测经营期内将涉及的经营成本和费用,然后计算出完成利润目标必须达到的目标营业收入。

目标营业收入 = 目标利润 + 食品、饮料的成本 + 营业费用 + 税费

【例题6-1】中华大酒店餐饮部要求达到年利润1000万元,根据以前的会计统计,食品、饮料的原材料成本占营业收入的45%、部门营业费用占30%、税费占5.6%,分摊的企业管理费用占5%。预计明年这些项目占营业收入的比例相差不大,那么明年营业收入指标为多少?

$$明年营业收入 = \frac{1000}{1-45\%-30\%-5.6\%-5\%}$$

$$= \frac{1000}{0.144} = 6944.45(万元)$$

决定营业收入的还有两个关键指标:一是餐位上座率,二是客人平均消费水平。通过预测各餐厅早、午、晚平均餐位上座率,就能预测出客人平均消费水平。

$$客人平均消费水平 = \frac{计划期餐饮营业收入}{餐位数 \times 餐位上座率 \times 计划期内天数}$$

中华大酒店中餐饮部拥有各种餐位 2000 个,预计各餐厅早、午、晚平均餐位上座率为 80%。客人平均消费水平是多少?

$$客人平均消费水平 = \frac{计划期餐饮营业收入}{餐位数 \times 餐位上座率 \times 计划期内天数}$$
$$= \frac{69\ 444\ 500}{2000 \times 0.8 \times 365} = 39.64(元)$$

根据目标利润计算出的客人平均消费水平,还应与顾客的需求和顾客愿意支付的价格水平相协调。

在确定平均餐位上座率、客人平均消费水平后,然后各餐厅、酒吧等分别计算出早、午、晚(含夜宵)平均餐位上座率、客人平均消费水平,然后再依次计算出各餐厅、酒吧等计划期的营业收入。

某餐厅、酒吧营业收入 = 某餐厅、酒吧客人平均消费水平 × 该餐厅、酒吧餐位数 × 该餐厅、酒吧餐位上座率 × 该餐厅、酒吧餐数 × 计划期营业天数

餐饮部营业收入 = ∑(某餐厅、酒吧客人平均消费水平 × 该餐厅、酒吧餐位数 × 该餐厅、酒吧餐位上座率 × 该餐厅、酒吧餐数 × 计划期营业天数)

根据各类菜点占营业收入的百分比来确定各类菜点的大概价格范围。

(二)以生存为定价目标

在市场不景气或竞争激烈的情况下,有些餐饮企业为了生存,在定价时只求保本,待市场需求回升或者餐厅出了名后再提升价格。当餐饮收入与固定成本、变动成本和税费之和相等时,企业能求得保本,保本点的餐饮收入等于固定成本除以边际贡献率。(详见第九章)

$$保本客人平均消费水平 = \frac{固定成本}{客人数 \times (1 - 变动成本率 - 税率)}$$

【例题 6-2】开心餐厅每月固定成本预计为 220 000 元,餐饮变动成本率为 38%,税率为 5.6%,该餐厅 250 个餐位,每天供应午、晚二餐,预计餐位上座率为 70%,该餐厅若要保本生存,客人平均消费水平应达到多少?

$$保本客人平均消费水平 = \frac{固定成本}{客人数 \times (1 - 变动成本率 - 税率)}$$
$$= \frac{222\ 000}{250 \times 0.70 \times 2 \times 30 \times (1 - 0.38 - 0.056)}$$
$$= 37.15(元)$$

三、计算食品成本

食品的价格由食品原材料成本和毛利额构成,食品原材料成本是食品价格的重要影响因素。因此,在确定食品的价格之前,首先需要核算食品的原材料成本,分析食品的原材料成本结构,以便为价格制定提供客观依据。

四、制定毛利率标准

食品的价格是根据食品的原材料成本和毛利率来制定的。在成本确定下来之后,毛利率就成为影响餐饮食品价格的又一重要因素。毛利率越高,价格越高,企业利润也越高;反之,毛利率越低,价格越低,企业利润也越低。因此,餐饮企业必须确定合理的毛利率标准。

第三节 以成本为基础的食品定价方法

餐饮企业的食品花色品种繁多,规格不一,各具特色,而且由于各企业的设备条件、烹饪技术、服务质量不同,很难由国家直接规定统一的销售价格。前面已讲到餐饮食品的价格由食品原材料成本和毛利两大部分组成,销售价格是企业按国家规定的毛利率幅度和企业经营服务特点,逐一确定经营品种的具体毛利率以后,再根据餐饮食品的食品原材料成本(即标准食品成本)计算制定的。企业可以根据"按质论价、优质优价、时菜时价"的原则,逐一确定餐饮食品的毛利率和销售价格。餐饮食品销售价格的制定有成本毛利率定价法、销售毛利率定价法、经验定价法、标准成本定价法、主要成本定价法等。

一、成本毛利率定价法

餐饮食品的成本毛利率就是餐饮食品的毛利与其成本之间的比率。成本毛利率定价法就是按既定的成本毛利率加成计算出食品销售价格的方法。其计算公式及推导过程如下所示:

设:S 为销售价格;C 为食品成本;M 为毛利;R_C 为成本毛利率。而成本毛利率就是毛利与成本的比值。即:

$$R_C = \frac{M}{C} \cdots\cdots\cdots ①$$

又因为食品价格等于食品成本加毛利。即:

$$S = C + M \cdots\cdots\cdots ②$$

将①移项后代入②得:

$S = C + C \times R_C$,合并上式得:

$S = C(1 + R_C)$,即:

食品销售价格 = 食品原材料成本 × (1 + 成本毛利率)

成本毛利率法也称为外加毛利率法或外加法。用成本毛利率法计算餐饮食品的销售价格,简单明了,易于掌握,但不易反映餐饮食品主营业务收入中毛利所占的比重,所以一般均不采用此法。

【例题6-3】某餐饮企业制作的"凤尾河虾仁"耗用河虾仁500克,其进货价为100.00元/千克;辅料青豌豆50克,进货价为10.00元/千克、鸡蛋1只0.50元;调料成本约为1.10元,成本毛利为100%。求该菜肴的销售价格为多少?

解:①计算耗用原材料成本:

河虾仁成本:100.00 × 0.5 = 50.00(元)

辅料成本:10 × 0.05 + 0.5 = 1.00(元)

调料成本:1.10(元)

合计成本:52.10(元)

②计算销售价格,代入公式:

$S = C(1 + R_C)$

  $= 52.10 × (1 + 100\%)$

  $= 104.20$(元)

二、销售毛利率定价法

餐饮食品的销售毛利率就是餐饮食品的毛利与销售价之间的比率。销售毛利率定价法就是根据销售毛利率与销售价格之间的比例关系计算食品销售价格的定价方法。其计算公式及推导过程如下所示:

设:S 为销售价格;C 为食品成本;M 为毛利;R_S 为销售毛利率。而销售毛利率就是毛利与销售价格的比值。即:

$R_S = \dfrac{M}{C}$ ……… ①

又因为食品销售价格等于食品成本加毛利。即:

$S = C + M$ ……… ②

将①移项后代入②得:

$S = C + C × R_S$

移项合并后得:

$S(1 - R_S) = C$,即:

移项得:

$S = C ÷ (1 - R_S)$

即：食品销售价格 = $\dfrac{\text{食品原材料成本}}{1 - \text{销售毛利率}}$

销售毛利率法也称为内扣毛利率法或内扣法。采用销售毛利率计算销售价格，对毛利率在食品销售额中的比重十分清楚，一目了然，有利于销售核算。

【例题6-4】某餐饮企业已知生产某批点心原材料耗用750.00元，销售后营业收入为1560.00元。试求该批点心销售毛利率为多少？

解：①先求点心的毛利额：

该批点心的毛利额 = 该批点心销售额 - 该批点心成本
　　　　　　　　 = 1560.00 - 750.00
　　　　　　　　 = 810.00（元）

②求点心的销售毛利率：

点心的销售毛利率 = $\dfrac{\text{点心的毛利额}}{\text{点心销售额}} \times 100\%$

　　　　　　　　 = $\dfrac{810.00}{1560.00} \times 100\%$

　　　　　　　　 = 51.92%

【例题6-5】某餐饮企业提供50份"青椒炒肉片"，耗用原材料：猪肉5千克（单价24.00元/千克）、青椒4千克（单价6.00元/千克）、青蒜1.30千克（单价5.00元/千克）、食用油0.90千克（单价14.00元/千克）、各种调配料计3.80元。求每份"青椒炒肉片"的成本是多少？如该菜肴销售毛利率为45%，则每份"青椒炒肉片"的售价应是多少？

解：①先求每份"青椒炒肉片"的成本：

每份"青椒炒肉片"的成本 = $\dfrac{\text{本批"青椒炒肉片"原材料总成本}}{\text{"青椒炒肉片"的数量}}$

= $\dfrac{24.00 \times 5 + 6.00 \times 4 + 5.00 \times 1.3 + 14.00 \times 0.9 + 3.80}{50}$

= 3.34 元

②求每份"青椒炒肉片"的售价 = $\dfrac{\text{成本}}{1 - \text{销售毛利率}}$

　　　　　　　　　　　　　 = $\dfrac{3.34}{1 - 45\%}$

　　　　　　　　　　　　　 = 6.08 ≈ 6.10（元）

三、经验定价法

经验定价法是一种传统的定价方法，一般由行政总厨或厨师长根据自己的经验及对市场信息了解来制定餐饮食品的价格。这种方法简单方便，但不能如实反映食品价格。

四、标准成本定价法

标准成本定价法就是根据"标准菜谱配方"计算出各种菜肴、点心的销售价格。此方法与销售毛利率法雷同。如果用销售毛利率法计算餐饮食品销售价格时用标准食品成本,那么标准成本定价法和销售毛利率定价法是一样的。

五、主要成本率定价法

主要成本率定价法,也叫主要成本定价法,就是以餐饮食品的食品原材料成本和直接人工成本、燃料成本为基础,结合利润率等其他因素综合计算价格的一种方法。其计算公式为:

餐饮食品价格 = (食品原材料成本 + 直接人工成本、燃料成本) ÷ 主要成本率

式中:主要成本率 = 1 - 燃料成本和直接人工成本率 - 利润率

【例题6-6】以(表4-4)"凤尾河虾仁标准菜谱配方"为例,一份凤尾河虾仁的食品原材料成本为54.60元、直接人工成本为10.70元、燃料成本为1.50元,根据利润表中的数据计算出燃料成本和直接人工成本率与利润率之和为38.83%,按照主要成本率定价法计算凤尾河虾仁的价格。

$$凤尾河虾仁的价格 = \frac{54.60 + 10.70 + 1.50}{1 - 38.83\%}$$

$$= 109.20 元$$

采用主要成本率定价法,充分考虑了人工成本、燃料成本比重较高这一因素,突出了降低人工成本、燃料成本的重要性。

第四节 以需求为基础的食品定价方法

以成本为基础的定价法比较简单也很实用,但是在定价实践中,管理人员往往还需要考虑顾客愿意并能支付的价格水准,考虑顾客对现定的价格会产生什么反应。不考虑需求的定价方法往往会导致经营失败,因此以需求为基础的定价方法在现实经营中运用很广。

一、声誉定价法

餐厅如果需要招徕注重地位的目标顾客,就必须注意餐厅的声誉。这些顾客总是要求"最好",餐厅的环境最好、服务最好、食品饮料质量最好,价格也较高。这些顾客的需求曲线如图6-1所示。

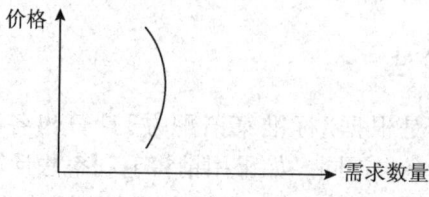

图6-1 餐饮顾客要求曲线示意图

如价格过低,这些顾客反而会怀疑质量低而不愿光顾。价格对他们来说也是反映菜点质量和个人地位的一种指数,所以针对这类顾客,价格应适当提高。

二、诱饵定价法

有些餐厅为了吸引顾客光顾,将一些菜点的价格定得很低,甚至低于这些菜点的成本价格。其目的是为把顾客吸引到餐厅来,而顾客来到餐厅后一定还会点别的菜点,这些菜点就起到了诱饵的作用。

诱饵菜点的选择十分重要,通常选择一些顾客熟悉并经常选用的菜点、做工简单的菜点、其他竞争餐厅也有的菜点作为诱饵,这样能够吸引较多的顾客。

三、需求导向定价法

许多餐厅对菜点定价时,首先调查顾客愿意接受的价格,然后采用顾客愿意支付的价格作为出发点,反过来调节菜点的配料数量和品种,调节成本,使餐厅获得薄利。

四、系列菜点定价法

(一) 向同类目标市场销售的系列菜点

比如同一餐厅零点菜单上的系列菜点供应同类普通顾客。这类系列菜点定价时不能各个菜点孤立地定价,而要首先协调总体价格水平,看其是否能够被目标顾客群所接受。各个菜点的定价虽然要以成本为基础,但是不要绝对按照成本定价,要考虑在顾客群体愿意支付的价格范围内按照成本分出几个档次。有的餐厅为管理方便对系列菜点规定不同的档次,价格各不相同,而不是确切地按照成本定价。例如蔬菜类菜肴,顾客能够接受的水平为 6.00~16.00 元之间,餐厅并不完全按照各菜肴的标准成本定为 6.85 元、7.20 元、7.95 元等,而规定四个水平 6.00 元、9.00 元、12.00 元、16.00 元等。这样不但为营业收入的统计和管理带来方便,也使顾客选择菜肴作出购买决策时更加简单。

(二) 针对不同目标对象的系列菜点

这种系列菜点是针对不同的目标对象确定菜点价格,根据目标对象能够接受的价格来调节菜点的组合和服务。它们之间的价格不一定互相关联和处于同一范围。如表6-1所示的某餐饮企业中的套餐系列。

表6-1　某餐饮企业中餐厅套餐系列　　　　　单位:元

项　目	每人消费水平
特殊宴会菜单	400.00
标准宴会菜单	200.00
经济宴会菜单	100.00
会议菜单	80.00
团队菜单	50.00

知识拓展

餐饮企业的价格引诱策略

价格引诱是指利用顾客求廉和求实惠的心理,在价格制定等方面所采用的措施。价格引诱策略是餐饮企业经营中常用到的定价策略,可以刺激顾客的消费欲望,增加营业额。灵活运用价格引诱策略对增加餐饮企业的利润水平有着重要的作用。价格引诱策略常用的方式有:

一、吉祥数字价格策略

这一策略是指利用顾客对不同数字的心理反应来确定产品的价格,对顾客实施引诱。例如"8"代表发财,"6"代表顺利,"9"代表长久等。

二、价格诱饵策略

一些餐饮店为吸引顾客光临,特将个别菜品价格定得较低,甚至低于产品成本。例如某餐饮店推出"一大瓶可乐仅一元"的特价优惠策略,其实质就在于以此为饵,吸引顾客到该餐厅用餐。而几乎没有顾客只在餐厅里喝一瓶可乐,而没有其他的消费。

三、幸运抽奖策略

这一策略源自于百货业的有奖销售策略,是针对顾客的侥幸心理展开诱惑的策略。在实施时,可对顾客宣称,当消费额达到某一金额时,即可参与餐饮企业幸运抽奖,奖项可以是就餐免费、赠送优惠卡或纪念品等。不过在实施此法时必须要征得有关部门同意后方能进行,并力求公平公正,做好中奖率的配置,并做好组织实施工作。

第五节 食品价格的调整

餐饮企业食品价格制定以后,还应随着社会劳动生产率的发展和市场供求关系的变化,根据食品价格所具有的复杂性、灵活性、季节性等特点,进行必要的调整。

食品价格的调整,直接关系到国家、企业和消费者的利益,是一件十分细致复杂的工作。因此,必须采取正确的步骤和方法。

食品价格的调整工作,通常需要经历三个步骤:一是看准时机。即要有一定的预见性,也就是在调价时机成熟时,及时作出调价的决策。二是分析实力。主要包括分析企业的生产经营和服务接待能力以及管理水平、食品质量、企业声誉等。只有将市场需求变化与企业的实际情况结合起来,调整价格才具有坚实的基础。三是制定调整价格方案。在看准时机、分析实力的基础上,是否调价、怎样调价,还必须以国家经济政策为依据,制定具体的调价方案,呈报物价部门和餐饮业行政主管部门审定备案。

在具体的调价方法上,应根据影响食品价格调整的各种因素进行,主要有以下几种方法:

一、综合比例法

这种方法一般适用于餐饮业的政策性调价。它往往是在国家经济政策、物价政策发生变动时采用。因此,这种价格调整具有一定的综合性、普遍性。而且这种方法是以原定价格为基础,由物价部门和餐饮业行政主管部门提出调价的幅度,企业按要求进行价格调整。其计算公式为:

新调价格 = 原定价格 + 原定价格 × 调价百分比

【例题6-7】某餐饮企业自助餐标准为30.00元/每位,因受食品原材料价格上涨等因素的影响,企业经过核算,决定将价格上调14%,新调价格应是多少?

解:新调价格 = 30.00 + 30.00 × 14%
           = 34.20
           ≈ 34.00(元/每位)(一般自助餐标准价格为整数)

二、成本比率法

这是适用于原材料成本上升,需要调整价格时的一种方法。成本比率调价法一般是根据市场农副产品价格和主要消费品比价变动情况,分析成本提高幅度,在国家物价政策许可的范围内进行调价。其计算公式为：

$$新调价格 = \frac{原食品成本 + 新增食品成本}{1 - 销售毛利率}$$

【例题6-8】某餐饮企业中椒盐猪排条原定价格为20.00元/每份，原材料成本为9.00元。因市场原材料价格上涨的因素，每份原材料成本上涨为15.00元，要达到原销售毛利率指标，应将价格上调到多少？

解：①先计算原椒盐猪排条销售毛利额：

20.00 - 9.00 = 11.00(元)

②原椒盐猪排条销售毛利率 $= \frac{毛利}{售价} \times 100\%$

$= \frac{11.00}{20.00} \times 100\%$

$= 55\%$

③根据公式：

$$椒盐猪排条新调价格 = \frac{原食品成本 + 新增食品成本}{1 - 销售毛利率}$$

$= \frac{9.00 + (15.00 - 9.00)}{1 - 55\%}$

$= 33.33(元)$

三、统计分析法

这种方法一般是在市场供求关系发生变化，如季节变化、时令变化等，需要调整部分餐饮食品价格时使用的一种方法。其方法是由主管人员召集服务销售人员开会，分析市场状况和顾客反映，找出那些价格偏低、供不应求或价格过高、无人问津的部分菜点或服务项目，分析具体原因，让大家充分发表意见，然后确定需要调价的菜点或项目，确定调价幅度，进行价格调整。在此过程中，要坚持收集资料，用数据说话，对各种信息及时做好记录，按时做好统计、分析。通过统计、分析，可以反映各种菜点的销售情况和趋势，了解各种菜点的受欢迎程度，以便于安排生产或适当调整价格。

四、喜爱程度法

喜爱程度法是以历史统计资料为依据，计算出顾客对各种有支付能力的餐饮菜点的喜爱程度。喜爱程度高，说明菜点质量好、价格合理。如果喜爱程度很高，而且总是供不应求，就可以适当提高价格。反之，则应适当降低价格。喜爱程度计算公式为：

$$喜爱程度 = \frac{某种菜点的销售总份数}{用餐顾客总数} \times 100\%$$

【例题6-9】

表6-2 某餐饮企业中餐厅菜肴每周销售统计表　　菜肴类别：热炒

20××.5.14~20	销售份数							
星期	一	二	三	四	五	六	日	合计
鲍鱼拔海参	37	42	46	37	42	57	48	309
凤尾河虾仁	54	55	60	61	73	77	71	451
碧绿炒双脆	36	29	42	33	41	47	36	264
清蒸海上鲜	41	48	54	47	53	59	35	337
椒盐猪排条	33	38	35	27	44	47	32	256
葱油肥嫩鸡	50	51	45	51	62	74	57	390
小计（份）	251	263	282	256	315	361	279	2007
客人数	153	166	189	171	203	221	182	1285
备注								

以表6-2中的数据比较"凤尾河虾仁"和"椒盐猪排条"在一周内的顾客喜爱程度：

$$凤尾河虾仁的喜爱程度 = \frac{451}{1285} \times 100\% = 42.10\%$$

$$椒盐猪排条的喜爱程度 = \frac{256}{1285} \times 100\% = 19.92\%$$

定价策略

1. 心理定价

心理定价就是企业针对消费者的心理活动制定价格，使消费者在心理物价的诱导下完成购买。比如，整数定价法、尾数定价法、声望定价法、习惯定价法等。

2. 折扣和折让定价

折扣和折让都是减价策略，即在原定价格基础上减收一定比例的货款。折扣和折让定价有数量折扣定价、销售折扣定价、季节折扣定价等。

3. 差别定价

差别定价是指根据不同的消费群、不同的时间和地点对市场进行细分,企业以两种或两种以上的价格销售一种食品或服务的定价策略。包括客人细分定价、食品式样差别定价、地点定价、销售时间定价等。

4. 新产品定价

新产品的定价是一个十分重要的问题,它关系到新产品能否顺利地进入市场,站稳脚跟,并获得预期的经济效益。可以采取撇脂定价策略、渗透定价策略等。

5. 产品组合定价

产品组合定价是企业为了实现整个产品组合的利润最大化,在充分考虑不同产品之间的关系,以及个别产品定价的高低对企业总利润的影响等因素的基础上,系统地调整产品组合中相关产品的价格。包括产品线定价、相关产品定价等。

 课后练习

一、案例分享与思考

(一)案例分享

餐厅菜肴定价技巧

背景介绍:开餐厅对菜肴定价这个环节一定很重视,因为它直接关系到餐厅的竞争力和盈利水平。定高了,单个利润会增加,但消费总数很可能会减少;定低了,销售人数会增加,但却极有可能顾客越多,亏损越多。所以,菜肴定价可不是那么简单的事情,千万不能随意马虎!

餐厅菜肴定价有很多实用技巧。这里介绍唐清林总厨,成都人,从厨十几年,走南闯北,见多识广,他总结出"亏本""低利润""高利润""尾数定价"等几种菜肴定价技巧。

(1)亏本定价:"特价"就为"吓人一跳"

成都有家叫"天天渔港"的大型酒楼,星期一,基围虾卖一元钱一斤,星期二就卖二元一斤,星期三就卖三元一斤,以此类推。大家都知道基围虾要二十多元一斤,几元钱的价位让食客们真正得到了实惠,这样赚足人气的目的才能达到。

不少餐饮经营者对这种定价方法也颇有认同,认为特价菜就是要吓人一跳。不为别的,只为拉客进门。现在的食客也精明得很,有的餐厅在门口立块牌子,"推出特价菜,茄子鲇鱼15元一份",客人到别家酒家一打听,比这个价还便宜,那么这个餐厅以后生意就会冷淡。所以要让特价低得超出客人的想象。比如某餐厅准备推出"渔家小炒",定价只卖一元钱,这才能起到特价的作用。

(2) 低利润定价:"脸儿熟"的菜,小刀不能快

"脸儿熟"的菜,人人都能说上几个,比如鱼香肉丝、宫保鸡丁等,这样的菜肴价格一定要定得低,特别是走实惠路线的中低档酒楼,最好定在全市最低价,这样会给客人留下"这家餐厅的菜便宜"的第一印象。比如鱼香肉丝,一般餐厅多在20元,而你家酒楼定18元,和路边店的价格一样,但你的菜肴从品相、质量、分量、口味上,当然是路边店所不能比的。这样客人来到店里,吃一次就会认定这家餐厅的菜肴既便宜又好吃。

(3) 高利润定价:"特色菜品"能多赚就多赚

济南阳光好人家酒楼还在试营业,但每天桌桌翻台都在三四次。因为餐厅在小区内,所以总厨师长李强开始就把酒楼定位为做中低档的家常菜。中低档家常菜一般利润比较低,如何有效加大利润空间呢?他的办法是把眼光盯在"特色菜"上。他说:"店里的'特色菜',客人一般不常见,价格一定要高,比如餐厅平均毛利在40%,这个菜就可以定在毛利50%以上,客人一般感觉不到。比如大黄鱼,成本在20多元,我就给它定在48元,这道菜肴现在在我店里卖得很火。"

将特色菜肴价格定高些,从而获得相对较高的利润,用来弥补有的菜肴毛利率的不足,从而保证菜肴整体的毛利率。运用这种方法的技巧是使用低成本的原材料做出高档次的品相,或低档与高档原料相结合,顾客就会觉得菜肴档次高,价格还不是太贵。

(4) 定价尾数有奥妙

餐饮一般习惯采用吉利数字做尾数,比如6或8,很少用4、7等。而桃源大餐饮总厨师长王万忠却偏爱7和2。

"我们这个餐厅最初是做高档酒楼的,但慢慢市场定位有所改变,如今以中档菜,甚至低档菜居多。所以在定价上要显得比较低。我喜欢用7或者2作为价格尾数。比如我们过去推出一道菜,名字忘了,起初定价在30元,结果不好卖,后来我把它改成32元,反而一天能卖到30多份。后来我就总结经验:32和30哪个大,当然是32,但给顾客的感觉却不是这么绝对,30元给顾客的信息是:这个菜30多块钱,不便宜;32元给客人的信息则是:这个菜价格适中,还不到35元。所以,我们餐厅的菜,定价一般没有整数。

再说说尾数7,这也是一个比较好的价格策略,比如47元,会给顾客45、46元的感觉,而如果加1元,48元,就好像贵出好多,就好像50元比49元贵好多一样。"

另外,在菜谱排列中,要将高低价格分散开,不要将58元的列一起,38元的列一起,如果顾客无法接受58元的价格,则排在一块的无论什么菜都不会认真去看。应将特色菜列在菜单的中间,这样点击率会高一些。

(资料来源:职业餐饮网,2011年10月15日)

(二)思考及练习题

1.餐饮食品价格的含义是什么?由哪几部分构成?

2.餐饮食品价格的特点是什么?

3.餐饮食品价格确定的原则有哪些?

4.什么是成本毛利率定价法?写出它的计算公式。

5.什么是销售毛利率定价法?写出它的计算公式。

6.餐饮食品价格定价有哪些方法?各有什么优缺点?

7.餐饮食品价格的调整可采用哪几种方法?

8.某餐厅一盘白切鸡售价为42.00元,如果该餐厅确定的销售毛利率为50%,该盘白切鸡的成本应是多少?

9.中华大酒店一份"碧绿炒双脆"的成本为20.00元,其销售价格为45.00元,该菜肴的成本毛利率是多少?成本率是多少?

10.新华大酒店餐饮部拥有1500个餐位数,预计各餐厅早、午、晚平均餐位上座率为78%。客人平均消费水平是多少?

二、本章闯关测试

1.计算每只蛋糕的销售价

背景介绍:某饼屋制作蛋糕,耗用鸡蛋16千克(单价10.80元/千克)、白砂糖8千克(单价5.00元/千克)、面粉8千克(单价4.00元/千克)、玉米油1.2千克(单价18.00元/千克)、蛋糕改良剂约7.00元,制得蛋糕200只。

问题呈现:如销售毛利率为52%,每只蛋糕的售价应为多少?

2."清蒸海上鲜"调价处理

背景介绍:某餐厅"清蒸海上鲜"原定价格为80.00元/份,原材料成本为32.00元。因市场原材料价格上涨的因素,每份原材料成本上涨为38.00元。

问题呈现:要达到原销售毛利率指标,该"清蒸海上鲜"应将价格上调到多少?

3.餐厅若要保本生存,客人平均消费水平应达到多少?

背景介绍:兰心餐厅每月固定成本预计为200 000元,6月份餐饮变动成本率为38%,税费率为5.6%,该餐厅有200个餐位,每天供应午、晚两餐,预计餐位上座率为72%。

问题呈现:该餐厅若要保本生存,客人平均消费水平应达到多少?

第七章 餐饮企业食品生产后销售成本控制

引言

销售是餐饮企业生产经营的重要环节,企业生产的食品只有销售出去,才能实现餐饮经营目标。餐饮经营环节的成本控制是餐饮企业成本控制的重要组成部分。餐饮营销成本是指餐饮经营过程中发生的成本,主要是指进行广告、促销活动、公关活动、销售控制活动和现场餐饮服务过程中所发生的各种费用。本章将着重介绍餐饮企业销售成本控制的含义,菜单设计及推销技巧,销售环节常见的舞弊、错误和逃账,服务成本控制,收款环节成本控制,食品销售成本控制方法等方面的内容。

学习目的

全面了解、领会、掌握餐饮企业食品生产后销售成本控制的相关内容。
1. 熟悉销售成本控制的含义。
2. 掌握菜单设计及推销技巧。
3. 了解销售环节常见的舞弊、错误和逃账。
4. 掌握服务成本控制。
5. 掌握收款环节成本控制。
6. 掌握食品销售成本控制的方法。

关键词

食品销售成本控制

餐饮企业经营的最后一个环节是销售食品,向客人收取食品费用和服务费用。广义的食品销售成本控制是指为扩大食品销售所进行的一切活动。而狭义的食品销售成本控制是指对食品销售实现这一过程的控制,也就是确保获取应得的销售收入而实施的控制。广义的食品销售成本控制包括菜单设计及推销技巧、服务成本控制、收款环节成本控制、食品销售成本控制方法等。从成本控制的角度出发,食品销售成本控制的工作更侧重狭义的食品销售成本控制,其目的是确保从食品销售活动中获得应得的销售收入。

第一节 菜单设计及推销技巧

菜单也是餐厅的推销工具。不管餐厅在报纸上、电视上做了多少广告,都无法保证顾客看到餐厅提供的全部菜点信息。而菜单是将餐厅产品的信息直接传递给顾客的十分有效的媒介。如果菜单设计得好,必定会吸引、引导顾客的选择和消费。同样,良好的推销技巧也会给餐厅带来更多的销售收入。

一、菜单设计

(一)菜单的含义

菜单(menu)是餐饮企业向宾客推销餐饮食品和酒水以及价格的清单和说明书,是企业经营与管理的关键。

成功的菜单不仅要能反映餐饮企业的经营特色和范围,而且要通过餐饮食品的内容和价格反映出餐厅的档次与服务的对象,并起到向顾客传达产品信息和推销菜点酒水等食品的重要作用。

(二)菜单的内容

1. 菜单的品名和价格

菜点的名字会直接影响顾客的选择。顾客未曾尝试过某菜,往往会凭品名去挑选,菜单上的品名会促使就餐客人在头脑中产生一种联想。

2. 特色菜推销

一张成功的菜单应有一些菜点得到"特殊处理",以引起顾客的特别注意。从企业经营的角度出发,有两类菜点应得到特殊处理。

(1)能使餐厅扬名的菜点。

(2)愿意多销售的菜点。价格高、毛利大、容易烹调的菜是管理者最愿意销售的菜。

(三)菜单的设计

(1)确定装帧风格。菜单的装帧风格必须紧密结合本企业市场定位,充分体现企业的菜式风格、等级规格等特点。

（2）确定图案色彩。按照餐厅风格与菜式特点选好主、辅色彩协调的图案，反映企业文化特点，突出菜点产品风味。

（3）确定文字排版。要根据主要消费群体的主流语言文字安排，如果语言文字种类较多，则应设计几种文字对照的菜单，如中英文菜单、中俄文菜单、中法日文菜单。另外，要根据餐厅的光照度适当选择字体、字形和字号，避免模糊不清。

（4）确定尺寸规格。典型本册式菜单一般参照标准 A4 纸设计，过大过小均不方便使用。

（5）确定材料品质。封面应选择美观、耐用、易于清洁和消毒的材料。菜单内页除了类似于封面的要求以外，还应使字迹和图片清晰，纸张颜色柔和，不产生反光，且要方便更换。

（6）确定附加内容。附加内容包括：企业介绍、服务内容、营业时间、通信地址、热线电话、互联网址、电子邮箱等。

二、推销技巧

服务员在把菜点、酒水的信息传递给顾客，激发顾客购买欲望、促成其购买行为时，必须使用正确的推销技巧，不能盲目"促销"。

（1）服务者的自我销售。良好的仪表、正确的站姿、自信的神态等。

（2）准确预计顾客的需求再进行销售。熟悉菜点是餐饮推销的前提，服务员要熟悉菜单上的每个菜点，熟悉各菜肴的主料、配料、烹调方法和味道，使菜点的介绍能引起顾客的购买兴趣。

（3）针对不同的顾客推销不同的菜肴、点心。为顾客介绍菜点时要有针对性，时刻为顾客着想，服务员应了解顾客的用餐目的，面对不同的客人、不同的用餐形式、不同的消费水准，进行有针对性的推销，如对家宴要注重老人和孩子们的选择，对情侣则一般侧重于女士的选择。对于消费水准高的尽量推荐高价菜点，对消费水准一般的既推荐价格低的，又推荐价格高的。

（4）正确使用推销语言。服务员应具备良好的语言表达能力，要善于掌握客人的就餐心理，灵活、巧妙地使用推销语言，使客人产生良好的感受。服务用语要简洁、短小、精悍，同时又能吸引顾客。

第二节 销售环节常见的舞弊、错误和逃账

一、舞弊

舞弊是餐饮企业在销售环节中有些人有目的地进行的破坏活动，导致企业餐

饮收入的流失。具体表现为：

（一）走单

走单是指故意使整张账单丢失，以达到私吞销售收入的目的。其作弊方法是：

(1) 有意丢弃或毁掉账单，私吞相应的收入；

(2) 不开账单，私吞货款；

(3) 一单重复收款。一张账单一般只能用于一个对象，收一次钱，但收银员或其他人员将已收过钱的账单向另外一个客人收款，这样让同一张账单收两次钱，就可以把其中一位客人的款项装入私囊。这种情况在营业高峰期最容易发生。

（二）走数

走数是指账单上的某一项目的数额或者该项目数额中的一部分走失。其作弊手法是：

(1) 擅改菜价。在结算时把价格高的项目金额擅自减小，或者开账单时，把实际消费的价格高的项目换为价格低的项目，使实际收取的餐饮费用小于应该收取的费用。

(2) 漏计收入。在结算时故意漏计几个项目，以减少餐单上的餐饮费用总额。

（三）走餐

走餐是指不开账单，也不收钱，白白走失餐饮收入。其作弊手段是：餐厅服务人员与客人串通一气，客人用餐后，让其从容离去，而不向其结算餐费，或者客人实际消费的菜点式样多，而送到收银台结账的菜点单少，使客人少付款。在餐饮服务人员的亲朋好友用餐时，此类情况容易发生。

（四）走汇

走汇主要是指餐厅收银及有关人员私兑收取的外币而使酒店的营业收入因私兑外币蒙受损失。其作弊手段是：收款时把自己的人民币偷偷放进营业收入里，换出收进的外币，以达到损公肥私的目的。

二、错误

由于餐饮企业收银工作繁杂，计算、汇总环节多，即使完全杜绝了舞弊问题，也有可能发生一些差错。常见的差错表现为：

(1) 账单计算错误或者漏记内容，或者账单汇总出错。

(2) 外汇折算不准确。

(3) 给客人的优惠折扣错误。

(4) 客人跑单。

(5) 收银员少收钱。

三、顾客逃账

顾客逃账是企业经常面临的一个问题。管理人员应通过对服务员的培训，使他们掌握正确的送客人账单方法，应注意即将吃完及准备离开的顾客。因此，管理人员也应设计程序，尽可能少损失。

（1）防止顾客利用账单上的计算错误而少付款。

（2）防止顾客使用假信用卡或无用的支票。

①收银员必须仔细检查信用卡的号码与"签购单"上的号码（前六位数和后四位数）是否一致。

②顾客必须在信用卡"签购单"和客人账单上签名。

③不可接受过期的信用卡或本企业不予使用的信用卡。

（3）防止减少账单数量的逃账。

一些顾客收到好几份用餐账单后，可能会将其中的几张藏起来，只付部分金额。要防止这类问题发生，服务员可将客人的所有用餐账单订在一起，并附上客人用餐账单总金额的打印记录纸带。

（4）防止利用假币来逃账。

（5）防止恶意消费。有的顾客到餐厅消费是恶意的，他们不是为了用餐，而是为了诈骗或至少得到一个"白吃"的机会。他们将自带的不卫生的东西（苍蝇、虫子之类）放入菜点中，特别是高价菜肴中，来讹诈企业。

（6）防止拿走餐具。服务员应习惯于及时将餐桌上不用的餐具撤走，并在顾客离桌后注意餐桌及其附近是否少了东西，若发现丢失问题，立刻报告管理人员。

第三节　服务成本控制

餐饮现场服务可分为点菜、传菜、餐桌服务、结账和清理台面五个环节。点菜是指客人入席后点菜员为客人点菜并开具"点菜单（即小票）"或用"点菜手机"点菜；传菜是指餐厅服务员从厨师那里领取各种食品的整个过程；餐桌服务是指服务员将各种食品送至顾客手中的整个过程；结账是指餐桌服务员在客人用餐完毕后将客人所消费的"点菜单（即小票）"送收银台核对计算出应收总金额向客人收取款项的过程。这五个过程都有成本产生，必须要进行成本控制。

一、服务过程引起成本过高的原因

食品服务可分为领发菜和侍候进餐两个环节。前者是指餐厅服务员从厨师那里领取顾客所点的各种食品的过程；侍候进餐是指服务员将各种食物送到顾客面前的整个过程。在这两个过程中引起成本过高的原因主要有：

（1）不规范的服务方式。例如餐厅传菜员要将菜肴摆在托盘上，用左手托着走。使用左手的原因是门都向右开，右手要用来拉或推门。用右手托盘，开门不方便，托盘也容易被门撞翻，造成成本增加。

（2）不能及时上菜。有时因菜肴烹饪时间过长，客人等候时间较长而要求退菜，造成成本增加。

（3）点错菜点。点菜员与客人双方或单方普通话不标准很可能点错菜，客人可能不接受端给他们的菜点，因为客人认为没有点过这道菜，这就会造成退菜，带来成本增加。

（4）信息传递不及时。如客人点 A 菜点，但该菜点厨房已无原材料且没有及时通知餐厅，而点菜员照开"点菜单（即小票）"，造成无法供应 A 菜点，既引起客人不满，又形成了缺货成本。

（5）服务人员偷吃菜点而造成数量不足，引起顾客投诉，餐厅经理只能另送上一客菜肴，并赔礼道歉。这既影响声誉，又增加成本。

（6）传菜员传菜或餐桌服务员上菜时不小心打翻菜盘、汤盆，增加成本。

（7）传菜差错。如传菜员将 3 号桌顾客所点菜点错上至 8 号桌，8 号桌的顾客不吭声地吃了，而 3 号桌顾客却没享受到此菜肴，当然不付款，这就造成了成本增加。

二、规范上菜程序

服务员在传菜或上菜时打翻菜，主要是由于员工操作失误所导致的。因此，服务员应掌握上菜程序，避免因上菜程序不当而造成的失误。

（一）中餐上菜程序

1. 热菜

上热菜时，菜盘内放置服务叉（勺），要注意将叉（勺）柄朝向客人；如果盘子很热，一定要提醒客人注意；另外，上冒气带响的菜之前，如三鲜锅巴、铁板里脊等菜肴，一定要提醒客人用餐巾或桌布稍作遮挡，以免油星溅到客人身上。

2. 汤类菜

上汤类菜肴时，要给客人分汤；如果有小孩同桌就餐，一定要将热汤远离小孩，同时提醒成年人注意。

3. 带头尾的菜

上带头尾的菜肴时，应根据当地的上菜习惯摆放；上带有佐料的菜肴时，要先上配料后上菜肴，一次上齐，切勿遗漏；上带壳、带骨的菜肴时要跟上小毛巾、一次性塑料手套和洗手盅。

(二)西餐上菜程序

西餐上菜与中餐不同,西餐是先由厨师将菜装在一只专用的派菜盘内,由服务员分派。派菜时,应该站在客人的左边,左手托盘,右手拿叉匙分派。西餐的派菜次序是女主宾、男主宾、主人和一般客人,西餐宴会的菜点,由于标准和要求的不同,道数有多有少,花色品种也不一样。西餐宴会十道菜点的一般上菜顺序为:面包、白脱→果盘→汤→鱼→副菜→主菜→点心→奶酪→水果→咖啡。

三、食品服务控制

针对整个服务过程中可能引起成本升高的现象,企业采取一定的改善措施是十分必要的。

(1)要建立标准的服务操作规范。

(2)为了避免服务员和顾客之间的误解,接受点菜后最好向顾客复述一遍,填写客人账单时字迹必须端正。给菜单上那些不易发音或易混淆的菜肴编号,或规定菜肴名称的简写方法,既可以加快点菜速度,又可防止误解。

(3)厨房和餐厅服务的协调可以通过设置食品核对员负责调度工作,通常可由厨师或负责厨房工作的人员担任。调度人员在厨房将服务员送来的点菜单按时间顺序一一排列;菜肴烧好后,叫服务员上菜,并检查装盘的效果,或给菜肴围边,同时保存好点菜单。这样,调度人员可在顾客候餐的这段时间起到督促服务人员的作用,并保证食品装盘后的质量。还可以设跑菜员,在厨师烧好装盘后,负责将菜肴端给服务员,然后再由服务员分发给顾客。

(4)服务人员必须懂得菜单上各种菜肴、特殊菜肴、饮料的牌号以及食品的烹调方法及菜肴的配料。

(5)注意菜肴的温度,防止细菌滋长。热菜和冷菜应分别用适当的设备保温,否则食品的味道、颜色和形态会受到影响,且可能产生卫生方面的问题。

(6)保证良好的卫生质量和安全。菜肴变质的机会随着搬运次数的增多和搬运拖延而增加。应尽量减少手接触食物和装有食物的器皿。服务员应养成良好的个人卫生习惯,并使用消毒过的盛器。

(7)简化工序可降低人工成本。许多服务员空手进出餐厅,白走了许多路。服务员为某一位顾客添饮料时,应当为同一餐桌的其他顾客提供该项服务,因为过不了多久,其他顾客也可能需要。同样,服务员从一张桌上撤盘之后,应顺便将其他餐桌上的脏盘撤走。

(8)设备、设施及各种用品应充足、完好和齐全。工作台应准备足够的备用品,如餐具、玻璃器皿、咖啡、水和调味品等,以便节省走动时间,减少差错,提高工作效率。

第四节　收款环节成本控制

一、熟悉收款程序,防止跑单

(一)熟悉收款程序

(1)上岗后了解、掌握本班预订就餐、宴请等情况,备足零钱做好准备。

(2)收到服务员送来的点菜单(小票)时,核对点菜单内容是否完整,字迹是否清楚;在点菜单的厨房联上盖上收款章或收款员的印章,交给服务员;顺号取出一份账单,根据点菜单的财务联填制好日期、桌号、人数、服务员工号、品名、数量、单价等内容,并计算出金额(不能结合计数)。放在账单架内,等待客人结账,餐厅账单见表7-1。

表7-1　××饭店餐厅账单

工商登记号 NO.　　　　　　　　　　NO._____
税务登记证号 NO.　　　　　　　　　日期
_____餐厅　　　　　　　　　　　Date

品名 Item	数量 Quantity	单价 Price	金额 Amount
合计 Total			¥

客房号码
Room No._____　　　　收款员
客人签名　　　　　　　　　　Cashier
Signature_____

(3)有的客人用膳期间需加菜、加饮料,在服务员开出点菜单后,收款员应找出已开的账单并继续登记,不能重新开立新的账单,以防漏收。

(4)客人用膳完毕结账时,收款员应立即计算出客人的应付款项,开出账单(电脑操作的应立即打印出账单)交给服务员,请服务员前去收款。

(5)按客人不同付款方式进行结账收款。

①现金。点清并唱票,注意识别大面额的假钞,找清零钱。

②信用卡。按信用卡操作程序办理。

③住店客人签单。核查钥匙牌号或住房卡的房号、姓名、住店有效日期及客人签字。

④旅行社团队。核查团队当天就餐通知单,核对该团的旅行社、团队名称,人数,餐费标准,收取该团队的"旅行社结算单",确认被授权人(领队或陪同)的有效签字,并请他(她)在开出的账单及"旅行社结算单"上签字。

⑤会议团体。核查会议通知单的会议团体名称、人数、餐费标准。开出账单,请指定的会议经办人签字;如客人手持总台发放的餐券,须核对餐券上的团体名称、人数及餐费标准。

⑥折扣处理。

a. 对持酒店 VIP 卡的客人,按规定给予折扣。在账单上写上该卡的号码,并请客人签字。

b. 长包房客人,按饭店的规定给予折扣。

c. 其他客人临时需打折扣的,须经餐饮部经理或被授权指定人同意并写上原因和签字方可。

d. 因特殊原因需冲减已开启账单上的金额时,必须由总经理或财务总监签字同意方可。

(6)宴请客人提取司机餐费。

①由举办宴会经办人在"司机餐费发放表"中注明宴请单位的名称、司机人数及标准。

②司机领款时,请司机写上车号、出示身份证或营运证,并在"司机餐费发放表"相应栏中签字。

③按标准发放司机餐费。

④将发放的金额计入宴会费用中。填写"司机餐费发放表",一式两联,一联附在宴会账单后,另一联交财务部出纳处,按发放金额取款补足备用金。

⑤举办宴会工作人员就餐,按其标准计收餐费,计入宴会餐费账单中。

(7)使用、保管好餐厅有关账单、发票。

①使用结账收款的账单必须连号,不能缺联,每班结束,随附餐厅"营业日报表"一并交夜审及总收款处。

②发生作废的账单,必须将两联单一同随账单送夜审。

③客人如必须开发票,必须收回账单,盖"附件章",将发票记账联同账单一并送夜审。

④收款员使用账单或发票必须连本连号。本班结束交接时,在本班"营业日报表"上注明本班使用的号码。下一班按顺号开列账单。

⑤由指定的主管或领班专门负责账单和发票的管理。收回用完的账单和发票后及时送财务部更换,并将新账单和发票发放给收款员。收回、更换及发放账单和发票的有关人员都要在发放表上签字,以备核查。

(8)当班收款员结束当班工作时须完成的报表。

①"餐厅收款员工作日表"(见表7-2)。

②"餐厅收入日报表"即"餐厅营业收入日报表"(见表7-3、表7-4)。

(9)营业结束作好交接班工作。

①将当班须说明的有关情况记录在交接本上。

②向接班人交代须处理的有关事宜。

③整理好当班所须开出的账单、编制的报表及收到的钱款,分送夜审及财务总收款处。

(10)编制"餐饮月末营业报告"。

①饮食部根据每日营业收入统计表和每月成本统计表,到月末统计汇总,对餐厅营业情况进行总结评价,编制餐厅月末营业报告。

②报告要求详细分析饮食销售和成本消耗执行情况,并和标准成本预算及上月、上年同期成本率进行比较;对影响成本率变化的各种因素进行分析,提出改进措施。

表7-2　××饭店餐厅收款员工作日表

年　　月　　日　　　　　　　　　　　　　　页数_____

餐厅名称:		收款员:			当班班次:			当班时间:由　　至				
账单号码	桌号	就餐人数	食品收入	饮料收入	服务费	烟草	司机费	杂费	总收入	人民币	支票	信用卡	外账	客账	备注
合计															
账单使用情况	张数		连续号码												
领用账单															
耗用账单															
作废账单								制　表:_____							
未用账单								审　核:_____							

表7-3　　××饭店餐厅营业收入日报表

年　　月　　日

餐厅名称	食品	饮料	服务费	应酬费			杂项	合计	结算						餐客人数	
^	^	^	^	食品	饮料	其他	^	^	现金	支票	信用卡	寓客账	外客账	应酬费	合计	房客	本地客
①中餐厅																	
早　餐																	
午　餐																	
晚　餐																	
小　计																	
②西餐厅																	
早　餐																	
午　餐																	
晚　餐																	
小　计																	
③自助餐厅																	
早　餐																	
午　餐																	
晚　餐																	
小　计																	
④酒吧																	
合　计																	

制表_____　　　稽核_____

表7-4 ××饭店餐厅营业收入日报表

年　　月　　日

项　目	本日合计	本月累计	去年本月累计	月同比（+%）	本年累计	去年同期累计	同比（+%）
餐饮收入							
中餐厅							
西餐厅							
宴会厅							
自助餐厅							
咖啡厅							
酒吧							
餐饮消费人数							
餐饮人均消费							

收入审计：　　　　　　　　制表：　　　　　　　　复核：

（二）防止跑单

餐厅里跑单的现象时有发生，特别留意以下几种情况，以便及时防止跑账、漏账事件发生，增加不必要的成本。

（1）生客，特别是一个人就餐的客人，比较容易趁工作繁忙时，借口上厕所，趁机不结账溜掉。

（2）来了一桌人，但越吃人越少，剩下一两个也借机脱身溜掉。

（3）对坐在餐厅门口的顾客要多留个心眼。

（4）对快要用餐完毕的客人要多留心，哪怕是顾客要求结账，也要有所警惕。

（5）对于不问价钱，全部点昂贵菜肴的顾客，一定要足够重视。

二、制定结账收款服务制度

（一）结账服务制度

1．准备工作

（1）当客人点的菜全部上齐后，在客人不再添加菜品的情况下，服务员准备结账。

（2）结算后检查账单的台号、人数、餐费、酒水饮料费、烟费及金额总数是否正确。

2. 递送账单

(1) 站在客人右侧,平展账单,双手递于客人面前。

(2) 在递给客人账单时,需将总金额指给客人看,并降低声调将总额念给客人听,不得让其他客人听到。

3. 现金结账

(1) 如客人用现金结账,应当着客人的面将钱点清,并表示感谢。点钱时不能影响客人。

(2) 将所收的现金连同账单一起交给收款员,由收款员结算。

(3) 将找回的零钱连同发票盛放于小银盘内,站立于客人右侧递给客人,并在客人确定所找钱数正确后,礼貌地感谢客人。

4. 签单结账

(1) 当得知客人餐后准备签单时,应了解客人是住客还是与本店有业务往来的单位。

(2) 如是住客,服务员应礼貌地请客人出示房卡,同时询问总台,确认此客人是否可签单。

(3) 核对完毕后,将账单和笔一同交给客人,礼貌地提示客人签上单位名称、房间号、姓名、日期和大写金额。

(4) 如是与本店有业务往来的单位,在客人签单后,立即请部门经理签字转往总台。

(5) 迅速将账单交给收款员,输入电脑。

5. 信用卡结账

(1) 应熟知饭店可使用的信用卡。

(2) 将客人的信用卡、身份证连同账单一起交给总台收款员。

(3) 收款员要核对客人的信用卡,然后用印卡机打印签购单,并将金额总数填写在签购单上。

(4) 服务员将签购单、信用卡、身份证重新交还给客人,由客人在签购单上签字,服务员审核签字是否与信用卡上的签字相符。

(5) 确认客人签字后,需将付款单中客人联和信用卡还给客人,同时礼貌地感谢客人。

(6) 将账单第二联及信用卡收据另外三页送回总台收款员处。

6. 支票收账

(1) 客人如果使用支票支付,应请客人出示身份证或工作证及联系电话,然后将账单及支票、证件同时交给收款员。

(2)私人支票必须由客人用签字笔填写所付金额总数。

(3)现金支票和转账支票必须交收款员填写。

(4)收款员结完账并记录下证件号码及联系电话后,服务员将账单第一联及支票存根核对后送还给客人,并表示感谢。

7. 结账后的服务

如果客人结账完毕后并未马上离开餐厅,而是继续交谈时,服务员应继续提供服务,为客人添加茶水,并及时更换烟灰缸。

(二)收款服务制度

1. 准备工作

收款员到财务部兑换当天所需的零用钱及发票,为结账做准备。

2. 结账

(1)客人用现金结账时,要当面将现金点清,准确、迅速地为客人找回零钱和开出发票,并请客人当面点清。

(2)客人要求转总台结账时,要请前厅经理审核,然后请部门经理在该单上签字,之后转总台。

(3)客人用支票结账时,请客人用签字笔将所付金额填写清楚,收款员到总服务台验明支票的真伪,并及时上交财务部。

3. 输入电脑

待客人结完账后,将所结账单准确、迅速地输入计算机,并核对账单是否正确。将第三联存根交服务员保存、留底。

4. 结束

当用餐结束时,要统计当餐营业额,上报前厅经理。晚班结束时,要统计当天总的营业额,做好报表,上交部门经理及总经理。

三、餐饮收入内部控制

(一)餐饮收入内部控制的特点

(1)餐厅种类多,收银点也多。如中餐厅、西餐厅、自助餐厅、宴会厅、酒吧、大堂吧等,相应各餐厅都设有收银点。

(2)餐厅服务项目繁多,价格差异较大。各种类型餐厅提供的服务项目繁多,有食品、菜肴、酒水、饮料、香烟及其他有关服务,且各服务项目收费标准不一。有的是高消费,有的是低消费,有的要给予折扣,可谓名目繁多。

(3)餐厅空间大,人员流动性大。餐厅的服务和管理需要较多人员,根据餐饮业特点,客人和服务人员都处于流动之中,由此对于餐饮收入的发生、计算及取得的控制增加了一定的难度。

（二）餐饮收入内部控制手段

餐饮收入内部控制的主要手段是单据控制。因此必须设计和运用适当种类及数量的单据，如取菜单、餐费账单、内部交款单、收银日报单等，以此来控制餐饮收入的发生、取得、入账，要做到单单相扣、环环相接。任何一单一环的缺失，都会使整个控制产生脱节。

（三）餐饮收入内部控制方法和程序

餐饮收入内部控制采用"三线两点"控制方法和程序。

1."三线两点"控制的方法

所谓"三线两点"是指把钱、单、物分离成三条互相独立的线进行传递，即物品（物品是指食品、点心、酒水等）传递线、账单传递线、现金传递线。在三条线的两个终端设置两个核对点，即取菜单与账单核对点、账单与现金核对点，以连接三线进行控制。

餐饮收入活动涉及钱、单、物三个方面。物品消耗掉，账单开出去，现金收进来，即完成餐饮收入活动的全过程。其中物品是前提，有物品消耗才有单和钱；钱是中心，因为所有控制都紧紧围绕款项收进而进行，保证正确无误地将款收进是内部控制的基本任务；单据是手段，物品是根据单据制作和发出的，钱是根据单据计算和收取的，失去了单据，控制就失了依据。因此将钱、单、物三者既有机地联系又分开单独进行控制就成为"三线两点"的控制方法。

2."三线两点"控制的程序

（1）"三条传递线"的控制。

① 物品传递线。

物品的传递，从厨房取出开始，到送至客人消费为止。但从控制的角度，物品的传递不仅仅是食物的传递，更是代表食物的单据的传递，因此，物品传递线还应延伸到把这部分物品传递到财务部门计算出成本为止。

② 账单传递线。

账单是餐费账单的简称（见表7-5）。

表7-5 ×××餐饮企业餐费账单

餐厅名称： 　　　　　　　　　　　　　　日期：
台号： 　　　　　　人数： 　　　　　　账单号码：

类别	名称	单价	数量	金额
凉菜				

续表

类别	名称	单价	数量	金额
热菜				
主食				
酒水				
其他				
合计				

③ 现金(钱)传递线。

a. 收银员根据账单向客人结算收款。有些餐饮企业的结账收款采用柜台方式,这种情况下需要客人自己到收银台付款。但更多的应是餐台付款,即服务员从收银台拿来账单,账单放在托盘上,送到餐台递给客人。客人核查后,把款项放在托盘上,由服务员交给收银台并负责传递找零。这种方式避免了收银员直接接触客人,减少了发生错误和舞弊的机会,同时也提供了全套服务,方便了客人。

如有信用卡、挂账、支票等非现金结算,收银员应严格按照有关程序办理结算。

b. 收银员下班时,按照币种、票面清点现金,填写交款袋,将现金装进交款袋封妥后,投入指定的保险箱。也有的酒店将其他票据,包括支票、信用卡签购单等一并装进交款袋投入指定保险箱内。

c. 总出纳与监点人一起打开保险箱,点收当日全部收银员投交的现金等,并将现金送存银行。

d. 根据现金送存银行的回单,编制总出纳报告,并将银行回单附在此报告上,送交日间收入稽核员审核。

上述三条传递线,最后形成三个终端。在三条传递线的终端设置两个核对点,从而将三条传递线对接起来控制。

(2)"两个核对点"的控制。

① 点菜单与账单核对点。

收入稽核人员将厨房交来的点菜单与收银员交来的账单进行核对,以检查餐饮账单上的项目与点菜单的项目是否相符,即餐饮账单是否完全根据点菜单的内容开立,有无遗漏。如有不符,应追查原因,并写出处理报告或建议。

② 餐饮账单与货币核对点。

收入稽核人员将根据餐单编制的餐饮收入日报中的各种货币资金结算数与总出纳交来的"总出纳报告"及银行存款回单等有关单据的数额进行核对,根据核对的结果,编制现金收入控制表(见表7-6),并对现金溢缺写出追查结果报告。

表7-6　×××餐饮企业现金收入控制表　　　日期

收银员姓名	应交金额			实交金额			溢(缺)
	人民币	外币	合计	人民币	外币	合计	
餐厅A							
餐厅B							
酒吧							
合计							

编表人:

上述两个核对点是整个收入程序的关键控制点。核对点菜单与餐饮账单是保证单单相符,揭露走单、走数的关键;核对餐饮账单与货币是保证账款相符,揭露现金短缺的重要环节,两者缺一不可。

以上餐饮收入"三线两点"控制程序如图7-1所示。

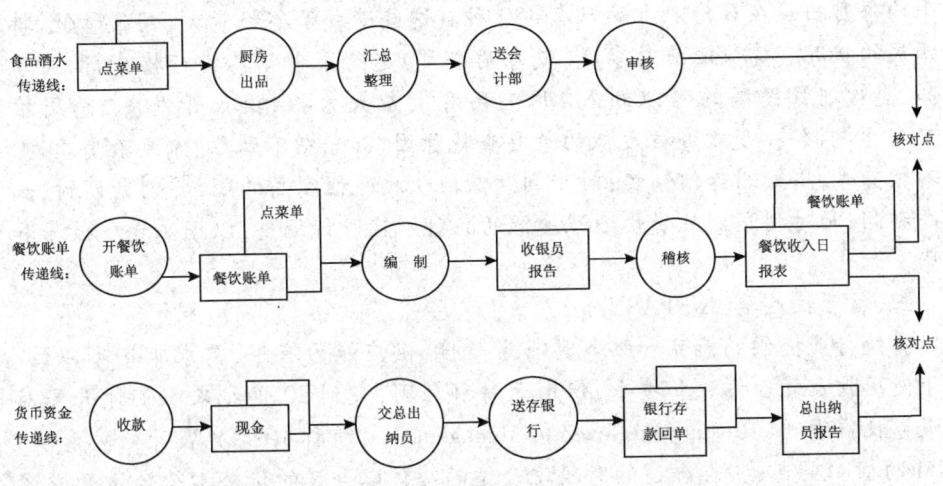

图7-1 餐饮企业餐饮收入内部控制流程图

（四）收银机控制法

现在越来越多的餐饮企业使用收银机进行控制，凡是菜点、账款等资料全部输入收银机，有关人员不得改动，一有改动，收银机就会留下改动的相应记录，在稽核人员清机审查时，收银机里的所有记录都会打印出来，从而大大增强了收银机的控制作用，杜绝餐饮收入跑漏现象。

一、餐饮收入内部控制策略

建立营业收入控制体系的目的是确保厨房生产的、在餐厅销售的所有食品都能获得营业收入，销售人员和财务人员都能正确记录营业收入数额，以防止因员工贪污和客人逃账等造成营业收入的损失。餐饮收入控制就是要通过建立餐饮收入控制体系，制定科学、有效的控制措施，采取有较强针对性的控制方法，堵塞餐饮收入漏洞，防止餐饮收入流失，增加利润。餐饮收入内部控制策略主要包含了餐饮收入内部控制的基本出发点、餐饮收入内部控制的基本程序、餐饮应收账款的控制、客人逃账的预防等四个方面的内容。

二、销售排行榜分析

现今的餐饮企业竞争激烈，菜食创新频率高，定期对菜品、酒水进行销售排行榜分析，不仅能发现宾客的有效需求，更能促进餐饮企业的销售。如某酒店开业近

4年,电脑中竟有近8000道菜,而经过分析发现,平均每月出售的品种只有900种,而平均每月出售在6份以上的只有450种。这就造成了备料量大、销售量低、特色不明显的状况。建议酒店每季度(或每两个月)进行菜肴销售排行榜分析,对于利润高、受欢迎程度高的可以划入"明星菜肴",应大力推销,如开发成"总厨推荐菜";对于利润高,受欢迎程度低的菜要查找原因,如介绍不到位、味道不受欢迎、菜单不精美等,要策划如何销售;对于利润低但受欢迎程度高的菜,要创新研讨,如何提高利润;而对利润低且受欢迎程度低的品种则应进行调整,以提高销售效率和利润率。

三、餐厅收益率(RevPASH)

餐饮行业提供的产品和服务具有时效性,供应能力有限,需求市场可以细分,适于使用收益管理方法和技术,但由于种种原因,直到20世纪末人们才开始对餐饮服务收益管理(Restaurant Revenue Management,简称RRM)展开研究和实践。RRM的核心观点是"在合适的时段把合适的座位以合适的价格卖给合适的顾客"。它采用餐厅收益率(每小时每个座位上产生的收益,简写为RevPASH)来测量绩效。比起常用的上座率和平均消费额这两个指标,RevPASH不但考虑了顾客数量和消费额度,还同顾客用餐时间直接相关,是一个更为全面的指标。

 课后练习

一、案例分享与思考

(一)案例分享

1. 餐饮销售中的成本控制

背景介绍:当餐饮经营管理者要达到预期的销售量时,他需要厨师长辅助进行原材料储备、生产和管理,或者说,当厨师长储备了相当的原材料后,经营管理者应完成销售的任务。总之餐饮产品销售环节是不容忽视的成本控制环节。

在餐饮运营管理中,高级管理者要完成5项任务:

第一,设法不断增加就餐顾客人数。

第二,设法不断地增加回头客。注意:回头客特指的是忠诚的回头客,而不是一般意义的回头客,一般意义回头客容易变成要求打折多、特殊要求多、期望挂账机会多的顾客,容易出现坏账的现象。忠实顾客是指已认可餐厅的质量和价格,愿意来消费的顾客。

第三,设法提高顾客的平均消费水平。

第四,设法提高顾客酒水消费占食品收入的百分比。

第五,进行有效的成本控制。

上述五大任务不能本末倒置,要有计划、有系统地同步进行。下面我们介绍一

个餐厅在这方面的经验。

基本情况：北京的"大贵"餐厅是一家中等规模的"贵州家常菜馆"，它的注册资本只有10万元，餐位也仅有几十个。每个经营"异地"风味的餐厅经营者都会遇到这样的问题，就是原材料从哪里来，如何与地道的原材料商打交道，如何在异地购买中占尽便宜等。

问题呈现：北京的"大贵"餐厅如何实现在餐饮销售中的成本控制。

分析提示：

（1）增加就餐的人群，减少相应成本支出。

"大贵"餐厅的客人群体范围比较小，主要是25～35岁有一定经济实力的年轻人，以广告圈、演艺圈人士居多，餐厅主要是靠地道的特色菜肴（色、香、味）和环境吸引他们。"大贵"所面对的客户群体是喜欢追求新、奇、特的年轻群体，而非一般大众，所以他们要在成本控制上加以考虑。根据"大贵"餐厅的规模，如果要采取多种经营，成本上就会很铺张，管理上也会增加很大难度，这对餐厅来说都是不太合适的。

（2）从销售角度调整餐厅的成本控制。

餐厅经营贵州菜，他们更注重于推荐一些客人还不是很熟悉而在贵州又很家喻户晓的火锅种类来吸引客户，如毛肚火锅、豆米猎手火锅等。如果新添了菜肴，餐厅会做一些菜牌，然后配合服务员推荐及老板亲自推荐来进行宣传。餐厅一般会对老客户推荐新的菜肴，让他们不断尝到新的口味；而对于新客户，几乎所有的菜肴对他们来说都是很新鲜的。当餐厅遇到剩余原材料多的菜肴的时候，会加大人为推广介绍的力度，比如牛肉类的菜肴原材料剩余多一些，他们就会主动推销这类菜肴，尽量介绍得详细生动一些。另外再观察一下客人用后反应，如果经过一段时间没有效果，餐厅就会内部消耗掉，同时也会寻找剩余的原因，是口味问题还是外界原因（比如禽流感），如果是口味问题餐厅会进一步考虑更换菜单。

（资料来源：职业餐饮网）

2. 稳定餐厅的常客

背景介绍：常客是餐厅经营的重要顾客资源，是给餐厅带来最多利润的顾客。常客数量的多寡，是餐厅经营状况好坏和经营是否得法的一个重要标志。常客是餐厅经营收入的基本保障，所以稳定常客是餐饮店经营的一项非常重要的工作。

（1）关心和体贴常客

要让常客感受到餐厅对自己的饮食习惯非常了解，以至用不着太多的吩咐，甚至有时都不用开口，餐厅的服务人员就已经按照自己的心意提供了满意的服务。

这就需要餐厅服务人员仔细观察顾客的行为并体贴和关心顾客,掌握不同顾客的特点。

①尽力提供方便。要使顾客对餐厅的服务产生信赖感,只要是餐厅可能做到的,就要尽最大的可能为顾客提供方便。只要细心研究,提供方便的方法很多。比如,在顾客需要用餐巾纸时,服务员已经将餐巾纸放在了顾客手边。为顾客提供方便有许多事可做,比如,外送饭菜,上门服务,代客存酒等。

②熟悉常客的习惯。餐厅的经营者和服务人员不仅要记住常客的身份和姓名,还要仔细观察他们的喜好、习惯和口味,甚至还要记住他们平时喜欢坐的位置等其他方面的细节,这样便可为向他们提供特定服务打下基础。

(2)保持对常客的尊重

有些餐厅的经营者或服务员与常客非常熟悉以后,在处理与常客的关系上有时会失去分寸。无论与顾客有多么熟识,顾客始终是顾客,经营者都要保持对顾客的尊重。保持对顾客的尊重,要注意以下几个方面:

①不要随意对顾客的谈话发表意见。顾客在与餐厅的工作人员进行语言交流时,多是为了消遣,有时就是纯粹需要有人倾听,他其实并不需要有人给他提供什么意见。有的经营者自认为与顾客很熟,随意参与意见,这种做法是不应该的,经营者要做的就是以很尊重的态度顺着顾客的意思让他说下去。

②给顾客留面子。有些顾客喜欢开玩笑,但餐厅的工作人员千万不能和顾客随意说笑,更不能在说笑时造成顾客的不悦,一旦伤及顾客的面子就会失去顾客。

③保持服务和菜品的质量。常客对餐厅的工作人员都很熟悉后,有时会对餐厅工作中出现的一些小差错予以谅解。但餐厅不可把这种熟悉和谅解作为降低质量的理由,因为顾客的原谅是建立在他对餐厅的充分肯定的基础上的,他认为质量的保证是餐厅对他的尊重。所以如果餐厅的质量降低的话,顾客会认为是对他的不尊重,这样迟早会使顾客失去对餐厅的信赖。

④给常客以实惠。在消费时得到实惠是任何一个消费者都乐于接受的,实惠的消费也是大多数消费者所需要的。所以,给常客实惠的做法,也被称作"拴客术"。常见的有直接优惠和定期回报两种方法。直接优惠是指采用贵宾卡、直接打折、优惠券、赠菜等方式给予顾客直接的实惠。而定期回报则是采用消费额积分等方法,对顾客在餐厅的消费额进行累计,在规定的时间或达到某种分值时,让顾客享受一定比例金额的免费餐费或礼品。

问题呈现:(1)为什么要稳定餐饮店的常客?

(2)如何稳定餐饮店的常客?

(资料来源:职业餐饮网)

(二)思考题
1. 销售成本控制的含义是什么？
2. 菜单的含义是什么？
3. 菜单的构成要素有哪些？
4. 熟悉和掌握销售收款程序。
5. 餐饮收入内部控制有哪些特点？

二、本章闯关测试

简述餐饮收入内部控制的方法和程序。

第八章 信息技术与餐饮成本控制

引 言

餐饮企业的餐饮信息管理系统,不仅提高了餐饮企业的服务效率,而且给餐饮成本控制提供了一个方便高效的控制工具,可以使成本控制的管理效率大大提高。本章着重对信息技术在餐饮成本控制中应用的必要性、餐饮企业餐饮成本控制信息系统(单店)的主要功能、信息技术在餐饮成本控制中的作用等方面分别进行阐述。

学习目的

1. 了解信息技术在餐饮成本控制中应用的必要性。
2. 熟悉信息技术在餐饮成本控制中的作用。
3. 掌握餐饮成本控制信息化流程。
4. 掌握餐饮企业餐饮成本控制信息系统(单店)的主要功能。

关键词

餐饮成本控制信息化系统

第一节 信息技术在餐饮成本控制中应用的必要性

即使我们制定了一整套餐饮成本控制制度,有时候也会由于种种客观条件限制而不能很好地达到控制效果。譬如,采用点菜单的编号管理、点菜单与账单核对、点菜单二联核对、点菜单修改的签字权限及账银核对等管理制度进行收入控制是一套有效的收入控制方法,但它的缺点是工作量相当大。餐饮部每天的点菜单有成百上千张，每天要进行其编号顺序核对、点菜单与账单核对、点菜单两联核对等营业收入稽核，工作量大又枯燥乏味。而且如果审核人员与收银员或服务员或厨师联手作弊，照样可以产生收入漏洞。又譬如，在厨房烹制生产环节的成本控制中，由于原材料的非标准性、菜肴产品的多样性及厨师生产的自由性，对原材料耗量的控制缺乏有效手段。虽然标准菜单上有每种菜肴的标准耗量，可以作为生产耗量的控制依据，但是由于原材料的多样性和菜肴的多样性，实际上要依据标准菜单计算出每天生产的菜肴所消耗的原材料的标准耗量是缺乏可操作性的。

餐饮企业的餐饮信息管理系统，不仅提高了餐饮企业的服务效率，而且给餐饮成本控制提供了一个方便高效的控制工具，可以使成本控制的管理效率大大提高。

一、餐饮业信息技术简介

为什么信息技术可以解决成本控制中的问题呢？这是因为信息技术具有手工管理所不具备的优势：

（1）计算机通过数据库技术可以将企业经营过程中发生的各种数据（如收入、产品、价格、销售量、成本）集中管理，供企业中所有相关人员共享，提高了数据利用的深度和广度以及管理者对数据的控制力（比如，管理者可以随时查阅到各种经营数据）。

（2）计算机通过局域网技术可以采集到发生在不同区域的有关联的数据，并进行集中处理。这对成本控制很重要，因为成本控制是一个多岗位、多环节的系统工程。

（3）计算机快速的数据处理功能（如快速的计算能力和搜索能力）可以使人工操作无法实现的控制方法得以轻松实施。如计算标准成本、销售分析等。

（4）计算机还可以通过软件设计实施权限管理。所谓权限管理，就是对各个不同岗位的人员在使用管理信息系统进行操作时，可以根据该岗位的工作职责范围对上机操作的人员赋予不同的操作权限，如服务员用自己的密码进入系统时，只有输入菜单的权力，如果要修改已经产生的菜单，服务员就没有权力了。也就是说，服务员想要修改菜单，计算机将不执行，只有主管或经理用授予的密码输入计算机后，系统才会执行修改菜单的命令。因此，计算机管理信息系统比人工管理更"铁面无私"。

二、信息技术在餐饮成本控制中应用的必要性

由于信息技术的种种优越性，所以在一个业务量较大的餐饮企业，采用餐饮管理信息系统来辅助成本控制将是一个明智的选择。基于网络技术和数据库技术基

础上的餐饮管理信息系统可以具有以下的功能：

(一) 支持业务运行层的日常运作

餐饮管理信息系统支持业务运行层的日常运作，特别是部门间、岗位间的作业协调。餐饮生产的业务流程为餐饮预订部的预订→厨房的生产计划→仓库申购→采购→验收/发料→厨房生产→餐厅销售。各环节由一系列的数据信息来进行连接，如预订通知单、订购单、验收单、发料单、点菜单等。采用了局域网系统后，各环节间的信息由纸介质传递变为电子介质传递，各种审批权限管理及责任签字也可在网上实现，这就大大加快了数据流的流速，从而提高了业务流的准确性和时效性，既提高了服务产品的质量，人员的工作效率也可大大提高。

此系统通过与饭店会计核算系统的接口及与客账系统的接口，也可提高会计核算的质量与工作效率以及客账管理的质量与工作效率。

(二) 成本控制的标准管理

餐饮企业餐饮成本的标准管理主要包括对餐饮食品原材料的标准单耗、原材料的标准单位成本、原材料的标准出料率（原材料的净料与毛料的比率）、餐饮食品的标准售价等标准指标的制定、修改和使用。采用了餐饮信息管理系统后，标准指标的制定修改者与使用者可以实现在线沟通，即时刷新，即时使用。可充分发挥标准菜单等在成本控制中的作用。

(三) 实时监控

成本控制讲究的是及时控制，当问题发生时，最好当时就能发现问题并找出问题所在。餐饮管理信息系统提供了这一良好的功能。通过成本差异分析，可以找到成本管理的漏洞在哪个部门、哪种原材料。通过系统共享的数据资源，可迅速查询具体是什么原材料，在什么地方，发生的是哪类问题，谁是责任人。这无疑给餐厅管理层及财务部成本管理者提供了一个功能强大的控制管理工具。

此外，除管理层可进行实时查询和监控外，各业务环节的管理者甚至员工也可实时查询成本控制情况，从管理心理学的角度讲，这种对行为的及时反馈，可帮助行为者进行及时的自我行为纠偏，达到自律的良好管理效果。

(四) 决策支持

依托供应商数据库和由客人预订而形成的客人档案数据库及收银处形成的销售数据库，可以支持采购决策、菜肴及饮品的新品设计及旧品撤除的决策以及售价的决策。网络技术提供的数据共享和在线查询的功能，使决策所需的信息可以很方便地获取、处理及形成，从而也使决策更加科学化。

第二节　餐饮成本控制信息系统的主要功能

一、餐饮成本控制信息化流程

为了能从餐饮劳务整体管理流程上来了解餐饮成本控制的整个系统、各个环节的关系及管理信息系统是怎样进行工作的,下面先介绍三种餐饮成本控制信息化流程。

（一）采用一台计算机的餐饮管理工作流程

小型餐厅可以只用一台计算机来完成所有的管理功能。

（二）采用餐饮前后台局域网系统的信息化管理工作流程

大型餐饮企业的经营场地分布较多小型餐厅,布局要分散得多,管理要求也更多,因此可采用由局域网技术将多台计算机联网,完成餐厅的各项管理功能。

（三）连锁餐饮企业信息化管理工作流程

连锁餐饮企业除了在每个分店采用前两种店内系统外,还可以利用互联网技术将各分店的系统联结起来,达到集团管理控制的管理目的。

二、餐饮企业餐饮成本控制信息系统（单店）的主要功能

（一）采购验收和库存管理（物流管理）

(1)请购单管理。厨房根据销售预测输入请购要求。

(2)供应商管理。建立供应商数据库,包括供应商的各类信息及所提供的原材料的信息。

(3)入库单管理。仓库管理员在请购单的基础上验收确认后,所购物品方可入仓库存货账。

(4)出库单管理。由原材料使用部门填单确认,记入仓库存货账。

(5)存货明细账。根据入库单和出库单动态信息调整记录,可以反映每一种存货的即时状态。

(6)进出存报表。反映本月进出料的情况及结余。

（二）销售管理

(1)预订。在客人数据库登记客人的要求和信息;建立客人数据库,如图8-1所示。

(2)点菜输入。支持多种输入方式,如键盘输入、触摸屏、无线移动点菜等。

图8-1 预订功能(客人数据库)

计算机点菜程序

　　计算机在餐饮销售控制中最大的用处可能是省去了过去传统的手工写点菜单的程序。过去，由服务员开菜单，送至厨房，等厨师烧好之后再由服务员将它们端给客人。显然，这个过程要浪费很多时间，即使是在营业很顺利的情况下也是如此。服务员送点菜单至厨房后，不论是等在那里直到厨师烧好还是出来后再进去领菜都要花掉一定的时间。若服务员到厨房拿菜时，厨师还未烧好，这时服务员就要决定是闲等在那儿直到一切都做好呢，还是返回照顾客人，过一会再去厨房端菜。

　　管理人员希望服务员最好能在客人身边待尽可能长的时间，因为这样可能会产生更多的生意。花在进出厨房上的时间是一种"死的时间"，要想办法使它成为生财的时间，管理得好的企业在上述情况下会根据客人的需要采取灵活的措施，而不是让服务员躲在厨房里把客人撂在一边。

　　在大多数使用计算机的餐厅里，服务员使用传统的订菜单接受客人点菜，然后开动服务终端记录客人的点菜并开好账单。服务终端有一个大键盘，和后台的中央处理机连接，用来输入日期、一张餐桌上的客人人数、食品和饮料数等，它一般设在餐厅内,也可置于收款台以取代传统的收银机。服务终端上的键盘可事先制好,每一个键代表一个菜单上的品种,一按该键,则代表该菜上了订单,其价格、名称立即在计算机的储存系统中打印出来。特选菜、附加品种的价格可储存在主机里,随时备查。

每个服务员都有一个专用键,一个密码,以便开启餐厅的服务终端,然后按下台号、就餐人数、账单号码,再将账单放入打印机,根据菜单按下相应的键,这时显示屏上会将服务员输入的菜肴项目一行一行地显示出来,服务员即可鉴别输入终端的信息是否正确。

(3)员工权限管理。根据不同的岗位和层次给予各类员工设置权限,如输入权、查询权、修改权。

(4)厨房分单打印。前台点菜完毕后,即时将点菜单发送至厨房打印机打印出来。

(5)加菜、退菜、换台、口味附注。可根据客人要求进行菜单调整,但调整需有权限控制。

(6)支持各种结算方式(现金、支票、信用卡、挂账、招待、IC卡等)。

(三)销售收入分析

(1)消费信息查询。可查询各菜点销售情况,如图8-2所示。

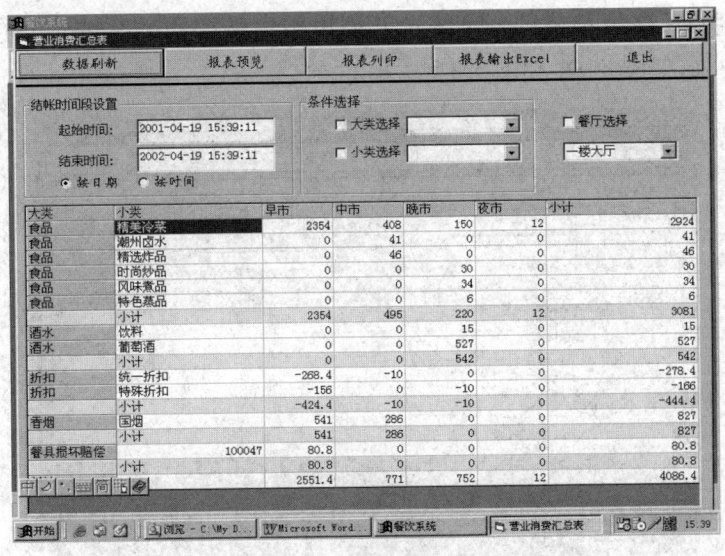

图8-2 消费信息查询

(2) 就餐客人收银明细表。可以查询就餐客人的结账情况。

(3) 收银报表。收银汇总表,可列出不同的结算方式(现金、挂账、信用卡、IC卡等)。

(4) 餐饮毛利。统计各菜肴的毛利及毛利率,如图8-3所示。

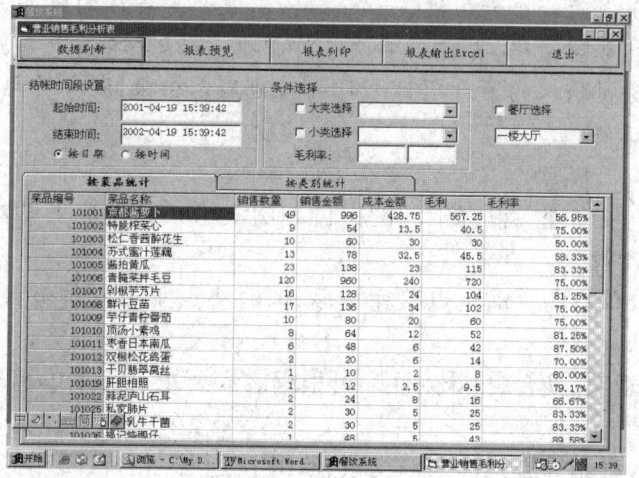

图8-3　餐饮毛利统计

(5) 金牌菜、滞销菜统计。可统计并列出销售量居前的金牌菜及近期没有销售量的滞销菜,如图8-4和图8-5所示。

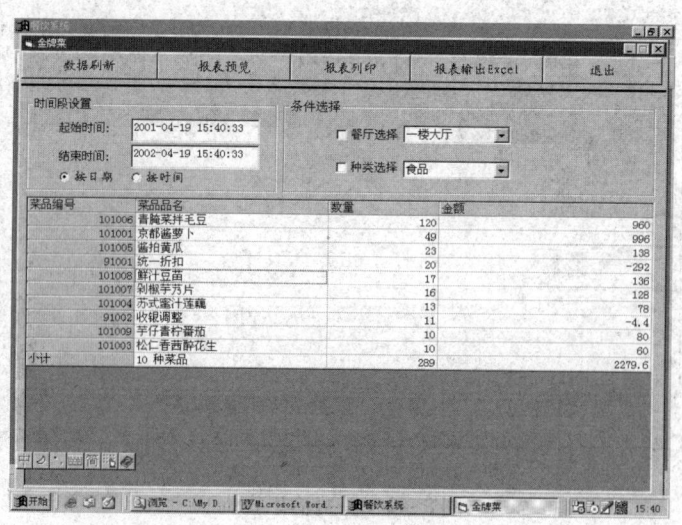

图8-4　金牌菜统计

第八章 | 信息技术与餐饮成本控制

图 8-5 滞销菜统计

（6）疑问单查询。可以查询实际打折额大于规定打折额的点菜单。

（四）成本控制

（1）生成营业收入报表。

（2）标准菜单管理。进行标准菜单的设置；利用标准菜单进行采购量的决策与标准消耗量的计算。

（3）原材料消耗日/月报。可进行各类原材料消耗量的查询。

（4）生成餐饮成本报表。

（五）系统维护

（1）日志管理。对在系统中进行过的任何输入及修改进行记录，如图 8-6 所示。

图 8-6 日志管理

(2)基本数据设置。对操作人员、原材料、菜品、价格、成本、销售参数等的设置。

第三节　信息技术在餐饮成本控制中的作用

一、提高操作层面的工作效率

从操作层面上讲,可以改善部门之间、工作环节之间的沟通协调,可以使数据流的流动更准确、更快捷,从而提高物流或业务流的准确性和时效性,为按质按量提供产品作保证。同时能提高人员的工作效率,减少差错率。如点菜功能可在服务员输入客人的点菜单的同时,将信息迅速传到厨房的打印机或显示屏,厨师便可立即按订单出品。

网络信息系统传递信息既准确又迅速,对于再烦琐的计算也只不过是瞬间之事。在客账的结账管理上,客人的餐饮消费即时地记入客账中,杜绝了客人走账的漏洞,保证销售款的全额收回。

此外,通过系统与账务处理系统的接口,可使餐饮成本和餐饮营业收入的会计核算更加自动化,提高了人员工作效率,从而可以降低人工成本。

二、加强管理层的控制力度

从管理层面上讲,对一个企业良好的管理,必须建立在对这个企业经营每一环节实施有效监控的基础上。掌握动态的前提是能实时地取到反映动态的数据,当管理层能及时获取信息时,就扫清了实施控制的一大障碍,使控制管理成为操作性很强的简单管理工作。如利用信息系统和标准菜单,就可以很方便及时地根据实际销售量计算每日或某一时期的标准成本,将其与当日或某一时期的实际消耗量比较,便可有效地控制成本。餐饮成本的价值链很长,环节很多,地理位置分布分散,只有网络化的信息管理才有可能对生成于不同地理位置上的数据进行实时采集。这样任何有关人员都可及时地在终端机上查询到所需要的信息。

此外,计算机信息系统的权限管理特点,也使手工管理时的漏洞得以根本改善。例如,菜单修改的权限管理,使一般服务员作弊的可能大大降低。因为一旦菜单输入系统,系统就留下记录,并且同时在收银、厨房产生同样的信息,如需修改,需要有权限的人员进行,并且修改会在系统日志里留下痕迹。因此"阴阳联""人情菜"等作弊手段就得到控制。实际上,计算机信息系统的权限管理使原来掌握在最基层服务员手中的权力被收回到管理层手中,这样就大大提高了管理效率。手工控制时的点菜单的三联核对,在使用了餐饮管理信息系统后也可以取消了,因为采用了电子点菜后,菜单输入时,收银、厨房同时就产生了相同的点菜信息,不可能产生不同的单子,如果有修改也会同时修改,所以就不需要进行三联核对,也不需要单据连号审核,因为一旦在电脑里产生了点菜单,一般也不会丢失或遭人为撕匿。这不仅使管理力度加强,而且也大大减少了工作量。

三、提高决策层面决策的有效性

从决策层面上讲,实时地反馈销售及成本的动态,提供了及时进行决策的有效依据。系统能即时采集数据、快速分析,决策人员能及时进行查询是网络化管理的一大优势。譬如菜肴销售分析,是撤旧菜点、上新菜点、决定售价、决定营销方式等许多决策的重要依据,如果不应用网络信息技术,由于数据采集和分析计算的工作量太大而无法得到及时的信息,这种分析很难有实效。在应用了网络信息技术后,菜肴销售分析完全可以轻松进行,及时地得到菜肴销售信息是不成问题的。与此同时,采购工作中的供应商的选择,也变得简单而相对准确。此外,客人的资料数据库提供了企业进行客户关系管理的可能,管理者可以借助餐饮管理信息系统,对客人进行方便的各种市场分析,如回头客人数、消费累计、客人的消费倾向、客人的其他统计数据。

餐饮业信息化——未来竞争制高点

一、我国餐饮业现状

自1991年以来,我国餐饮业零售额每年都保持两位数以上的增幅,1994年全国餐饮业零售额突破1000亿元,2002年突破5000亿元大关,2011年中国餐饮业收入达到了20 635亿元,产业规模首次突破2万亿大关。

尽管中国餐饮业规模持续扩大,但与其他行业一样都遇到了原材料成本升高、人工成本升高、租金成本升高三大问题,这也使得整个行业的利润率急剧下降。如何在保持产品质量的同时提高资金利用率,成为了整个餐饮行业需要面对的问题。而餐饮企业运用信息化管理,可以提升运营决策效率,并且为管理决策提供另一条参考途径。

二、餐饮业信息化应用的几个方面

据了解,北京某软件公司以前主要做工业信息化软件,这几年餐饮市场的需求越来越旺盛,公司在战略上也做了相应的调整,把主要的精力放在了研发餐饮管理软件上面。这也反映了餐饮业越来越重视通过信息化管理提高效率。信息化可以实现餐饮业的采购成本控制、物流控制、日常运作控制和竞争对手情报分析。

（一）采购成本控制

面对原材料价格节节高升，如何选择最合理的供应商成为餐饮企业必须要思考的问题。有的供应商可能价格上有优势而质量上稍次，有的供应商虽然价格高但质量有保证。这就需要把各个供应商的信息综合处理，通过信息量化的过程得出最合理的采购结果。但可以预料到的是中小企业更为重视的是成本控制，只要原材料没有对顾客流量产生太大的影响，成本高低在整个处理过程中占的比重要大于其他因素。而对于高档的餐饮企业，食品的口感质量却是首要的，因为他们要面对的是收入层次较高的顾客，而这类顾客对于食品质量的要求会更高，随之而产生的成本增加问题，高级餐饮企业可以转移到顾客身上。

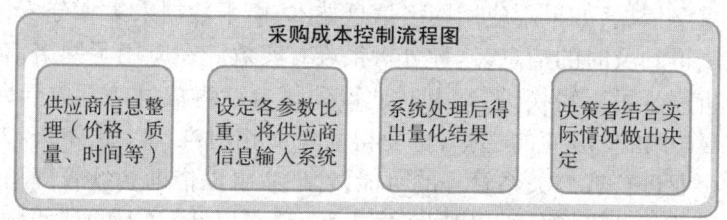

（二）物流过程控制

从原材料出发到最终产品到达顾客手上，构成了一个完整的物流过程。如何将整个物流过程规范化、合理化管理？信息化控制正是解决这个问题的利器。通过构建物流流程监控控制系统，监控原材料从发货到制作，再到将产品送到订餐用户手上的整个流程，都是可以通过信息化系统得出解决方案的。而且方案可以细化到每一天，哪个套餐较多人选择而分配较多资源生产，哪个区域订餐人数较多而进行集中送餐，哪个阶段用时较多而可以提升效率等。这些都是信息化控制可以带来的直接好处。管理者不需要懂太多计算规则，可以交给电脑处理，而把时间更多地花在管理决策上。

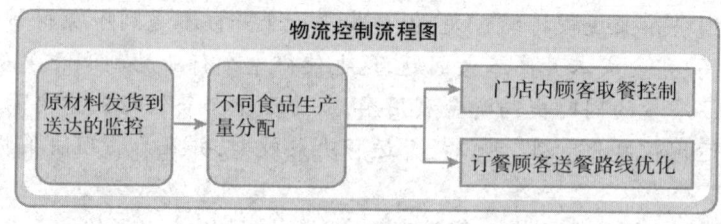

（三）日常运作控制

对于整个门店的经营，信息化管理也能够更好地展现整个经营过程中产生的问题并进行分析解决，如员工日常规范、人力资源控制、顾客满意度、门店清洁度等。建立一个完善的日常运作信息系统，可以使运作信息条理化，对内可以清晰地了解自身经营状况、人力资源利用率,对外可以了解顾客需求,综合起来可以做出最合理的管理决策。信息化系统要做的就是把各项考察内容通过一系列处理后把指标以数量化模型展现在管理者眼前,令管理者一目了然。

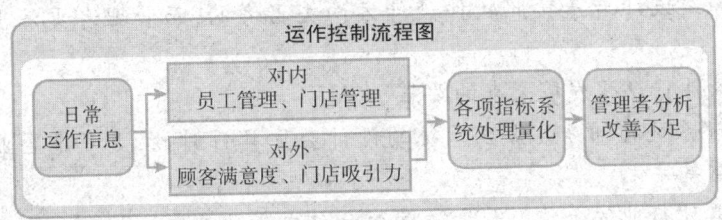

（四）竞争对手情报分析

建立竞争对手情报系统也是信息化的产物。比如某快餐连锁企业推出新款产品,因为顾客新鲜感及合理推广,在一定时期内赢得了较大的销售量,而同行业竞争对手却因为信息滞后,未能及时调整策略并提出应对方案,令销售份额被抢去,造成局部失利。所以竞争对手情报系统的建立有其必然性和合理性。只有取得最新、最有效的情报,才能真正做到知己知彼,才不至于在残酷激烈的竞争中落后于对手。竞争情报一直都存在,但是竞争情报的信息化却为解决问题带来了效率提高、编排更加有序、量化直观的好处。

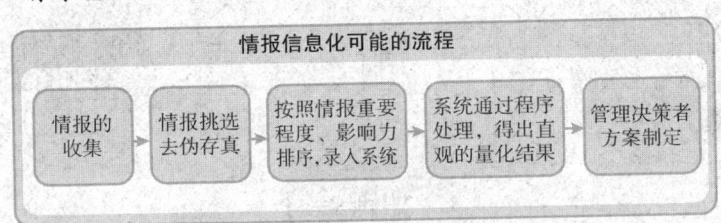

当然,实际系统运行可能遇到更多细化的问题,这需要相关人员去解决,但是竞争情报信息化的确为情报处理提供了更加快捷的途径。企业最终的决策者还是人,电脑只是辅助处理及提高效率,只有不断与时俱进,合理运用各种手段才能做出最为有利的决策。这不仅取决于管理者的学识水平,更需要经验以及他们对这个行业的理解程度和对市场需求的敏感性。

三、餐饮业信息化发展趋势

目前,餐饮企业对信息技术的应用程度还不深入,大部分只停留在基础层次,如对点单、打单系统这些基础层次的应用较多,而对管理层次、运作层次的系统应用却不够规模。

主要有三方面原因:

（1）资金投入有限。虽然信息化系统能够提升效率,方便管理,但是部分管理者担心系统制作维护的成本会令实际收效不如预期。

(2)管理者目的性不够强。管理者可以预见到信息化管理的作用,但缺乏明确的目标和坚定的实施决心,以致信息化未能实现。

(3)系统设计者未能完全理解管理者的要求。隔行如隔山,做系统和做管理是两回事,系统设计者是按照软件设计方向去思考的,而管理者更注重的是管理层次。

四、餐饮业信息化发展未来的要点

(1)管理系统的细分。管理系统的设计会更具针对性,更考虑企业自身独特的需求,注重差异化。

(2)与其他行业的合作。如和运营商合作电子优惠券,网络订餐等,既可以拓宽渠道,也能更清晰地知道客户具体信息,方便后台市场分析工作。

(3)与顾客的交流加深。因为信息化带来的便利,企业通过短信、网络等平台就可以更容易地了解到顾客更多的信息,更方便快捷地与顾客沟通,完成顾客反馈信息的收集与分析。

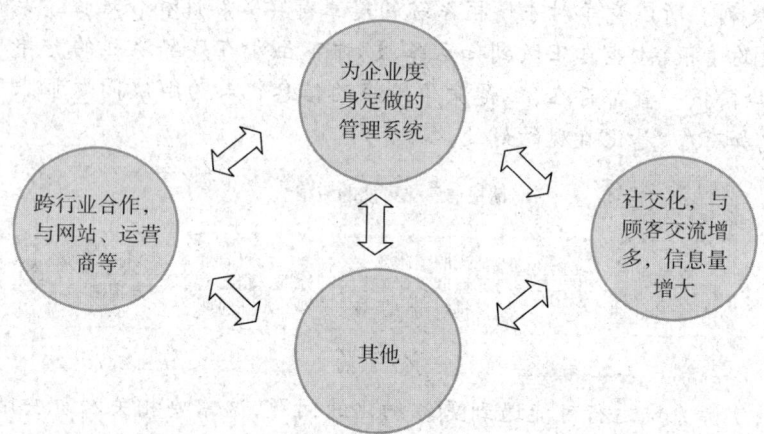

(资料来源:赛立信,胡家耀. 中华品牌管理网,2012-09-14)

课后练习

一、案例分享与思考

(一)案例分享

某餐饮连锁公司信息化解决方案

背景介绍:南宁市×××饮食有限责任公司成立于2002年9月,旗下5家分店,经营面积8000余平方米,均位于南宁市繁华地段,环境精致、各具特色,经营菜色包括东南亚菜、巴西烤肉自助餐、四川水煮鱼、杭帮菜,充分展现了多元化经营的餐饮个性。

成功的经营和管理不仅使每一家餐厅拥有稳定的顾客群和经济效益,更在行业内树立了优质的品牌形象,先后被南宁市消费者协会、中国烹饪协会和全国餐饮绿色消费工程组委会授予"消费者信得过单位"、"全国绿色餐饮企业"光荣称号,并连获多项广西烹饪协会颁发的广西旅游美食节大奖。

经朋友介绍有幸认识了×××的李总,在沟通中得知了×××的发展规划和所遇到的一些瓶颈,交谈中也谈到了我的一些想法,李总对我们谈到的想法和实施规划也比较认同,于是有了接下来的咨询诊断。

问题呈现:李总在对公司的发展规划方面还是比较有想法的,在初次接触中,他们就谈到了公司连锁发展的规划以及目前面临的问题,通过对他们的实地考察和多次沟通,计划把整个内部管理以及连锁体系的构建分阶段设定目标来实施,第一阶段先解决内部管理的服务质量提升问题和弥补财务管理漏洞,就提升服务质量和弥补财务管理漏洞而言,发现存在如下问题:

(1)点菜下单速度慢

在点单方式上,×××一直采用传统的点菜单下单,即先和顾客确定好点菜单上的菜品后,再到收银台分单,然后再由服务员分单到厨房。在就餐高峰期,这种做法不仅影响了上菜速度,降低了翻台率,也减少了服务员直接为顾客服务的时间,降低了对客服务的质量。

(2)餐厅与厨房信息沟通不畅

在餐饮服务过程中,经常有很多特殊状况发生,如顾客所点的菜品已销售完、客人催菜时或退菜时,厨师与服务员在沟通的时候比较麻烦,要靠对讲机传递,需要很长时间才能反馈给顾客,导致顾客不满而引起投诉。

(3)进销存账目数据不清晰

由于几家分店生意火爆,采购量比较大,从验收到盘点到整理出每天的采购成本数据所需要的时间较长,特别是到月底进行月终盘点的时候,全民皆兵也要忙上好几天才能整理出原材料的进销存数据,即使辛辛苦苦得到的数据,有时候还因为盘点的不彻底而出现数据不准确问题,给财务的毛利监控和成本核算带来很大不便。

(4)收银的漏洞不能有效监控

通过深入了解发现,在餐厅每天的点菜单上,经常有涂改和取消的菜品,有的有经理主管签名,其余部分就不得而知了。以往的工作经验告诉我们,这中间极有可能存在一些收银漏洞的问题,财务出身的廖总也深谙其道,只能在日常加强监控力度,但还是难以根治服务中员工私自打折抹零、客人未退菜而私自退菜、私吞折扣、抹零和退菜款等财务问题。

(5)营运数据资料掌控不及时

和很多餐厅一样,通过传统手工单据收集的数据,不仅慢半拍,还经常存在数据不精确的情况，这对营运监控和经营调整带来很多不便。由于数据反馈不及时，在做经营决策的时候也就存在滞后现象。另外，手工账目数据单据种类繁多，很多数据的取得十分不容易，耗费大量的人力、物力，增加了经营管理成本。

分析提示：通过对上述原因的分析，以及沟通中达成的共识，运用"餐饮 ERP 管理模式"，完善信息化建设可以有效解决以上存在的这些问题，于是我们制定了详细的实施方案：

（1）设定阶段任务，进行软件选型

首先我们设计了"餐饮 ERP 管理模式"实施的四个阶段性任务。第一阶段是提升服务质量与完善收银漏洞，第二阶段是客户服务管理体系，第三阶段是细化餐饮成本控制的实施，第四阶段是实现整个×××连锁店之间的连锁管理信息化。

在确定了调整的方向和目标后，根据×××对其连锁餐饮管理体系的规划，我向×××的李总推荐了几个很不错的餐饮信息化管理软件，说实在的，目前的餐饮软件企业有成百上千家，餐饮软件市场也鱼龙混杂，但是能满足餐饮连锁企业发展需求的软件还真的不是很多，很多软件商提供的软件仅仅能满足我们规划中的前两个阶段需要，在细化餐饮成本控制和连锁管理方面就不敢恭维了。

很多餐饮企业也就是因为选择失误导致后期重复投资，为了避免出现这种信息化建设不能与企业发展同步的问题，在选择软件商的时候我们严格把关，通过后期与软件服务商的多次沟通、演示与测试，最终选定了上海石川的餐饮信息化软件，作为×××的信息化建设长期合作伙伴。石川公司南宁分公司鞠总很重视与×××的这次合作，亲自参与了从软件规划到实施的整个过程。

（2）运用无线点菜器，下单到厨房

为了提高出品的速度与增加服务人员对客服务的时间，我们改无线点菜器下单来替换以前的传统手工下单，当服务员为客人点菜完毕就立刻可以通过无线系统传到厨房，平均节约下单时间 3 分钟，服务员也不必为下完单还要传单而烦恼，解决了下单慢和丢单的情况，服务人员可以把更多的时间用在为客人提供服务上，让服务质量也随之提高。

改用无线点菜器不仅提高了下单速度，还有效地解决了以前客人催菜的问题，因为通过厨房打印出的点菜单上有精确的下单时间，厨房制作人员可根据下单时间的先后顺序依次制作和出菜，即使有个别客人需要催菜，也可以通过点菜器直接操作。

对个别供应数量有限的菜品我们提前进行了销售数量设定，在点菜的时候就可以清楚地知道哪些菜品已经售完，方便及时与客人沟通，更换其他菜品。（因为目前实施的是第一阶段，在第三阶段实施的时候可以实现动态库存与动态菜单，操作会更精准。）

（3）增设出菜控制监督，及时出菜

在就餐高峰点单频率高的时候，难免会有打印机缺纸和操作中掉单的情况，即使只是千分之一的失误，也可能造成客人的投诉，影响到我们的服务质量。为此特别在出菜的时候增设了出菜扫描项目，由传菜员负责对发出的菜品进行编码扫描，当有同类菜出现先点未上的情况时，系统就会提醒。当有菜品超出出菜上限时间而未上的时候也会及时提醒，通过这样环环相扣、环环监督，有效解决了出菜问题。

（4）设定管理权限，杜绝跑冒滴漏

餐饮管理软件系统本身只是一套工具，要达到为餐饮企业服务，真正提升管理效益，还需要合理的运用与实施才行。导入餐饮企业管理系统可以为餐饮企业梳理优化出一套高效的操作流程，但流程的有效实施不仅与流程设定本身的合理性有关，还取决于制度的监督力度。

一套不好的制度可以让好员工变坏，一套好的制度会让不好的员工变好，好员工更好！在实施软件管理的同时，不仅是要教会企业的员工如何操作，还要通过制定一套完整的信息化模式、操作流程把整个新的模式固化下来，这样才能确保在今后的运用中操作不变形。

在收银环节，我们设定了普通收银员的权限、收银领班的权限以及经理的权限，对一些打折、退菜、抹零统一收归经理处理，并在软件中保存有相应的操作记录。

（5）仓库信息化让进销存更清晰

仓库是餐饮企业食品原材料与成本费用进出的核心关口，也是规范计划下单采购与供应商管理的基础，仓库管理的成败将直接决定企业盈利能力与生存状况。导入仓库信息化管理后，以前要好几天内才能出的报表现在随时可以在系统中调用，以前经常是根据库存的货物来修改数据，现在是根据账目去检查货物，不仅盘点更精确，仓库管理工作也更轻松了，以前4个人都忙不过来的任务现在2个人就可以轻松完成。

（6）运用数据报表进行经营决策

我们经常说，精确细化就是数字化，以前我们说管理靠经验、靠感觉，但是在当今精确细化、信息化时代，数据的价值来源于运用，数字、数据的运用程度和运用能力直接决定了管理人员管理水平的高低。

在实施阶段，根据不同的部门选取相对应的报表进行分析交流，比如调用员工促销的清单进行绩效考核数据运用，调用菜品销售记录进行菜品淘汰管理与新菜研发，调用仓库库存记录与生产预估进行仓库存货预警分析等。我们一致认为，只有餐饮连锁管理人员数据分析运用能力得到提升，才能真正实现由传统的"粗放式、模糊式、经验式经营"向"精细化、流程化、连锁规模化经营"的完美过渡。

　　实施结果：信息化管理从实施至今半年多，先由一家店的尝试到5家店面的全面实施，完成了当初设定的阶段性目标，提高了整个公司员工的对客服务质量，杜绝了跑冒滴漏的财务管理漏洞。

　　×××信息化目前已完成了第一阶段的实施，在此阶段成功的背后有软件实施公司的全力支持，还有×××高层领导的全力配合。记得有一次我们在做培训的时候，碰巧李总要出差，但是他们还是坚持和员工一起参加完培训才赶去机场。这种全力以赴配合的态度是这次信息化实施成功的关键，也为接下来几个阶段的成功实施奠定了良好的基础。

（资料来源：03964.com）

（二）思考题

1. 说明信息技术在餐饮成本控制中应用的必要性。
2. 简述餐饮成本控制信息化流程。

二、本章闯关测试

　　详细说明餐饮企业餐饮成本控制信息系统（单店）的主要功能。

第九章 餐饮企业期间费用控制

引 言

餐饮企业借助一定的环境和设施向客人出售食品和服务,无论是食品的制作还是向客人提供餐饮服务的过程,都是通过人来完成的。企业在生产经营过程中除食品原材料成本以外,还要发生人工成本、能源成本、餐具损耗、棉织品消耗、费用支出等。本章着重介绍人工成本控制、能源成本控制、餐具损耗率控制、棉织品消耗控制等期间费用控制。

学习目的

全面了解、领会、掌握餐饮企业期间费用控制的内容、方法。
1. 熟悉人工成本、能源成本、餐具损耗率、棉织品消耗、期间费用控制的含义。
2. 掌握人工成本控制策略。
3. 掌握人工成本分析指标体系。
4. 掌握能源成本控制的内容和方法。
5. 掌握餐具损耗率控制的内容和方法。
6. 掌握棉织品消耗控制的内容和方法。
7. 掌握其他期间费用控制的内容和方法。

关键词

期间费用控制

第一节 餐饮企业人工成本控制

餐饮企业借助一定的环境和设施向客人出售食品和服务,无论是食品的制作还是向客人提供餐饮服务的过程,都是通过人来完成的。餐饮企业是劳动密集型和情感密集型的企业,人工成本占营业收入额的比重达 20% 左右,有的企业甚至达到 30% ~ 40%。我国餐饮企业降低劳动力成本的潜力是很大的。

一、人工成本控制概述

(一) 人工成本的含义及构成

1. 餐饮企业人工成本的含义

餐饮企业人工成本是指企业在一定时期内,在生产、经营和提供劳务活动中因使用劳动力而支付的所有直接费用和间接费用的总和。

(1) 狭义人工成本

狭义人工成本主要包括:基本工资、奖金、各种福利和补贴、各项社会保险、福利费、员工教育费、劳动保护费、工作餐费、制服费、员工住房费和其他人工成本费用等。除此以外,节日和年终企业发给员工的红包和礼物,也是人工成本。

(2) 广义人工成本

广义人工成本除了狭义人工成本以外还包括企业招聘员工的费用、借聘员工的费用,以及为员工举办的各种培训、职业教育等其他费用。

2. 人工成本的构成

按我国劳动部颁发的〔1997〕261 号文件规定,人工成本范围包括:职工工资总额、社会保险费用、职工福利费用、职工教育经费、劳动保护费用、职工住房费用和其他人工成本费用。其中,职工工资总额是人工成本的主要组成部分。

(1) 工资总额

员工工资总额指餐饮企业在一定时期内,以货币形式直接支付给本企业全部员工的劳动报酬总额。包括计时工资、计件工资、奖金、津贴和补贴、加班加点工资、特殊情况下支付的工资。

(2) 社会保险

社会保险费用指国家通过立法规定企业承担的各项社会保险费用,包括养老保险、医疗保险、失业保险、工伤保险、生育保险和企业建立的补充养老保险、补充医疗保险等费用。此项人工成本费用只计算用人企业缴纳的部分,不计算个人缴纳的部分,因为个人缴费已计算在工资总额以内。

(3) 员工福利费用

员工福利费用是指在工资以外按照国家规定开支的员工福利费用。主要用于员工的医疗卫生费、员工因工负伤赴外地就医路费、员工生活困难补助、文体福利事业补贴(包括集体、生活福利设施,如员工食堂、托儿所、幼儿园、浴室、理发室、妇女卫生室等,以及文化福利设施,如文化宫、俱乐部、青少年宫、图书室、体育场、游泳池、员工之家、老年人活动中心等)、物业管理费、上下班交通补贴等。

(4) 员工教育费

员工教育费是指企业为员工学习先进技术和提高文化水平而支付的费用。包括就业前培训、在职提高培训、转岗培训、派外培训、职业道德培训等方面的培训费用和企业自办大中专、职业技术院校等培训场所所发生的费用以及职业技能鉴定费用等。

(5) 劳动保护费

劳动保护费用是指企业购买员工实际使用的劳动保护用品的费用。如工作服、保健用品、清凉用品等。

(6) 员工住房费

员工住房费是指餐饮企业为改善员工居住条件而支付的费用。包括员工宿舍的折旧费(或为员工租用房屋的租金)、企业交纳的住房公积金、实际支付给员工的住房补贴和住房困难补助以及企业住房的维修费和管理费等。

(7) 其他人工成本费用

其他人工成本费用包括工会费,企业因招聘员工而实际花费的员工招聘费、咨询费、外聘人员劳务费,对员工的特殊奖励(如创造发明奖、科技进步奖等),支付实行租赁、承租经营企业的承租人、承包人的风险补偿费,解除劳动合同或终止劳动合同的补偿费用等。

(二) 影响人工成本的因素

人工成本的影响因素有外部的影响因素和内部的影响因素两种。

1. 外部影响因素

外部影响因素包括当地的经济发展水平与居民生活水平、劳动力市场的供求关系、国家相关的法律法规和政策等。

2. 内部影响因素

内部影响因素包括食品原材料加工烹制工作量,菜肴品种数量,厨房、餐厅的布局、机械化程度、服务形式、菜肴的销售量、培训等。

(三) 人工成本控制的内容

人工成本的控制并不是简单地将人工成本降到最低,人工成本控制的主要目的是提高劳动效率。在确定合理的人工成本标准后,应通过合理定编,合理排班,适当培训和激励等管理手段有效降低人工成本,提高服务质量。

二、人工成本控制策略

餐饮企业为降低劳力成本,提高经济效益,可采取下列方法来控制人工成本:

(一) 制定科学的劳动定额

劳动定额是指餐饮企业员工在一定营业时间内应提供的服务或应生产制作的

餐饮食品数量的规定。科学的劳动定额应根据餐饮企业确定的服务或食品质量标准及工作难度等内容来制定。

餐饮企业通常按各工种的上班时间来确定其劳动定额,如厨师、洗碗工等岗位的定额大多以每天 8 小时来确定,通常要求厨师在 8 小时内烹制 80～120 份菜点。而服务人员的劳动定额则按早、午、晚三餐营业时间来确定,如早餐 2 小时、午餐 3 小时、晚餐 4 小时等,一般要求餐厅服务人员每小时接待 20 位点菜客人。酒吧服务人员的劳动定额也应按实际营业时间来确定。

(二)配备适量的员工

在制定各岗位科学的劳动定额的基础上,餐饮企业应根据各自的规模、营业时间、营业的季节性等因素来配备适量的员工。企业可以按每月、每周或每天的营业量来配备员工,但应经过一定时间的试验期以使员工的配备更具有准确性。在试验期内,企业应记录每天或每餐的营业量,以判断各岗位员工的实际生产效率是否符合预先规定的劳动定额,从而做出增减员工的决定。

特别提示

引入职业生涯计划概念

在应聘者进入餐饮企业时应根据其个性特点、岗位性质量身设计职业生涯计划。如果在应聘者进入餐饮企业时,就让其有了职业生涯的概念,让其对未来有一份憧憬,那他们就会为餐饮企业的发展和自己的发展坚定地留下来,为自己的职业生涯而努力。

(三)合理排班

餐饮企业的工作岗位较多,且工作性质各异,因此,员工的班次安排必须适应餐饮经营的需要。应根据企业的营业量及有关员工工作时间的法律规定灵活、合理地排定班次。餐饮企业的常见班次有一班制、两班制、三班制及间隔班(跳班)等。企业管理人员在排班时,应在满足餐饮经营需要的前提下,既要发挥员工的潜力,又要考虑员工的承受能力和实际困难,还需符合《中华人民共和国劳动法》的有关规定,在提高员工工作效率的同时,保障员工的身心健康。

三、人工成本控制标准

人工成本控制标准可分为质量标准和数量标准两类。

(1)质量标准的建立。本企业员工工作质量标准的制定是建立在本企业经营特色与充分了解顾客市场性质的基础之上。为忙于公事的商业顾客和急于赶路的购物者供应简单快餐的餐馆与为公司高级职员供应商业性的、高级餐式的餐馆或餐厅所建立的工作质量标准是完全不同的。前者无须过多的服务,而后者要为顾客提供周到和具有一定档次的服务。显然,后者工作质量标准的建立要复杂得多。

(2) 数量标准的建立。数量标准指一定时间内完成某种质量水平工作的次数,管理人员必须决定每小时、每餐、每天、每名员工的工作数量。目前世界上已有许多技术可用来制定数量标准,但一般来说,具有重复性的工作比较容易建立数量标准。例如,在流水线上,每个人负责一项任务,运用时间和动作研究方法就能计算出每小时做这种工作的次数。运用这种方法的关键在于该工作的重复性及制成品的不易腐烂性。

餐饮产品具有易腐烂变质和不可存储的性质,再加上厨房生产的任务很大程度上依赖于顾客需求,以及生产人员的工作也不像流水线上的工人一小时接一小时,一天接一天地做重复的工作(菜单可能每天有所变动),因此,数量标准的建立就变得复杂了。

一些快餐经营者,已经利用典型的工业企业里使用的技术,采用时间和动作分析建立数量标准。他们生产某种事先分量化的快餐食品,冷冻并存放起来待售。像汉堡包这类食品甚至可以在流水线上生产。但是,许多餐馆或餐厅却不能采用流水线的方法生产,那些在某种程序上使用的,也只适合于有限的人员(大多为固定成本人员)。因此,餐饮经营者必须寻找其他的方法建立工作的数量标准。

餐饮企业常用的方法是通过对一段时间内不同的销售量所需人力的观察,找出在该时间内完成某销售量的配比关系,从而制定出人工成本控制的数量标准。这个标准就是人工小时数,即每类工作完成其某个预测的工作所需的人员时间数。例如,假定 3 小时午饭时间有 500 名顾客就餐,需要 8 名服务员,那么所需的人工小时数计算如下:

8×3(小时) $= 24$ 人工小时数

这个 24 人工小时数就是午饭期间为 500 名客人提供服务的标准,任何超过 24 人工小时数的人员安排都表明在工作安排中的低效率,少于 24 人工小时数的人员安排则可能给顾客提供了劣质的服务。

这样,管理人员就可以为不同销售量水平建立起一个人工小时表(见表 9-1),把它与销售量预测结合起来,对于尽可能有效地预测人工数和安排人员是很有帮助的。

表9-1 ×××餐饮企业每日标准人工时间与实际人工时间表

日期：	星期：	餐次：	预测顾客的人数：	
人员分类	标准人工时间数	实际人工时间数	差异	原因
服务人员				
洗涤工				
配菜工				
□				
□				

四、人工成本的指标体系

人工成本分析指标体系主要分为三类：一是人工成本总量指标；二是人工成本结构性指标；三是人工成本的效益指标。

(一) 人工成本总量指标

人工成本总量指标反映的是企业人工成本的总量水平。

不同企业员工人数不同，因此，常用人均人工成本来反映企业人工成本水平的高低。该指标可以显示本企业员工平均收入的高低，企业聘用一名员工大致需要多少人工成本支出，企业在劳动力市场上对于人才的吸引力有多大等。人均人工成本能够表示企业员工的工资和保险福利水平，也就能作为企业向劳动力市场提供的劳动力价格信号。企业要提高员工的劳动积极性、吸引高素质的劳动者到企业来，就需要建立人均人工成本指标，以便企业对人工成本水平进行更全面的分析和控制，以有利于企业的生产发展。

(二) 人工成本结构性指标

人工成本结构性指标是指人工成本各组成项目占人工成本总额的比例，它可反映人工成本投入构成的情况与合理性。其中，工资占人工成本的比重是结构性指标中的主要项目。

(三) 人工成本的效益指标

人工成本效益指标(人工成本分析比率型指标)是人工成本分析的核心指标，是企业进行人工成本分析控制常用的指标，是一组能够将人工成本与经济效益联系起来的相对数。人工成本效益指标包括劳动分配率、人事费用率、人工成本利润率、人工成本占总成本比重指标。其中劳动分配率、人事费用率为主要指标。

(1) 劳动分配率，是指人工成本总量与增加值的比率。表示在一定时期内新创造的价值中用于支付人工成本的比例。它反映分配关系和人工成本要素的投入产出关系。

(2) 人事费用率,是指人工成本总量与销售(营业)收入的比率。表示在一定时期内企业生产和销售的总价值中用于支付人工成本的比例。同时也表示企业员工人均收入与劳动生产率的比例关系、生产与分配的关系、人工成本要素的投入产出关系。它的倒数表明每投入一个单位人工成本能够实现的销售收入。

(3) 人工成本利润率,是指人工成本总额与利润总额的比率。它反映企业人工成本投入的获利水平。

(4) 人工成本占总成本的比重 = (人工成本总额÷总成本) ×100%。

人工成本占总成本的比重,反映活劳动对物化劳动的吸附程度,这一比值愈低,反映活劳动所推动的物化劳动愈大,反之,活劳动所推动的物化劳动愈小。该指标用于衡量企业有机构成高低和确定人工费用定额。

五、确定劳动生产率

餐饮企业衡量劳动生产率的指标主要有两个:一是劳动生产率;二是劳动分配率。劳动生产率用于衡量企业中平均每位职工所创造的毛利。

提高劳动生产率的首要因素是要培训员工树立经营理念,积极开拓市场,节约开支,提高企业的毛利;其次是要合理地安排员工的班次和工作量,尽可能减少职工的雇用数量,减少员工无事可干的时间,减少人工费用。

标准生产率可通过两种方法来制定,具体如图9-1所示。

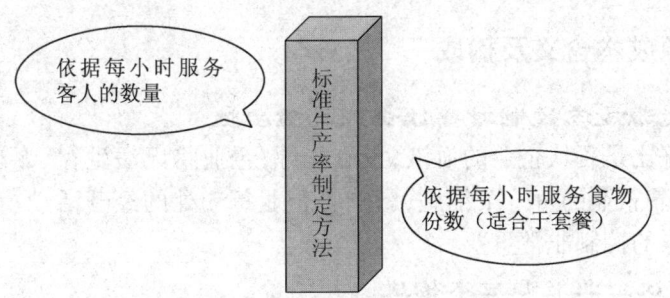

图9-1 标准生产率制定方法

图9-1中所示的两种方法都可以算出服务员工的平均生产率,以此可以作为排班的根据。

根据标准生产率,配合顾客数量的不同进行人工分配,分配时需注意每位员工的工作量及时数是否合适,以免影响工作质量。

怎样合理安排餐厅动线

餐厅动线是指顾客、服务员、食品与器皿在餐厅内流动的方向和路线。

顾客动线应以从大门到座位之间的通道畅通无阻为基本要求。一般来说，餐厅中顾客的动线采用直线为好，避免迂回绕道，任何不必要的迂回曲折都会使人产生一种人流混乱的感觉，影响或干扰顾客进餐的情绪和食欲。餐厅中顾客的流动通道要尽可能宽敞，动线以一个基点为准。

餐厅中服务人员的动线长度对工作效率有直接的影响，原则上越短越好。在服务人员动线安排中，注意一个方向的道路作业动线不要太集中，尽可能除去不必要的曲折。可以考虑设置一个"区域服务台"，既可存放餐具，又有助于服务人员缩短行走路线。

第二节 餐饮企业能源成本控制

随着能源费用投入的不断增加，餐饮企业的利润空间被进一步压缩，企业运营的压力越来越大。很多餐厅的经营者已经注意到了节能在企业运营中的重要性，纷纷采取各种措施节能。

一、能源成本含义及构成

（一）能源成本控制对餐饮企业的重要性

能源就好比是餐饮企业的血液，没有能源，企业将无法生存、无法运转。可以说，能源牵动着企业的每一个细胞，影响着企业每一处的经营活动。因此，加强对企业能源成本的控制非常重要。

（二）餐饮企业能源成本构成

餐饮企业能源成本主要包括水费、电费、燃料费，能源成本是餐饮企业成本控制中一项重要工作，能够合理有效地控制能源，就可以减少能源浪费，提高利润。

二、餐饮企业能源成本控制

（一）水费控制

（1）根据操作的需要，各部门安装不同类型的水龙头。比如，炉灶使用专门的开合式水龙头，砧板使用易开式水龙头，洗手池最好使用按压式或感应式水龙头。

(2)控制冲水量及冲水时间,随时关紧水龙头。

(3)洗涤原料的时候要讲方法,先浸泡,再冲洗。冻肉要提前拿出来化冻,不要到用时才取出用热水冲来化冻。

(4)每日要检查水管是否有漏水现象,水龙头是否有关不紧现象。如有问题及时报工程部或请专业人员维修。

每天盘点用水量,参照营业额比例判断用水量是否合理,如有不合理之处应及时查明原因并做出改进计划。

(二)电费控制

(1)厨房的照明可以分成两组,非营业时间可以只开一组。

(2)根据经营量的多少决定开鼓风和排气设备的时间。

(3)各种电力加工设备用完后要及时关闭开关,避免无效工作,浪费电量。

(4)定期检查空调设备的冷凝器、蒸发器,请专业人士清理上面的污垢,保证空调设备正常运行,减少耗电量。

(三)燃料费控制

大多数餐饮企业都是以燃料来加工食品的,因此燃料费属于经常性支出费用。应根据食品制作需要的标准时间,合理使用燃气炉制作食品。

一般燃气使用主要是在厨房,使用者是厨师,因此餐饮企业经营者要对厨师用气进行控制,节约用气。可以让厨师采用以下6种方法来节约用气。

(1)合理调整燃具开关大小。在烧水时火焰应尽可能开大,以焰不蔓出锅壶底部为宜;在煮饭或烧菜时,在水烧开以后应将火调小并盖上锅盖。

(2)防止火焰空烧。炒菜前要先做好准备工作,以防点燃火以后手忙脚乱;水烧开以后应将火关灭以后再提开水壶,防止提去水壶忘记关火;不要先点燃火以后才去接水放锅。

(3)调整好炉灶。发现火焰是黄色或冒烟应及时处理,因为此时炉灶的热效率较低,可调整风门,清理炉盘火头上的杂物,检查软管或开关是否正常,检查锅底的位置是否合适(不要使它压在火焰的内锥上),还应设法避免穿堂风直吹火焰。

(4)尽可能使用底面较大的锅或壶。因为底面大,炉灶的火可开得大些,不但锅的受热面积大,灶具的工作效率也高。

(5)烧热水时尽量利用热水器。因热水器的热效率大大高于灶具,用热水器烧热水可比用灶烧节气三分之一,同时还节省时间。

(6)改进烹调方法。改蒸饭为焖饭,改用普通锅为高压锅,省时省气。

(四)制定厨房节能措施

(1)不要过早地预热烹调设备,通常在开餐前15~20分钟进行。

(2)某些烹调设备,如烹调灶、扒炉和热汤池柜等,暂时不需要它们工作时,应关闭开关,避免无故消耗能源。

(3)油炸食品时,应先将食品外围的冰霜或水分去掉以减少油温下降的速度。

(4)用煮的方法制作菜肴时,不要放过多的液体或水,避免浪费热源。

(5)烤箱在工作时,每打开1秒钟,其温度会下降华氏1度。

(6)油炸食品时,最好用一重物按压食品,从而加快烹调速度。

(7)带有隔热装置的烹调设备,不仅对厨师健康有益,还节约了能源。通常,它会提高食物的烹调效率,节约25%的烹调时间。

(8)在烤制用锡箔纸包裹的食物时,要注意烤制的先后顺序,这样可以节约大量的热源,因为通常烤制锡纸包裹的食物会节约75%的热效能。

(9)定时清除扒炉下破碎的石头。

(10)连续和充分地使用烤箱可以节约许多热源。

(11)食物摆放在烤箱中时,应使被烤食物保持一定距离,一般的间隔距离是3厘米,以保持热空气流通,加快菜肴的烹调速度。

(12)厨房中使用的各种烹调锅都应当比西餐灶的燃烧器的尺寸略大些,这样可充分利用热源。

(13)向冷藏柜存放食品或从冷藏柜拿取食品时,最好集中时间,以减少打开冷藏箱的次数。

(14)不需要冷热水时,一定要将水龙头关闭好。

(五)餐饮企业常用的能源成本控制表格

能源使用情况表(见表9-2)。

表9-2 ××餐饮企业能源使用情况表

项目	月份	1	2	3	4	5	6	7	8	9	10	11	12	备注
照明电	本月抄表数													
	上月抄表数													
	本月耗电数													
	照明电总价													

续表

月份\项目		1	2	3	4	5	6	7	8	9	10	11	12	备注
动力电	本月抄表数													
	上月抄表数													
	本月耗电数													
	动力电总价													
空调用电	本月抄表数													
	上月抄表数													
	本月耗电数													
	空调电总价													
水	本月抄表数													
	上月抄表数													
	本月用水数													
	水费总价													
燃气(煤气、天然气)	本月抄表数													
	上月抄表数													
	本月耗用燃气数													
	燃气总价													
其他	其他总价													
费用合计														
营业收入额														
占营业收入额(%)														

三、以预算为标准,实施能源成本控制

能耗的控制采用预算控制的方法,可按照营业收入的一定比率(能耗率),测算预算期的能耗费用,并每月将其作为实际发生额的控制指标。能耗率一般可以

通过历史资料分析,得出经验数值,如10%左右。

(一)预算期内能源费用

餐饮企业变动费用是随着接待业务量(或营业额)的增减而变化的,如燃料(煤气)、水电费、洗涤费、日常维修费等一般均按消耗定额计算,但对水、电、燃料等能源消耗量较大的费用也可用其他计算方法:

(1)根据前几年水、电、燃料能源费用的消耗实际数,分析费用消耗的合理性,据此确定预算期内水、电、燃料等能源费用。其计算公式为:

餐饮企业餐饮部水、电、燃料能源费 $= X \times (1 + r) \times (1 - \triangle N)$

式中:X 为上年餐饮部水、电、燃料能源实际消耗数;r 为预期内营业收入增减百分比;$\triangle N$ 为预算期内水、电、燃料能源费用降低率。

(2)按部门营业收入额百分比分摊。其计算公式为:

餐饮部、水、电、燃料能源费用 $= X \times Y \times (1 - \triangle N)$

式中:X 为上年全企业水、电、燃料能源费用实耗数;Y 为各部门预算营业收入额占全店营业收入额百分比;$\triangle N$ 为预算期内水、电、燃料能源费用降低率。

(二)实施能源成本控制

餐饮企业水、电、燃料(即能耗)是餐饮成本的几大开支项目,要严格加以控制。由于接待业务量不同,能耗的开支也不同,一般通过编制费用预算进行控制。在确定每月标准费用消耗额时,要结合餐饮淡旺季节特点合理分配,其计算方法为:

某项费用月度标准消耗额 = 该费用年度预算总额 × 季节指数

为了确保水、电、燃料费用控制在月度消耗标准之内,企业需要真实记录每月实际发生的水、电、燃料费用,并将实际发生额与月度消耗标准进行比较,编制差异分析表(见表9-3)。如有差异,仔细分析原因,并采取有效的措施加以改进,并且考虑实施相关的奖惩措施。

表9-3 ×××餐饮企业水、电、燃料费用差额分析表

单位:元

项目	年度预算①	月度指标②	单价③	月实际消耗量④	月度标准费用⑤=①×②	实际费用⑥=③×④	成本差异⑦=⑥-⑤
水费							
电费							
燃料费							
合计							

【例题9-1】某旅游饭店餐饮部某年能耗费用的年度预算及6月份实际用量,见表9-4。

表9-4 某饭店餐饮部水、电、燃料费用差额分析表

单位:万元

项目	年度预算	6月份指数	单位成本	6月用度数(万吨/万度)	标准费用	实际发生额	成本差异	合计
水费	3	9.24	0.18	1.5	0.2772	0.2772	-0.0072	-101.80(元)
电费	15.8	9.24	0.22	6.637	1.45992	1.4599	+0.00022	
燃料	18	9.24	0.20	8.3	1.6632	1.6632	-0.0032	

从表9-4可以看出,该饭店餐饮部某年6月份水、电、燃料费用出现有利差额,节约101.80元,电费超支2.2元,为不利差异。

餐饮店的水、电及燃料成本控制

水、电及燃料费用是餐饮店经营成本中比重比较大的一部分,控制水电及燃料成本对于控制经营成本有着重要的作用。餐饮店的水、电及燃料费用控制一般有下述几种方法:

(1)加大水、电及燃料的日常管理力度。餐饮店经营者在日常的经营管理活动中,应加强对水、电及燃料的日常管理,具体的措施有:

教育员工养成节约用水、用电的习惯。餐饮店节水、节电的关键在于员工,因此,经营者应教育并督促员工养成节约用水、用电的习惯,如随手关闭水龙头,待客人全部离去后关闭空调等。

加强对水电及燃料设备、设施的保养。餐饮店的设施、设备等坏了再修理,一是难度大,二是费用高(耗能大),所以设施、设备管理的关键在于保养,要预防出毛病。这就要求厨师、服务人员在日常使用设施、设备时应严格按规程操作,而设备维修人员应不断巡查,以便在设备出现小毛病时即修好,严禁跑、冒、滴、漏现象的存在。

(2)编制年度预算。餐饮店的水、电及燃料消耗较大,一般可根据前一阶段水、电、燃料消耗的实际费用来确定未来某一时期内(一般为年度)的费用。

(3) 编制月度消耗标准。根据年度水、电及燃料费用预算,餐饮店应编制各项费用的月度消耗标准,用计算公式表示为:

某项费用的月度消耗标准 = 该项费用年度预算总额 × 季节指数

季节指数是利用百分比反映某项费用的季节变化规律,使各季节应分摊的水、电及燃料费用更加合理。

季节指数应根据近年来各季(或各月)企业实际发生的水、电及燃料费用来确定,即首先计算各季(或各月)的总平均额,然后计算各季(或各月)在总平均额中的百分数,该百分数即为季节指数。季节指数高,说明该季(或该月)是旺季,而季节指数低,则说明该季(或该月)是淡季。

(4) 定期进行费用差异分析。为确保餐饮店的水、电及燃料消耗控制在月度消耗标准之内,应认真记录各项费用的实际消耗量,并与标准对照,如发现有差异,应进行仔细的分析,找出产生问题的原因,并采取有效的控制措施。

第三节 餐饮企业餐具损耗率控制

一、餐饮企业餐具的特征

餐具可分为瓷餐具、玻璃餐具、银餐具三类。餐具的体积小,易携带,而且其种类繁多,小到筷箸、调匙,大到餐盒、碟子,因此容易导致非正常流失。例如,仅一位吃西餐的客人可能使用的餐具就有:各种调匙,如汤匙、咖啡匙、甜点匙;各种刀叉,如鱼刀、肉刀、面包刀、黄油刀及叉;各种餐盘,如水果盘、沙拉盘、鱼肉盘;各种盆碟,如黄油碟、海鲜盅、分格蔬菜盆。如此复杂的餐具,若堆放、保管不当,服务人员动作不当,客人使用不当,或洗碗间洗涤不当,都会造成餐具损耗。此外,餐具以瓷器为主,容易打碎。

二、餐具用量定额控制

在保证餐厅正常运营的情况下,尽可能少的餐具备货可减少资金的占用,也可以减少过多的餐具备货可能带来的损耗和管理成本。因此,餐厅应备多少餐具,应按定额管理的方法,根据餐桌的数量以及上座率等指标确定。

假定某餐厅有 200 个餐位,分 25 桌,其餐具定额计算如表 9-5 所示。

表9-5 ××餐饮企业餐具定额计算表

种类	数量	200个餐位供需量	25桌供需量	每餐两次翻台率（备用2套）
摆台：每个餐位				
3英寸(1英寸=2.54厘米)骨碟	1	200		800
中号口汤碗	1	200		800
三号汤勺	1	200		800
筷架	1	200		800
筷子(双)	1	200		800
水杯	1	200		800
配备：每个餐位				
3英寸骨碟	4	800		3200
饭碗	1	200		800
白酒杯	1	200		800
葡萄酒杯	1	200		800
6英寸冷菜盘	1	200		800
6英寸热炒盘	1	200		800
每个餐桌				
9英寸大菜盘	1		25	100
汤盘	1		25	100
大号炖盘	1		25	100
小号煲	2		50	200
大号汤勺	1		25	100

三、根据行业和企业实际情况制定餐具损耗率

餐饮企业餐具的损耗也是费用支出的重要项目。餐具在使用过程中,总会有一些损耗。这些损耗作为经营的耗费进入经营费用,从收入中得到补偿。每当餐

具发生损耗,需要补充时,按照新补充餐具的实际成本计入当期的费用。餐具极易丢失和损坏,控制不好,会造成费用的大幅度上升。为了降低损耗率,需要对这些物品实行管用结合的办法,制定出合理损耗率作为控制依据,损耗率的计算公式为:

$$餐具损耗率 = \frac{餐具损耗}{营业收入} \times 100\%$$

根据经验或历史资料,餐具损耗率一般控制在 0.5% 以下。在编制预算和费用控制时,可以用餐具损耗率来测算餐具损耗费用,并将其作为日常经营时的控制标准。如月营业额 100 万元,则餐具损耗费用应控制在 100×0.5% =5000(元)。为此要建立餐具损失统计表,员工损坏餐具要如实填上,并按合理损耗率进行考核。

四、餐具管理制度要点

(1)餐厅设立餐具台账,记录餐具的领用、损耗,以掌握各类餐具使用、库存及损耗、添置情况,如表 9-6 所示。

表 9-6　×××餐饮企业餐具台账

餐具:

日期	领入	损耗	结余

(2)对贵重的餐具,如银餐具要由专人保管。使用时要办理出借手续,如填写餐具暂借单,经餐厅或厨房管理人员的批准签字后方可使用。使用完毕后及时归还,并办理归还手续,以加强控制,如表 9-7 所示。

表 9-7　×××餐饮企业餐具暂借单

借用时间		归还时间	
用途			
品名	数量	品名	数量
1		6	
2		7	

续表

借用时间		归还时间	
3		8	
4		9	
5		10	

主管签名： 借用人：

除贵重餐具以外的餐具如有送餐、出借餐具等情况时，必须填写"送餐记录表"（见表9-8），送收双方核定并签字确认。餐具回收时，回收人需认真核对记录表，如有餐具短缺时，由借用方负责赔偿。

表9-8 ×××餐饮企业送餐记录表

日期：

接单人	下单时间	送餐人	送达时间	送餐客房确认
收餐人	收餐时间	餐具确认	收餐客房确认	领班、主管确认
		齐□ 否□		
餐具名称	数量	餐具名称		数量
备注：				

主管签字： 借用人：

（3）定期盘点做到账实相符。定期核对餐具实存数与台账结余数量是否相符。在发生餐具短缺时，填写餐具报损表，如表9-9所示。

表9-9 ×××餐饮企业餐具报损表

日期	品名及规格	单位	数量	报废原因

为保证经营,要根据短缺的数量及时申购补充至正常的备用量。

五、餐饮企业餐具损耗责任制

(一)洗碗间员工

洗碗间员工在洗刷餐具之前应先检查各餐厅(或楼面)撤回的餐具是否有破损,将破损餐具挑出,及时查找餐厅(或楼面)当事人,并做好书面记录,由责任人、责任人领班及楼面经理签字确认,月末由洗碗间负责人交管事部进行统计扣罚。

(二)餐厅(或楼面)员工

餐厅(或楼面)员工在将刷洗干净并经消毒的餐具取回餐厅前需对餐具进行检查,如果发现有破损的立即挑出,由洗碗间员工负责破损餐具的赔偿;若已取回餐厅发现有破损,则由餐厅负责人对破损餐具进行赔偿,流程同上。

(三)厨房各部门(各档口)人员

厨房各部门(各档口)人员到洗碗间取餐具时,需检查餐具是否破损,如有破损,应将破损餐具挑出,及时查找洗碗当事人,并做好书面记录,由责任人及厨师长签字确认,月末各部门(各档口)负责人交管事部进行统计扣罚。

(四)服务员

服务员传菜时和服务时必须检查所取餐具是否有破损,如有破损应送回厨房,由厨师长落实相关部门(档口)责任人,由责任人和厨师长、餐厅(或楼面)经理签字确认后交管事部存放,其他程序同上。

(五)相互监督

各环节需按规定进行日常监督,如因监管检查不严而使该破损餐具流入到本岗位,在不能确认上一环节的前提下,视为自身责任。

六、制定餐具赔偿及处罚标准

(1)各区域员工自己打破的餐具,由该员工自己赔偿。

(2)客人打破的餐具,开具相应的单据,由客人进行赔偿。

(3)员工自己打破的餐具不如实做记录或私自处理者,按餐具价格的十倍进行惩罚性罚款。

(4)各班组餐具如有具体责任人的,破损或丢失后由直接责任人负责全额赔偿。

(5)对于新餐具破损经共同鉴定不影响使用的不予赔偿,彻底损坏或丢失需进行100%的赔偿。

(6)对于三年以上的老瓷器如在瓷器破损率之内,不予赔偿。如超出企业当月规定破损率,按一定比例赔偿。

（7）凡餐具无故消失，则由相应的班组总人数按人均进价100%赔偿。

（8）所有赔偿单据经相关人员签字后统一汇总至管事部，由管事部按月度、班组的不同进行存档处理，此档可保存1年。

餐具损耗原因

餐具损耗是指餐饮企业在生产经营过程中，由于各种原因造成的餐具损坏或流失。

餐具损耗原因较为复杂，有客观的合理损耗，有餐具本身的质量问题造成的损耗，也有人为因素造成的损耗。要做好餐具管理工作，降低餐具损耗，必须先认识餐具损耗的原因。餐具损耗的原因通常有以下几个方面：

（1）管理制度不完善。餐具的采购、验收不严格，导致餐具质量不过关；餐具的使用、保管随意性大，导致餐具损耗。

（2）洗涤设备落后、不配套，导致餐具损耗。

（3）员工主人翁意识不强，服务技能差，或者不遵守操作规程，导致餐具损耗增加。

（4）餐厅控制不严，导致客人将餐具带出餐厅。

第四节　餐饮企业期间费用控制

餐饮企业期间费用支出占营业收入比例很大，及时、有效地监督和控制企业生产经营过程中的费用支出，是提高企业效益的重要途径。

一、期间费用内容

期间费用是在一定会计期间发生的，与生产经营没有直接关系和关系不密切的销售（营业）费用、管理费用、财务费用等。期间费用不计入主营业务成本，直接体现为当期损益。

（一）销售（营业）费用

销售（营业）费用是指餐饮企业营业部门在经营过程中发生的各项费用。

按经济内容划分，销售（营业）费用的内容包括运输费、装卸费、包装费、保管费、保险费、燃料费、水电费、展览费、广告宣传费、差旅费、邮电费、洗涤费、物料消耗、修理费、低值易耗品的摊销、折旧费以及营业部门人员的职工薪酬、工作餐、服装费和其他营业费用等。

(二) 管理费用

管理费用是指餐饮企业为组织和管理经营活动而发生的费用以及由企业统一负担的费用。按其经济内容划分,管理费用的内容包括公司经费(指企业行政部门的行政人员的职工薪酬、工作餐费、服务费、办公费、差旅费、会议费、物料消耗以及其他行政经费)。劳动保护费、董事费用、外事费、租赁费、咨询费、审计费、诉讼费、排污费、绿化费、土地使用费、土地损失补偿费、技术转让费、研究开发费、税金、燃料费、水电费、折旧费、无形资产摊销、低值易耗品摊销、开办费摊销、交际应酬费、坏账损失、存货盘亏和毁损、上级管理费以及其他管理费用。

(三) 财务费用

财务费用是指餐饮企业筹集经营所需资金等而发生的费用。包括利息支出(减利息收入)、汇总损失(减汇总收益)、金融机构手续费、加息及筹资发生的其他费用。

二、期间费用控制

(一) 棉织品成本控制

棉织品在餐饮企业中又被称为布件,它是指餐饮企业内所有能多次洗涤、使用的布制品总称,主要包括台布、围裙、手巾、口布、员工制服、窗帘、椅套、坐垫等。

棉织品成本要在各个环节上进行控制,这里主要从使用、保养、洗涤、处理四个环节作简单介绍。

1. 棉织品的使用成本控制

对棉织品使用成本的控制主要体现在用量控制上。餐饮棉织品使用量大,特别是台布、手巾、口布,相对储存量也较大。因此,对棉织品的用量加以控制对降低成本有重要意义。

(1) 确定棉织品用量。

① 在用量。在用量是指餐饮部已经领取的数量,满足企业早、中、晚餐厅上座率为100%时的周转需要的棉织品。

② 备用量。备用量是指存放在仓库的棉织品数量,它们是为在用棉织品的更新、补充等而准备的。一般每件餐桌台布等的储备标准最少是五套:三套在餐厅,一套在洗涤,一套在仓库。

(2) 控制棉织品的用量。

① 定期盘点。定期盘点是指定期对棉织品进行盘点,随时掌握棉织品用量库存状况。对棉织品的盘点应当是全面的,不但要盘库存量或餐厅存放量,还要盘存正在洗涤的棉织品,并将盘点结果填入"棉织品盘点表"(见表9-10)。

表 9–10　×××餐饮企业棉织品盘点表

日期：

棉织品名称	额定量	餐厅		洗涤		库房		盘点总数	报废数	补充数	差额数	备注
		定额	实盘	定额	实盘	定额	实盘					
台布												
围裙												
手巾												
口布												
员工制服												
窗帘												
椅套												
坐垫												

负责人：　　　　　　　　　　　　　盘点：

② 更新控制。织品配备好后，必须按规定的更新期更新。

(3) 使用方法控制。使用方法的正误也会影响到棉织品的成本。如果使用方法不当，会大大缩短棉织品的使用寿命。

2. 棉织品的保养成本控制

棉织品的保养贯穿于使用到储存的整个过程当中，棉织品的保养成本主要指棉织品保养所需要的成本及棉织品因保养不当而带来的成本。对棉织品的保养成本的控制包括对保养不当的成本控制和日常保养的成本控制。

3. 棉织品的洗涤成本控制

棉织品的洗涤成本包括能源耗用成本，还包括不正确的洗涤方法和程序带来的棉织品成本。要控制洗涤成本，主要应从棉织品的洗涤方法和程序着手。

(1) 选择合适的洗涤原材料，如水质、洗涤剂的选择。

(2) 选择合适的洗涤方法（分类洗涤法、去渍法、合理脱水法、恰当烘干法、科学熨烫法等）。

4. 棉织品的处理成本控制

棉织品在使用过程中难免会发生破损或出现一些黄色斑、黑色油污等污迹，即使没有破损或污迹，由于长期使用、洗涤、晾晒等，也会让棉织品的颜色变得暗淡而显得陈旧。对这类棉织品必须报废。

（1）建立完善的餐饮棉织品报废制度。
①建立统一的报废标准。
②制作统一的"棉织品报废表"（见表9-11）。

表9-11　×××餐饮企业棉织品报废表

日期：

棉织品名称	报废原因	报废数量
	申报人：	申报日期：
	填表人：	审批人：

③由专人填写棉织品报废表。
④实行分批报废制。
（2）合理处置报废的棉织品。

（二）有效控制房屋租赁费

餐饮企业房屋租赁费必须每月支付，是一项比较大的费用。餐饮企业可以用以下方法控制房屋租赁费。

（1）延长营业时间。房屋租赁费是固定成本，因此可以通过延长营业时间来分解每小时的利用率。

（2）增加餐数，如早餐、早茶、午餐、午茶、晚餐、夜宵等，增加收入。

（3）提高翻台率。提高翻台率也就是提高餐饮上座率，可以增加有效用餐客人数，从而增加餐饮企业收入。

（4）开外卖窗口。餐饮企业如果店面比较大，可选择开外卖窗口，卖自己企业的食品。但一定要注意不要影响到企业的整体形象，不能造成喧宾夺主的效果，那将是得不偿失的。

（5）处理好与房东的关系。

（6）房屋租赁费交付时间。租金交付尽量不要年交，最好是半年交、季交，因为如果由于经营不善或其他原因导致餐饮企业无法经营下去时可能需要退租，这就会造成违约，需要交付违约金，从而浪费资金，增加成本费用。

（三）合理设置广告费

餐饮企业根据自己的实际情况选择最佳时间、最佳广告方式进行广告促销，以扩大影响、吸引顾客。这对降低广告促销费用是最佳方法。

（四）有效控制停车费

许多餐饮企业都是租用停车场来为就餐客人免费提供停车服务，需要支付租用停车场的费用。因此，企业必须有效控制停车费。

（五）有效控制设备修理费

餐饮企业的各种设备在损坏时会产生设备修理费。因此，企业所有员工在平时必须注意设备的保养，减少修理次数，从而减少设备修理费。

三、期间费用控制方法

（一）预算控制法

预算控制法是以预算指标作为经营支出限额目标的方法。预算控制是以分项目、分阶段的预算数据来实施成本控制的。具体做法是，把每个报告期实际发生的各项成本总额与预算指标相比，在接待业务量不变的情况下，要求成本不能超过预算。当然，这里首先要有科学的预算指标，餐饮企业一般会编制滚动预算，这样可以使预算具有较大的灵活性，更加切合实际情况。

期间费用控制的作用就是将日常开支的各种费用纳入既定的轨道，对每一项费用在经营年度开始之前，根据销售预算中预计的业务量，按一定的方法测算出预算年度该费用应该发生的金额，作为今后该费用实际发生时的控制依据。

费用预算的测算有两种，一种是定额法，另一种是费用率法。

（1）定额法

定额法是按照业务量和标准成本来测算费用。例如人工成本，有关人员的工资、福利费、工作餐、工作服及洗涤费用等都可按照预计的用人数、级别与各标准成本计算。客人用品也可按照销售预算中就餐人次数与人均消费标准加以测算。

（2）费用率法

所谓费用率是指某项费用与销售额的比率，其计算公式为：

$$某项费用的费用率 = \frac{费用}{销售额} \times 100\%$$

用费用率法进行费用预算时，将销售预算提供的预算销售额乘以某费用率，就得到该费用的预算额，如：假定能源费用率为10%，而下一年的预算销售额为2000万元，则能源费用为 2000×10% = 200（万元）。

（二）主要消耗指标控制法

主要消耗指标是对餐饮企业成本有着决定性影响的指标。主要消耗指标控制，也就是对这部分指标实施严格的控制，以保证成本预算的完成的方法。控制主要消耗指标,关键还在于规定这些指标的定额,定额本身也应当切实可行。一般企业都制定原材料消耗定额、餐具损耗率、物料消耗定额、能源消耗定额、经营费用开支定额等。定额一旦确定后就应严格执行。在对主要消耗指标进行控制的同时,还应随时注意非主要消耗指标的变化,使成本控制在预算之内。

(三) 制度控制法

制度控制法是利用国家及餐饮企业内部各项费用管理制度来控制成本开支的方法。如各项开支消耗的审批制度,日常考勤的考核制度,设备实施的维修保养制度,各种材料物资的采购、验收、储存、领发制度等。成本控制制度还应包括相应的奖惩办法,对于降低成本费用有显著效果的要予以重奖,对成本费用控制不力造成超支的要给予惩罚。只有这样才能真正调动员工节约成本、杜绝浪费、降低消耗的积极性。

(四) 定额控制法

费用定额控制是指采用科学的方法,经过调查、分析和测算,制定在正常经营条件下应该实现的费用定额。它是对各项费用规定一个绝对金额作为定额,以此对费用支出进行控制。在具体执行过程中,又有两种方法:第一种是支出不能超过某个定额数,一旦达到定额后财务部门不予支付,这也称为绝对限额指标控制;第二种是用下达费用指标的方法来实行定额控制,即以是否超过指标来衡量费用支出情况的好坏,并根据指标完成情况及时进行调整和控制。

(五) 费用率控制法

费用率也称为"费用水平",是费用总额占餐饮企业收入的百分比,它表明每百元收入中有多少元是费用。费用率高低在一定程度上能够衡量费用开支所带来的经济效益。费用率越低,节约成绩越大,经济效益越高,费用控制水平越好。反之,费用控制效果不好。

费用率控制就是核定一定时期各部门费用水平应该是多少,并作为目标指标执行,将实际完成的费用率与目标费用率进行差异分析,同时与奖惩制度挂钩,以此来调动员工节约费用、提高经济效益的积极性。

知识拓展

餐饮企业期间费用控制的意义

在餐饮企业营业收入、原材料成本固定的情况下,降低期间费用即意味着餐饮企业利润的增加。因此,加强餐饮企业的期间费用控制,对于提高餐饮企业的经济效益具有十分重要的意义。从另一角度来看,期间费用控制的好坏也直接影响餐饮企业的定价水平。如期间费用控制不佳,就必须提高餐饮产品的售价,以达到盈利的目的。但提高餐饮产品的定价水平，必然会使企业在激烈的市场竞争中处于不利地位。

 课后练习

一、案例分享与思考
（一）案例分享

企业主动寻求节能降低成本

背景介绍：

北京羊大爷餐饮管理有限公司董事长蔡世红在接受记者采访时说，涮肉餐厅使用的炉灶不同于其他中餐企业，改造的难度较大，程序复杂，但"羊大爷"一直在寻求使用节能设备。目前，餐厅已经改造了一批灶头，相比过去的设备，总体可以节约天然气约40%。除此之外，"羊大爷"还在试验新型的涮锅，节约木炭等投入。

北京田源鸡餐饮有限公司董事长杨素青已经尝到了使用节能设备的甜头，她说："餐厅更换节能设备后，每月可以节约天然气费用达30%。假设餐厅每月使用天然气需要花费6000元，现在只要花费4000元。更换每个炉灶的费用大概只需两个月的时间即可回本。"

聚德华天控股有限公司党委书记朱玉岭在提起节能蒸箱时认为，企业当初大力推行节能设备绝对是明智之举。据了解，聚德华天旗下的庆丰包子铺共有100多家门店，现在已有约30%的门店使用节能蒸箱。相比过去的蒸箱，这种蒸箱采取抽屉式设计，可以节约天然气成本达50%，每年可以节约100多万元人民币。他还表示，在今后的一至两年中，庆丰包子铺要将全部门店都改换成节能设备。

与庆丰包子铺一样，晋阳饭庄的招牌菜香酥鸭也需要蒸箱制作，节能蒸箱对其成本的降低也起到一定作用。据晋阳饭庄总经理卢文海介绍，更换节能设备后，仅珠市口一家门店每月就可以节约能源费用2000多元。

问题呈现：
（1）餐饮企业为何主动寻求节能降成本？
（2）餐饮企业可以从哪些环节进行能源费用的控制？
（资料来源：北京商报，2009-04-30）

（二）思考题
1. 餐饮企业人工成本包括的内容有哪些？
2. 餐饮企业如何加强对人工成本的控制？
3. 结合企业实际情况，可以从哪些环节进行能源费用的控制？
4. 简述餐饮企业期间费用控制方法。

二、本章闯关测试

餐饮企业餐具损耗由员工赔偿

背景介绍:李小英到××餐饮企业上班,做中餐厅服务员,第一个月,他不小心打碎了一个骨瓷碟子,结果当月工资被扣了25元钱。因为是自己的错误,李小英也没有在意。之后,李小英一直谨慎工作,没再出过什么问题。但是到第六个月领工资的时候,他发现工资莫名其妙被扣了15元钱,于是向财务人员询问。财务人员解释,由于这个月餐具的损耗非常高,平摊下来每人都扣了15元钱。李小英觉得很不公平,自己的工作没有失误,也没有给企业造成任何损失,但是还是得分担损失,那以后自己打破几个盘子碗的也没关系了。餐厅主管解释说,虽然餐具损耗要平摊到每个人头上,但是实际企业已经承担了大部分。每个月餐厅损耗额只要不超过营业收入的0.5%,都是由企业承担。超过0.5%的部分首先确定责任,如果责任在客人,就由客人来赔偿;如果责任在某个员工,就由该员工来赔偿;无法确定责任的,才会由员工(包括管理人员)平均分摊。

问题呈现:

(1) 由服务员平均分摊餐具损耗是否合适?

(2) 餐饮企业可以采取哪些措施降低餐具损耗?

第十章 餐饮成本指标及分析

引 言

餐饮企业餐饮成本计算是餐饮成本控制的基础，为了进一步寻找餐饮成本控制中的漏洞，采取餐饮成本控制的措施，有必要进行成本分析，这也就需要更多详细的餐饮成本和期间费用的信息。本章着重从餐饮成本率、餐饮成本分析报表、标准成本率的确定方法、实际成本率与标准成本率的差异分析等方面进行阐述。

学习目的

全面了解、领会、掌握餐饮企业餐饮成本指标及分析的内容。
1. 掌握餐饮成本率。
2. 掌握餐饮成本分析报表的内容、餐饮成本差异的计算、餐饮成本差异的责任、产生餐饮成本差异的原因等。
3. 掌握餐饮企业标准成本率的确定方法。
4. 掌握餐饮企业实际成本率与标准成本率的差异分析。

关键词

餐饮成本指标及分析

第一节 餐饮成本率

餐饮成本率是指餐饮成本和销售额二者关系的概念，它是餐饮成本与餐饮销售额之比，是餐饮成本控制最重要的指标。不同档次和风格的餐饮企业的餐饮成本率有很大差异。

一、餐饮成本率的计算

餐饮成本中的主要成本率的计算公式为:
(1) 餐饮成本率 = (餐饮成本 ÷ 餐饮销售额) × 100%
(2) 食品成本率 = (食品成本 ÷ 食品销售额) × 100%
(3) 饮料成本率 = (饮料成本 ÷ 饮料销售额) × 100%
(4) 人工成本率 = (人工成本 ÷ 总销售额) × 100%

【例题10-1】×××餐饮企业20××年度损益表(见表10-1)。

表10-1 20××年度损益表
×××餐饮企业
单位:万元

项目	本期金额	上期金额
营业收入	1092.00	
食品销售额	780.00	
饮料销售额	312.00	
减:营业成本		
食品成本	390.00	
饮料成本	156.00	
营业税金及附加	61.15	
销售费用	26.00	
营业费用	65.52	
人工成本	220.58	
其他费用	49.87	
折旧费	100.00	
营业利润	22.88	
利润总额	22.88	

根据表10-1,该企业20××年度的餐饮成本率如下:
(1) 餐饮成本率 = (餐饮成本 ÷ 餐饮销售额) × 100%
 = 546 ÷ 1092 × 100% = 50%(狭义餐饮成本率)

(2) 食品成本率 =（食品成本÷食品销售额）×100%
        = 390÷780×100% = 50%
(3) 饮料成本率 =（饮料成本÷酒水销售额）×100%
        = 156÷312×100% = 50%
(4) 人工成本率 =（人工成本÷总销售额）×100%
        = 220.58÷1092×100% = 20.20%

二、广义餐饮成本率的参考值

(1) 食品原材料（食品、饮料）成本。我国当前食品原材料（食品、饮料）成本率在30%～38%，成本率最低可达25%，最高可达45%。

(2) 人工成本。目前我国餐饮业中，人工成本率能控制在16%～20%。人工成本超过30%的企业很可能无法生存。

(3) 酒水和烟成本。酒水和烟等直接加价出售的产品，其成本率一般在30%左右。

(4) 营业性税金。营业性税金的成本率一般为7%～8%。

(5) 能源动力成本。燃料、水费、电费，其成本率一般在7%～14%。

(6) 物料用品成本。物料用品成本率一般为1.4%左右。

(7) 销售费用。销售费用成本率一般为2.5%。

(8) 交际费。交际费成本率一般为1.6%左右。

(9) 清洁用品。清洁用品成本率一般为1.6%左右。

(10) 维修费用。维修费用成本率一般为1.8%左右。

(11) 不可预见费用。不可预见费用成本率一般为5%左右。

(12) 其他支出费用。其他支出费用成本率一般为3%左右。

(13) 企业管理费用。办公用品、电话费、交通费、会费、培训费等管理费用和财务费用成本率为3.8%。

(14) 折旧与分摊费用。一般装饰费用成本率为1.5%，餐具消耗成本率为1.6%，融资费成本率为2%；另外还有房租费、设备及加盟费等费用。

(15) 折旧费是固定的每月摊入成本费用。

第二节 餐饮成本分析报表

一、餐饮成本日报表的分析

某餐饮企业食品成本日报表的分析，见表10-2。

表 10-2 某餐饮企业食品成本日报表的分析

××年6月1日~××年6月30日   单位:元

日期	直拨厨房	库房领料	内部调拨		员工用餐	招待用餐	其他扣除	食品成本		营业收入		食品成本率	
			调入	调出				当日	累计	当日	累计	当日(%)	累计(%)
1	22 272	26 556	750	522	420	1536		47 100	47 100	100 213	100 213	47.00	47.00
2	5520	18 380	1500	540	420			34 440	81 540	71 750	171 962	48.00	47.42
3	4560	2580	0	1860	420			27 968	109 500	54 823	226 787	51.00	48.28
4	29 520	24 564	1326	270	360			54 780	164 280	133 609	360 396	41.00	45.58
5	4032	23 784	348	1698	360			26 106	190 386	49 256	409 652	53.00	46.47
6	6672	26 616		1110	420	3192		28 566	218 952	58 298	467 951	49.00	46.79
7	5808	25 056	1872	528	420			31 908	250 740	71 274	539 224	44.60	46.50
29	39 720	26 592	1680	408	420			67 164	1 113 86	151 704	2 349 812	44.27	47.40
30	3360	21 720	0	138	420			23 022	1 136 808	121 510	2 471 322	18.95	46.00

表中内部调拨为食品和饮料之间的相互调拨。

当日食品成本 = 直拨厨房 + 库房领料 + 调入 - 调出 - 员工用餐 - 招待用餐 - 其他扣除 - 余料出售

上式中由于员工用餐和招待用餐都不直接产生营业收入,所以根据会计配比原则,要从营业成本中扣除,应记入营业费用及管理费用。

在"当日食品成本"中没有扣除当日厨房中尚未用完的食品原材料,而根据原材料耗用与营业收入的配比原则,凡当日未用完的原材料因未成为当日的食品销售出去而形成收入,应当从当日的成本中扣除,但如果每日下班后进行盘点,工作量将增大,所以每日的成本计算时,可将其忽略不计。为了使成本计算尽可能准确,厨房应尽最大的可能做到计划性生产,按计划需求领料、买料,避免原材料过剩而产生浪费。

二、餐饮成本月报表分析的内容

(1) 餐饮成本差异。餐饮成本差异是反映实际消耗的成本与标准成本的差异,本期消耗的成本与历史成本的差异,从而找出成本的差异。

(2) 餐饮成本差异的责任。分析造成餐饮成本差异的地方和责任所在。

(3)餐饮成本差异的原因。分析造成餐饮成本差异的原因,找出餐饮成本泄漏的环节,便于管理人员确定改进的措施以杜绝漏洞。

三、餐饮成本月报表分析

餐饮成本月报表较简洁,能帮助管理人员一目了然地掌握餐饮企业的经营和餐饮成本控制概况,但要进一步分析成本差异的状况、责任和原因,还必须编制餐饮成本和营业分析报表。这个报表应该包括以下信息:

(1)本期整个企业、库房和各餐厅、酒吧的食品饮料消耗总额。

(2)本期整个企业总成本净额以及各餐厅和酒吧的食品成本净额。这些数据可通过整个企业和各餐厅的原材料消耗总额加(减)成本调整额和扣除额而得。

(3)企业本期的总收入以及各餐厅、酒吧的营业收入。

(4)本期实际成本率、标准成本率以及去年同期的成本率。

(5)各餐厅和酒吧本月以及去年同期的销售情况。

【例题10-2】某旅游饭店20××年×月食品成本和营业收入分析报表(见表10-3)及×××餐饮企业月食品营业收入分析表(见表10-4)。

表10-3　×××旅游饭店月食品成本和营业收入分析表

日期:20××年5月　　　　　　　　　　　　　　　　　　　　　单位:万元

项目	总计	食品库房	中餐厅	宴会厅	咖啡厅
月初库存额	239.94	163.16	34.55	17.66	24.57
本月采购额	193.47	106.41	33.08	16.26	37.72
库存领料额	129.18	(129.19)	44.84	31.50	23.24
包括员工餐厅领料	(29.60)				
月末实际库存额	226.39	135.83	34.41	32.33	23.82
本月食品消耗总额	207.03	133.74	78.06	33.10	61.71
转食品的饮料成本	6.27		0.75		5.52
转饮料的食品成本	2.13	1.46	0.12	0.12	0.43
客房赠客水果	4.65		3.89		0.76
招待用餐	10.72	1.54	3.38	1.61	4.19
员工工作用餐	42.08		1.58	0.90	10.00
包括员工餐厅成本	(29.60)				

续表

项目	总计	食品库房	中餐厅	宴会厅	咖啡厅
其他杂项扣除	4.41	0.36	1.55	1.25	1.25
扣除总额		3.36	10.52	3.88	16.62
库房丢失及损坏	(1.20)				
本月食品成本净额	149.33		68.30	29.22	50.61
本月食品营业收入	377.88		158.71	83.13	136.04

成本率分析	总计		中餐厅		宴会厅		咖啡厅	
	本月	去年同期	本月	去年同期	本月	去年同期	本月	去年同期
实际成本率(%)	39.52	38.75	43.03	42.50	35.15	35.50	37.21	36.6
实际销售比例(%)	100	100	42.00	40.37	22.0	21.16	36.0	38.46
标准成本率(%)	35		40		30		33	
标准销售比例(%)	100		40		25		35	

表 10-4 ×××餐饮企业月食品营业收入分析

日期:20××年5月　　　　　　　　　　　　　　　　　　　　　　　　单位:万元

项目	本月销售状况				去年同期销售状况			
	销售收入	客人数	平均消费额	座位数	销售收入	客人数	平均消费额	座位数
中餐厅				200				200
早餐	15.87	8181	19.40	200	14.62	8034	18.20	200
午餐	13.33	3809	35.00	200	13.48	3964	34.00	200
晚餐	18.41	4545	40.50	200	15.43	3955	39.00	200
合计	47.61	16 535	28.79	200	43.53	15 953	27.29	
宴会厅				60				60
午餐	8.48	1767	47.99	60	8.00	1777	45.02	60
晚餐	16.46	2913	56.50	60	14.81	2733	54.19	60
合计	24.94	4680	53.29	60	22.81	4510	50.58	

续表

项目	本月销售状况				去年同期销售状况			
	销售收入	客人数	平均消费额	座位数	销售收入	客人数	平均消费额	座位数
咖啡厅				100				100
早餐	11.02	3148	35.00	100	11.16	3280	34.02	100
午餐	11.81	2799	42.19	100	11.98	2958	40.50	100
晚餐	17.98	3721	48.32	100	18.34	4012	45.71	100
合计	40.81	9668	42.21	100	41.48	10 250	40.47	
总计	113.36	30 883	36.71		107.82	30 713	35.11	

四、餐饮成本差异的计算

餐饮企业进行的成本差异分析主要是对实际成本与标准成本的差额进行分析，其计算公式为：

成本差异 = 实际成本 - 实际销售额 × 标准成本率

在表 10-3 的实例中，成本差异为：

149.33 - 377.88 × 35% = 17.07(万元)

五、餐饮成本差异的责任

在计算成本差异额后，要确定产生这些差异的部门，这样可将成本差异的责任追查到部门和负责人，以便找出原因和采取有力措施来加强泄漏点的控制。在表 10-3 的实例中，成本差异的责任可明确地追查到库房和各餐厅的厨房。

(一) 库房的库存短缺

引起成本差异的首要环节是库房库存的短缺。库房库存的短缺不完全是由于库房管理不善，它还涉及食品原材料的采购、验收、储存和发料等环节。

库存短缺的计算在第三章第五节中已经讲过，是账面库存额与实际库存额的差额，在表 10-3 的实例中，库房月末账面库存额应为：

月末账面库存额
= 月初库房库存额 + 本月库房采购额 - 本月库房发料总额
= 月初库房库存额　163.16
+ 本月库房采购额　+106.41
- 各餐厅、员工餐厅领料额　-129.18 = (44.84 + 31.50 + 23.24 + 29.60)
- 库房各项扣除额　-3.36 = (1.46 + 1.54 + 0.36)
月末账面库存额：　137.03(万元)

库存短缺额 = 账面库存额 − 实际库存额
$$= 137.03 - 135.83 = 1.20(万元)$$

库存短缺率 = $\dfrac{库存短存额}{发料总额} \times 100\%$

$$= \dfrac{1.20}{129.18 + 3.36} \times 100\% = 0.9\%$$

在成本差异总额中,有1.20万元是由于库存差异而致,它与库房发料的比例不足1%,说明该饭店餐饮的库存差异虽然引起成本加大,但仍属较正常的差异范围。

(二)厨房成本控制差异

各厨房在库存管理和食品生产的计划和控制中也会引起成本差异,在表10 − 3的实例中,中餐厅厨房的实际成本为:

中餐厅厨房的实际成本
= 月初中餐厅厨房库存额 + 本月直拨中餐厅厨房采购额 + 本月中餐厅库房领料额 − 月末中餐厅厨房库存额 + 调拨给食品的饮料成本 − 各项扣除额

= 月初中餐厅厨房库存额　34.55
+ 本月直拨中餐厅厨房采购额　+33.08
+ 本月中餐厅库房领料额　+44.84
− 月末中餐厅厨房库存额　−34.41
+ 调拨给食品的饮料成本　+0.75
− 各项扣除额　−10.52 = (0.12 + 3.89 + 3.38 + 1.58 + 1.55)

中餐厅厨房的实际成本:68.29(万元)

中餐厅成本差异额 = 68.29 − 158.71 × 40%
$$= 68.29 - 63.48$$
$$= 4.81(万元)$$

中餐厅成本差异率 = $\dfrac{4.81}{158.71} \times 100\% = 3.03\%$

用同样的方法计算出:

宴会厅成本差异额 = 29.22 − 83.13 × 30% = 4.28(万元)

宴会厅成本差异率 = $\dfrac{4.28}{83.13} \times 100\% = 5.15\%$

咖啡厅成本差异额 = 50.61 − 136.04 × 33% = 5.72(万元)

咖啡厅成本差异率 = $\dfrac{5.72}{136.04} \times 100\% = 4.20\%$

将上述数据整理后用表格表示(见表10 − 5),可以清楚地看出成本差异的责任。

表 10-5　×××饭店餐饮月成本差异责任分析表

项目	库房库存短缺	中餐厅成本差异	宴会厅成本差异	咖啡厅成本差异
成本差异额（万元）	1.20	4.81	4.28	5.72
本期成本差异率(%)	0.9	3.03	5.15	4.20
本期成本差异率与去年同期成本差异率的差异(%)		0.53	-0.35	0.61

这种成本差异分析能使管理人员清楚地了解各部门对成本差异所应承担责任的大小以及各部门的实际成本控制情况，从而找出造成成本差异的关键部门和关键环节。

六、产生餐饮成本差异的原因分析

（一）对库房库存短缺原因的分析

1. 采购、验收环节造成的库存短缺

采购、验收人员对购进的物资的质量控制不严，以次品充好品，会使库存原材料损坏率增加；对原材料数量控制不严，会使库房原材料短缺率增加；在验收处已办好验收入库手续的原材料未及时发到库房而被偷盗，也会使库房原材料消耗量增加。

2. 库房保管不当造成的库存短缺

库房保管员对储存条件控制不好，对库存物资的安排和循环使用管理不严，会使原材料损坏率增加；对发料控制不严，对未持领料单的人发料或未严格按领料单上的数量发料，使真正发料量超过领料单汇总的数额，会使库房库存产生差异。同时，库房管理不严造成库存物资被偷盗或被职工私用，都会使库存原材料短缺。

（二）对餐厅成本差异原因的分析

引起餐厅成本差异的环节很多，必须从各个环节上加以严格控制。

1. 直拨厨房的采购和领料控制

直拨厨房或从库房领来的原材料，如果在数量上控制不严，比如拨入厨房60公斤原材料，实际只有50公斤，则每公斤原材料的真正成本会增加。如果对领入厨房的原材料在质量或档次上控制不严，会使加工生产过程中的折损率增加，则生产过程中需要使用的原材料数量也会增加。

2. 厨房库存管理

厨房库存最难管理，往往因无专人管理和不上锁，最易被"顺手牵羊"。直拨采购的食品原材料易坏性大，如不及时使用，损坏会增加，会使原材料损耗量人为提高。

3. 生产管理

由于生产计划不周,预测不准,造成生产数量过剩,造成原材料的浪费。

在生产过程中,对加工切配折损率控制不严,对原材料综合利用不够,从而使耗用原材料的数量增加。

烹调过程中没有按"标准菜谱"的烹调办法生产或烹调技术不高,造成菜品质量不合格,带来客源减少和顾客退菜率增加,从而使成本率提高。

(三) 销售管理差异分析

1. 销售结构差异

如果餐厅对高价菜和酒水推销不力,让毛利低的菜比例过高,会使餐厅或餐别的成本率提高。同样,在总销售额相同的情况下,成本率低的餐厅或餐别的销售比例减少,会使企业综合成本率提高。

在表10-3的实例中,该饭店三个餐厅(中餐厅、宴会厅、咖啡厅)的实际综合成本率为:

$$该饭店餐饮实际综合成本率 = \frac{149.33 - 1.2}{377.88} \times 100\%$$

$$= 39.2\%$$

如果各餐厅实际成本率仍然不变,按标准销售比例计算,综合成本率为:

$$综合成本率 = 43.03\% \times 40\% + 35.15\% \times 25\% + 37.21\% \times 35\%$$

$$= 39.02\%$$

比实际综合成本率低 0.18% (39.20% - 39.02%)。

由于销售结构差异引起的成本差异额为:0.68万元(377.88 × 0.18%)。

2. 客源和人均消费额差异

尽管营业成本是变动成本,但不完全是有规律地成正比例变化。一般餐厅营业收入减少会使成本率提高。人均消费额影响营业收入和餐厅的毛利。人均消费额低会导致成本的提高。在表10-3的实例中企业的人均消费额为:

$$该餐饮企业人均消费额 = \frac{113.36}{30\ 883} \times 100$$

$$= 36.71(元)$$

此数值虽略高于上一年度,但因每年的物价均呈上涨趋势,因而人均消费额仍需继续提高。

3. 餐饮推销和销售控制

搞好餐饮推销和销售控制是增加销售、提高毛利、降低成本的重要因素。

(四) 员工用餐成本控制差异分析

员工用餐对食品和酒水的耗用量很大,如果对员工用餐成本控制不好,会使食品酒水的总消耗量增加,并使员工用餐费用增加。对员工用餐成本的控制,必须首先确定平均每位员工每天的标准用餐成本,然后核算实际成本,加以对照控制。

【例题10-3】某旅游饭店20××年×月员工餐厅用餐实际成本额的核算方法如表10-6所示。

表10-6 旅游饭店员工餐厅用餐实际成本额的核算方法

日期:20××年×月   单位:万元

月初员工餐厅库存额	7.12
本月直拨员工餐厅采购额	+4.85
本月库房领料额	+8.88
月末员工餐厅库存额	-7.37
本月员工餐厅用餐实际成本额	13.48

该旅游饭店有员工145人,每人每天平均用餐标准成本为30元,员工用餐人均成本差异是多少?

$$员工用餐人均成本差异 = \frac{实际员工用餐成本数}{员工人数 \times 天数} - 每天人均用餐标准成本$$

$$= \frac{134\,800}{145 \times 30} - 30 = 1.00(元)$$

员工用餐实际成本总额与标准成本总额的差异是多少?

员工用餐实际成本总额与标准成本总额的差异

= 实际员工用餐成本额 - 员工人数 × 天数 × 每天人均用餐标准成本

= 134 800 - 145 × 30 × 30

= 0.43(万元)

如果该旅游饭店没有员工餐厅,员工用餐究竟要花费多少成本,有时难以区分。有的企业按工每天每人的标准成本从客人用餐成本中扣除。这样,如果对员工用餐不加以严格的成本控制,实际成本的超额部分就会被吸收在客人的用餐成本之中,构成餐饮部客人餐饮成本加大的一个重要因素。因此,餐饮企业必须单独设置员工餐厅。

(五)其他扣除项目成本的控制

耗用餐饮原材料的还有许多其他项目。例如管理人员接待与本企业有业务关系的各机关部门和重要人物;对重要客户的宴请;为营业推销而进行的各种赠客食品饮料活动;另外还有食品饮料的质量检验、厨师烹调技术考核等。如果对这些活动的成本控制不严或统计不细会引起餐饮成本的加大。为此必须采取措施加强控制:其一,各接待用餐和食品酒水的赠送要认真做好记录。其二,严格规定审批权和预算额。其三,进行成本效益评估,对这些活动的效益要进行评估,确保这些招待和推销活动必须有利于企业的营业开展,能够扩大企业的影响。其计算公式为:

$$成本效益评估 = \frac{推销后增加的营业收入 - 增加的成本费用}{推销用的餐馆成本}$$

第三节 餐饮企业标准成本率的确定方法

一、综合标准成本率分解法

综合标准成本率分解法是指以餐厅的目标经营利润为前提,定出综合标准成本率指标,其计算公式为:

综合标准成本率 = 1 - 经营利润率 - 经营费用率 - 营业税率

有的企业要求餐饮部分摊一定比例的管理费用,则上述公式中还要减去管理费用率。有些企业给予餐厅下达毛利率指标,则综合标准成本率指标其计算公式为:

综合标准成本率指标 = 1 - 毛利率指标

确定综合标准成本率指标后,再按从实践经验获得的标准销售比例分解到各餐厅和各餐别,要求各餐厅的标准成本率和标准销售比例相乘之和达到综合标准成本率。这种方法的优点是所确定的标准成本率能保证餐厅和企业达到利润指标。

【例题10-4】表10-3的实例中,某旅游饭店中餐厅、宴会厅、咖啡厅的标准销售比例分别为40%、25%、35%,综合标准成本率是35%,要达到35%的综合标准成本率,三个餐厅的标准成本率分别为$C1$、$C2$、$C3$。

$40\% \times C1 + 25\% \times C2 + 35\% \times C3 = 35\%$

管理人员根据各餐厅各菜点的特点、客源的性质、餐厅的档次和以前的成本率,确定各餐厅的成本率,并进一步调节,定出$C1$、$C2$、$C3$分别为40%、30%、33%,最终使综合标准成本率为35%。

$40\% \times 40\% + 25\% \times 30\% + 35\% \times 33\% = 35\%$

二、实际销售比例汇总法

实际销售比例汇总法首先要求统计每份菜点的销售数量,然后根据每份菜点的标准成本率和实际销售比例,汇总出综合标准成本率。

【例题10-5】某餐饮企业各种菜肴每份菜肴的标准成本率和销售比例见表10-7,计算出综合标准成本率。

表 10-7　某餐饮企业各种菜肴每份菜肴的标准成本率和销售比例

菜肴名称	每份菜肴成本（元）	售价（元）	每份菜肴标准成本率(%)	销售份数	销售比例(%)
A	7.84	28.00	28	650	15.70
B	7.70	22.00	35	388	9.40
C	6.40	20.00	32	806	19.50
D	9.12	24.00	38	865	20.90
E	7.00	28.00	25	384	9.50
F	7.20	30.00	24	292	7.00
G	9.36	24.00	39	745	18.05
总计/均值			32.94	4130	100

综合标准成本率 = ∑(每份菜肴标准成本率 × 实际销售比例)
= 28% × 15.70% + 35% × 9.40% + 32% × 19.50% + 38% × 20.90% + 25% × 9.50% + 24% × 7.00% + 39% × 18.00%
= 32.94%

这种方法的优点是能够较为科学地根据每份菜肴和每种餐别的标准成本率确定综合标准成本率。但不能反映由于销售结构差异所引起的成本差异。

这种方法得出的结果，与表 10-3 实例中的三个餐厅的标准成本率确定后，按照实际销售比例汇总得出的综合标准成本率会略有差异。中餐厅、宴会厅和咖啡厅的标准成本率分别为 40%、30%、33%，它们的实际销售比例分别为 42%、22%、36%，按照这些数据汇总出的综合标准成本率是：

综合标准成本率 = 40% × 40% + 30% × 22% + 33% × 36%
= 35.28%

三、标准销售比例汇总法

有的企业采用一段试验期，在掌握各种菜点的销售比例后，以此比例作为标准比例，再根据各种标准菜谱上的标准成本率一次性地算出各餐厅的标准成本率。同样，再根据试验期各餐厅在营业收入中的百分比和各餐厅的标准成本率相乘之和，确定企业的综合标准成本率。

【例题10-6】根据表10-3的数据,采用标准销售比例汇总法来确定中餐厅、宴会厅、咖啡厅的标准成本率分别为40%、30%、33%,经过试验期的测试,三个餐厅的销售额百分比为40%、25%、35%,以此百分比作为标准销售比例,计算出综合标准成本率。

综合标准成本率 = 40% × 40% + 30% × 25% + 33% × 35%
　　　　　　　 = 35%

根据试验期的销售情况确定的方法,可以一次性算出标准成本率,这样确定的标准成本率不仅能考核各餐厅成本控制的效果,还能考核餐厅销售高价菜或酒水的效果,考核毛利率高的餐厅的销售比例。

第四节　标准成本率与实际成本率的差异分析

一、根据销售预测确定餐厅和部门的标准成本率

(一)确定销售价格

根据不同的毛利率,分别测算出销售价格,其计算公式为:

销售价格 = 总成本 ÷ (1 - 毛利率)

以表4-4为例,计算"凤尾河虾"这道菜肴的销售价格:

销售价格 = 33.6 ÷ (1 - 50%)
　　　　 = 67.20(元)

再根据价格和成本,计算菜肴标准成本率。其计算公式为:

标准成本率 = (总成本 ÷ 售价) × 100%

餐饮成本控制部(组)将"标准菜谱配方"全部计算完毕后报餐饮部经理室,作为最终确定菜肴销售价格的参考。

(二)根据销售预测确定餐厅和部门标准成本率

餐厅和部门标准成本率的制定方法是以历史资料为基础,分别预测各餐厅主要食品、点心的销售收入,在此基础上来确定餐厅和部门的标准成本率,其计算公式为:

标准成本率 = (成本 ÷ 销售收入) × 100%

【例题10-7】根据销售份数统计表(表10-8),计算确定该餐厅食品标准成本率。

表10-8 某饭店风味厅6种食品成本、价格和销售份数统计

单位:元

菜肴名称	成本	售价	前5年销售份数					备注
			1	2	3	4	5	
水晶鳜鱼	20.26	40.52	3285	3103	3358	3248	3212	
香酥鸭子	12.48	31.20	3920	2884	306	2957	3103	
银耳鸭舌	15.64	31.28	2555	2520	2628	2738	2774	
凤尾河虾仁	16.71	33.42	3670	3680	3758	3802	4050	
刺猬圆子	3.59	7.93	7840	7895	8012	8212	5424	
蝴蝶海参	18.54	37.98	3066	3048	2898	4860	3669	

根据上述资料,先用移动加权平均法计算出预测销售份数,再算出风味厅标准成本率(见表10-9)。

表10-9 某饭店风味厅6种食品标准成本率试算表

单位:元

菜肴名称	成本	售价	销售份数	总成本	销售收入	标准成本率%
水晶鳜鱼	20.26	40.52	3167	64 163.42	128 326.84	52%
香酥鸭子	12.48	31.20	3198	39 911.04	99 777.60	40%
银耳鸭舌	15.64	31.28	2886	45 137.04	90 274.08	50%
凤尾河虾仁	16.71	33.42	4231	70 700.01	141 400.02	50%
刺猬圆子	3.59	7.98	8760	31 448.40	69 904.80	45%
蝴蝶海参	18.54	37.08	4175	77 404.50	154 809	50%
合计				328 764.41	684 492.34	48%

在实际工作中,根据食(菜)谱标准配方,按上述方法分别确定各餐厅的标准成本率,并在此基础上确定整个餐饮部(企业)的标准成本率。

二、计算实际成本率

(一)计算出实际成本

餐饮部每天统计各餐厅的实际成本发生额。食品实际成本的发生是从食品原材料的领用和加工处理开始的。

(1)采购部门和厨房每天必须对直拨厨房使用的食品原材料做好原始记录、编制原始凭证,其内容包括名称、实收数量、单价、成本金额、属于哪个餐厅使用等。当天将原始凭证送餐饮成本控制部(组),作为计算实际成本的原始记录。

(2)每天从仓库领用的食品原材料必须开具仓库领料单,当天必须将领料单送餐饮成本控制部(组),仓库领料单也是计算实际成本的原始凭证。

(3)如遇到领用太多而客源突然不足或突然发现某些原材料变质不能使用而需要转货等时,厨房必须开出支出凭证,当天送餐饮成本控制部(组)。

(4)各餐厅每天根据历史资料从仓库领取酒水、饮料时,必须开具领料单,当天将领料单送餐饮成本控制部(组),以便计算餐厅每天酒水、饮料成本的实际发生额。

(5)内部调拨时,必须开出内部转货支出凭证,送餐饮成本控制部(组)。

(6)根据上述资料,餐饮成本控制部(组)汇总当天每个餐厅的实际成本发生额,编制各餐厅每日成本日报表(见表10-10)。

表10-10 某旅游饭店食品成本日报表

____年___月___日 单位:元

餐厅	直拨厨房数	仓库领用数	内部调拨数		职工餐厅	营业成本		营业收入		实际成本率(%)	
			调进	调出		当日数	累计数	当日数	累计数	当日数	累计数
中餐厅	1300	1900	2200	120	300	4800	12 600	12 600	325 400	38.1	39.2
西餐厅	9200	4500	—		500	13 200	31 500	31 500	504 500	41.9	42.0
风味厅	1100	800	—		1000	18 000	56 400	56 400	1 500 000	32.0	31.0

计算餐饮成本时用到的恒等式为:

本期实际耗用 = 期初结存 + 本期直拨 + 本期领用 + 内部调进 - 内部调出 - 期末结存

（二）计算出餐厅营业收入

餐饮部每天统计各餐厅营业收入，为计算实际成本率提供依据。各餐厅收银员每天必须做好销售记录。餐饮成本控制部（组）每天根据销售记录编制餐饮部（企业）每日营业收入统计表。

（三）计算各餐厅的每日实际成本率

实际成本率计算公式为：

实际成本率 =（实际成本÷实际营业收入）×100%

以餐厅为基础，根据餐厅食品的销售收入和成本发生额计算餐厅每天食品的实际成本率；以餐厅为基础，根据饮料销售收入和成本发生额计算出餐厅每天饮料的实际成本率。最后汇总整个餐饮部（企业）的实际成本率。

三、实际成本率与标准成本率的差异分析

实际成本率超过标准成本率时，其成本差异就表现为正数，即为不利差异（逆差）；实际成本率低于标准成本率时，其成本差异就表现为负数，即为有利差异（顺差）。只有分析实际成本率与标准成本率差异产生的原因后，才能提出改进措施，切实控制成本消耗，提高管理水平。

【例题10-8】某旅游饭店餐饮部有6个餐厅，餐饮成本控制部（组）经过预算和加工测试，已制定出20××年××月的预算营业收入额和标准成本率（见表10-11）。

表10-11 某旅游饭店餐饮部各餐厅成本统计表

单位：万元

项目＼餐厅	合计	其中					
		中餐厅	西餐厅	风味厅	宴会厅	自助餐厅	咖啡厅
预算营业收入额	73.83	23.81	12.96	17.36	9.30	6.52	3.88
实际营业收入额	79.44	25.60	10.80	20.20	12.40	7.20	3.24
标准成本率（%）	—	45	50	41	40	42	30
实际成本率（%）	—	44	51	40	39	40	29

在经营过程中，发现餐饮部各餐厅的实际营业收入额、成本率与预算指标发生了差异，其分析见表10-12。

表10-12　某旅游饭店各餐厅成本差异额分析表

单位：万元

项目	实际成本	按预算营业收入额计算成本	标准成本	成本差额		
				预算成本差额	成本率差额	实际成本差额
中餐厅	11.26	10.48	10.71	0.78	-0.32	0.55
西餐厅	5.51	6.61	6.48	-1.10	0.13	-0.97
风味厅	8.08	6.94	7.12	1.14	-0.18	0.96
宴会厅	4.84	3.63	3.72	1.21	-0.09	1.12
自助餐厅	2.88	2.61	2.74	0.27	-0.13	0.14
咖啡厅	0.94	1.13	1.16	-0.19	-0.03	-0.22
合计	33.51	31.4	31.93	2.11	-0.53	1.58

（1）中餐厅实际成本 = 实际营业收入额 × 实际成本率
　　　　　　　　　　 = 25.6 × 44%
　　　　　　　　　　 = 11.26（万元）

（2）中餐厅按预算营业收入额计算的成本 = 预算营业收入额 × 实际成本率
　　　　　　　　　　　　　　　　　　 = 23.81 × 44%
　　　　　　　　　　　　　　　　　　 = 10.48（万元）

（3）中餐厅标准成本 = 预算营业收入额 × 标准成本率
　　　　　　　　　 = 23.81 × 45%
　　　　　　　　　 = 10.71（万元）

（4）中餐厅预算成本差额 = 实际成本 - 按预算营业收入额计算的成本
　　　　　　　　　　　 = 11.26 - 10.48
　　　　　　　　　　　 = 0.78（万元）

（5）中餐厅实际成本差额 = 实际成本 - 标准成本
　　　　　　　　　　　 = 11.26 - 10.71
　　　　　　　　　　　 = 0.55（万元）

（6）中餐厅成本率差额 = 按预算营业收入额计算的成本 - 标准成本
　　　　　　　　　　 = 10.48 - 10.71
　　　　　　　　　　 = -0.23（万元）

根据表10-12中的数据分析如下：

（1）营业收入差额。营业收入差额是由于销售量的变化而引起的。由于实际营业收入额比预算营业收入额有所增加，其中主要有中餐厅0.78万元，风味厅1.14万元，宴会厅1.21万元，自助餐厅0.27万元，从而引起实际成本增加2.11万元。

(2)成本率差额。整个餐饮部(企业)属有利差异,但其中西餐厅实际成本率比标准成本率增加了1%,因而使按预算营业收入额计算的成本比标准成本增加0.13万元。

(3)实际成本差额。实际成本差额是由于实际销售量和实际成本都发生了变化而引起的。实际成本超过预算标准成本1.58万元,其中,中餐厅0.55万元、风味厅0.96万元、宴会厅1.12万元、自助餐厅0.14万元。

当由于成本率提高而增加成本时,餐饮部(企业)应责成有关人员查明原因,及时采取措施,使成本控制落到实处。

【例题10-9】某饭店某餐厅某月实际成本43万元,标准成本45万元,营业收入为100万元。计算该饭店该餐厅该月的实际成本率和标准成本率。

$$实际成本率 = \frac{43}{100} \times 100\% = 43\%$$

$$标准成本率 = \frac{45}{100} \times 100\% = 45\%$$

该饭店的实际成本率比标准成本率低2%。一般来说,实际成本率与标准成本率的差额应控制在5%以下。

课后练习

一、案例分享与思考

(一)案例分享

1. 餐饮成本因素差异分析

背景介绍:中华大酒店中餐厅20××年标准营业成本为120万元。其标准单位原材料成本为40元/人,标准就餐人次为3万人,实际营业成本是126万元,实际单位原材料成本为45元/人,实际就餐人次为2.8万人。

问题呈现:试对该餐厅成本因素差异进行分析。

分析:

(1)求该餐厅实际营业成本:

实际营业成本 = 实际单位原材料成本 × 实际就餐人次
           = 45(元/人) × 2.8(万人次)
           = 126(万元)

(2)用标准单位原材料成本替代实际单位原材料成本:

营业成本1 = 标准单位原材料成本 × 实际就餐人次
         = 40(元/人) × 2.8(万人次)
         = 112(万元)

(3)用标准就餐人次进一步替代实际就餐人次:
营业成本2 = 标准单位原材料成本×标准就餐人次
= 40(元/人)×3(万人次)
= 120(万元)

(4)计算各因素的变动对变动结果的影响程度:
A 单位原材料成本因素的影响:
实际营业成本 - 营业成本1 = 126 - 112 = 14(万元)
即:该餐厅由于实际单位原材料成本高于标准单位原材料成本5元,使实际营业成本高于预算营业成本额14万元,超过了预算开支14万元。

B 就餐人次因素的影响:
营业成本1 - 营业成本2 = 112 - 120 = -8(万元)
即:该餐厅由于实际就餐人次比预算就餐人次少了0.2万人次,使实际营业成本低于预算营业成本额8万元,比预算节约了8万元。

由于单位原材料成本和就餐人次的两个因素的共同影响,该餐厅实际营业成本比预算标准营业成本增加了6万元(126 - 120)。

2. 对某餐厅的食品成本分析

背景介绍:某餐厅标准产品成本计算表(见表10 - 13)。

表10 - 13　某餐厅标准产品成本计算表

单位:元

菜肴名称	销售量	单位售价	销售额	单位标准成本	标准成本总额	标准成本率
A	150	100	15 000	65	9750	65%
B	66	58	3828	38	2508	65.5%
C	10	25	250	12	120	48%
合计			19 078		12 378	64.88%

表中 A、B、C 三种菜肴的标准产品成本率分别为65%、65.5%、48%,则平均标准成本率 $=\dfrac{12\,378}{19\,078}=64.9\%$。

例如,某餐厅20××年6月实际销售额为22 000元,实际成本为13 332元。

问题呈现:试分析该餐厅的成本因素。

分析:(1)实际成本与标准成本差异额:
13 332 - 12 378 = 954(元)

(2)实际成本率:

$\frac{13\ 613}{22\ 501} \times 100\% = 60.6\%$

(3)成本率因素对成本的影响:

$19\ 078 \times (60.6\% - 64.88\%) = -817(元)$

说明成本率的降低使实际成本比标准成本减少817元。

(4)销售额因素对成本的影响:

$(22\ 000 - 19\ 078) \times 60.6\% = 1771(元)$

说明销售额的增加,使成本增加1771元。

以上两个因素综合影响,导致实际成本比标准成本增加954元,即:

$-817 + 1771 = 954$ 元。

(二)思考题

1. 什么是餐饮企业成本率?
2. 餐饮企业如何进行对库房库存短缺原因的分析?
3. 餐饮企业如何进行对餐厅成本差异原因的分析?
4. 简要说明餐饮企业综合标准成本率的确定方法。

二、本章闯关测试

1. 餐饮企业如何进行实际成本率与标准成本率差异分析?
2. 对某旅游饭店餐饮部成本控制进行评价。

背景介绍:某旅游饭店餐饮部各餐厅收入、成本统计情况见表10-14。

表10-14 某旅游饭店餐饮部各餐厅收入、成本统计表

单位:万元

餐厅 项目	合计	其中					
		中餐厅	西餐厅	风味厅	宴会厅	自助餐厅	咖啡厅
预算营收额	147.66	14.62	25.92	34.72	18.60	13.04	7.76
实际营收额	158.88	51.2	21.6	40.40	24.80	14.40	6.48
预算标准成本	63.88	21.43	12.96	14.24	7.44	5.48	2.33
实际成本	67.02	22.53	11.02	16.16	9.67	5.76	1.88

问题呈现:请根据上述资料,对该餐饮部成本控制进行评价。

第十一章 餐饮企业经营效益分析

> **引　言**

餐饮企业经营效益是指企业在生产经营过程中所获得的效益。企业经营的目的就是要提高经营效益，要想提高企业经营效益，必须分析和掌握影响企业经营效益的有关因素，从中找出薄弱环节或症结所在，再确定切实有效的提高经营效益的方法。本章将从餐饮企业利润分析、餐饮企业财务盈亏临界点分析、餐饮企业发展能力的评价等方面进行详述。

> **学习目的**

全面了解、领会、掌握餐饮企业经营效益分析。
1. 掌握餐饮企业利润分析。
2. 掌握餐饮企业财务盈亏临界点分析。
3. 掌握对餐饮企业发展能力的评价方法。

> **关键词**

经营效益分析

第一节　餐饮企业利润分析

一、餐饮营业收入分析

（一）餐饮营业收入的概念和分类

1. 收入的概念

收入是指企业在日常经营活动中形成的、会导致所有者权益增加的、与所有者投入资本无关的经济利益的总流入。包括销售商品收入、提供劳务收入和让渡资产使用权收入。但收入不包括为第三方和客户代收的款项。

2. 餐饮营业收入的概念

餐饮营业收入是指餐饮企业在经营活动中由于提供劳务或销售商品而取得的收入。

3. 餐饮营业收入的分类

餐饮营业收入主要包括食品的销售收入、酒水的销售收入以及服务费。其中，酒水的销售收入包括硬饮料和软饮料的收入。

4. 销售商品收入的确认

销售商品收入同时满足下列条件的，才能予以确认：

（1）企业已将商品所有权上的主要风险和报酬转移给购货方；

（2）企业既没有保留通常与所有权相联系的继续管理权，也没有对已售出的商品实施控制；

（3）相关的经济利益很可能流入企业；

（4）收入的金额能够可靠地计量；

（5）相关的已发生或将发生的成本能够可靠地计量。

每天营业终了，财会部门根据餐厅收银送来的"餐厅营业日报"和有关的"餐厅账单"副联、"点菜单"、"酒水单"等账单凭证，经认真审核后，确认餐饮营业收入。

（二）餐饮营业收入的计算

（1）餐饮营业收入是由价格和销售量决定的。其计算公式为：

餐饮营业收入 = Σ（菜点价格×菜点销售数量）+ Σ（酒水价格×酒水销售数量）+ Σ（食品收入＋酒水收入）×10%，实例见表11－2。

（2）餐饮营业收入也可以用以下计算方式表示：

餐饮营业收入 = Σ（餐厅人均消费额×餐厅的餐位数×餐次×餐厅餐位上座率×计划期营业天数）

①就餐人次

计算餐厅就餐人次是为反映餐饮部接待能力，它是根据不同餐厅的座位数和上座率来确定的，其计算方式为：

就餐人数 = 餐厅座位数×计算期天数×餐次×上座率

②人均消费水平

餐饮企业各个餐厅和餐次的人均消费水平是不同的，因此在计算人均消费水平时，应按餐次分别计算各个餐厅的人均消费水平（见表11－1），其计算公式为：

$$\text{平均消费水平} = \frac{\text{计算期餐厅营业收入}}{\text{计算期就餐人数}}$$

表11-1 某饭店餐饮部餐厅日人均消费水平表

餐厅		中餐厅	风味厅	西餐厅	宴会厅	自助餐厅	咖啡厅	酒吧
餐位		200	100	100	200	50	100	50
金额(元)	早	15	—	20		20	5	—
	午	50	100	60	—	38	15	20
	晚	50	120	60	100	38	15	20

③计算平均上座率

餐饮企业日均就餐人数与营业收入之间存在着直接联系。就餐人数越多,营业收入越高。日均就餐人数又受餐厅上座率的影响。其计算方式为:

$$\text{平均上座率} = \frac{\text{计算期就餐人数}}{\text{座位数} \times \text{餐次} \times \text{计算期天数}}$$

【例题11-1】某餐饮企业中餐厅有餐位300个,5月份就餐人数为16 000人,每天供应午、晚两餐,则其餐厅上座率为:

$$5\text{月份该企业中餐厅上座率} = \frac{16\,000}{300 \times 2 \times 31} = 86.02\%$$

【例题11-2】某酒店中餐厅有餐位400个,每天开中餐和晚餐,人均消费水平为70元,餐厅上座率为95%,问该酒店中餐厅5月的销售收入是多少?

该酒店中餐厅餐饮营业收入 = 70 × 400 × 2 × 95% × 31 = 164.92(万元)

(三) 餐饮企业餐饮营业收入分析

餐饮企业的管理者需要及时、详细地掌握企业的经营状况,因此每日、每周、每月都需要编制营业收入分析表,以便及时提供相关信息。

【例题11-3】某餐饮企业餐饮营业收入日报表如表11-2所示。根据该餐饮营业收入日报表,编制营业收入分析表。

第十一章 餐饮企业经营效益分析

表11-2 ××饭店餐饮营业收入日报表

20××年×5月×31日　　　　　　　　　　　　　　　　　　　　　　　单位：万元

餐厅名称	食品	饮料	服务费	应酬费			杂项	合计	结算						餐客人数		
				食品	饮料	其他			现金	支票	信用卡	寓客账	外客账	应酬费	合计	中宾	外宾
①中餐厅																	
早餐	0.80	0.30	0.11					1.21	1.21						1.21	242	
午餐	1.30	0.90	0.22					2.42	1.50		0.80	0.12			2.42	173	
晚餐	3.00	1.20	0.42	0.400	0.12	0.05		5.19	2.60		1.90	0.20	0.49		5.19	325	
小计	5.10	2.40	0.75	0.40	0.12	0.05		8.82	5.31		2.70	0.32	0.49		8.82	740	
②西餐厅																	
早餐	1.00	0.50	0.15					1.65	0.80		0.80	0.85			1.65		165
午餐	1.50	0.60	0.21					2.31	1.30		0.80	0.21			2.31	10	80
晚餐	4.50	1.50	0.60					6.60	4.10		2.20	0.30			6.60		220
小计	7.00	2.60	0.96					10.56	6.20		3.00	1.36			10.56	10	465
③自助餐厅																	
早餐	1.10	0.20	0.13					1.43	0.80		0.50	0.63			1.43	286	
午餐	1.20	0.40	0.16	0.12				1.88	1.20		0.92	0.18			1.88	188	
晚餐	3.10	0.60	0.37	0.20	0.05			4.32	3.20		2.42	0.20			4.32	216	
小计	5.40	1.20	0.66	0.32	0.05			7.63	4.20		2.42	1.01			7.63	690	
④酒吧	0.80	2.90	0.37				0.17	4.07	4.07						4.07	80	150
合计	18.30	9.10	2.74	0.72	0.17	0.05	0.17	31.08	19.78		8.12	8.12	0.98		31.08	1520	615

制表　　　　　　　　　稽核

表 11-3　××饭店中餐厅餐饮营业收入分析表

20××年 5 月 31 日　　　　　　　　　　　　　　　　　　　　　　单位：万元

餐次	食品销售						饮料销售	
	本日			本月累计			近日	本月累计
	人次数	销售额	人均消费	人次数	销售额	人均消费	销售额	销售额
早餐	242	0.8	0.0033	13 000	65.00	0.0050	0.30	10.00
午餐	173	1.30	0.0075	18 180	163.62	0.0090	0.90	30.00
晚餐	325	2.60	0.0080	21 000	273.00	0.0130	1.20	40.00
合计	740	4.70	0.0064	52 180	501.62	0.0096	2.40	80.00

在"中餐厅餐饮营业收入分析表"（见表 11-3）中列出了本日食品每餐消费的人数、销售额和人均消费额，以及这些指标的本月累计数，还列出了饮料的本日销售额和本月累计销售额。这样，餐厅的管理者就能够及时掌握每一天和当月餐厅食品和饮料的销售情况。

（1）可以将"中餐厅餐饮营业收入分析表"和"中餐厅食品成本日报表"（见表 10-10）相结合，分析对比成本情况，分析毛利和毛利率。

（2）还可以将"中餐厅餐饮营业收入分析表"中的本月数与预算数、去年同期数（可参照去年同期报表的数据）的各相应指标比较，得出差异分析指标（见表 10-12），以反映预算完成的情况及比同期增减多少。还可以将本月的累计数和本年的累计数与去年同期（可参照去年同期报表的数据）的各相应指标比较，以反映企业今年经营的趋势和管理者的表现。

营业收入分析表可以帮助管理者及时地掌握餐厅的经营情况，便于管理者做出正确的决策，从而大大提高管理的效率。

（四）销售食品的结构分析

1.销售菜点的分析

餐厅除了记录每天每餐食品和饮料的销售总体情况，还将一段时间的菜点销售情况汇总，可以看出每种菜点的受欢迎程度，以及对利润的贡献。常用的方法是编制"菜点销售分析表"（见表 11-4），对菜点的销售量、售价、单位成本、毛利以及毛利率进行分析。

表 11-4 ××餐饮企业餐饮菜点销售分析表

品名	单位	单位成本	售价	单位毛利	毛利率	销售份数	总销售额	占总销售额的百分比
A								
B								
C								
D								
……								

（1）某菜点销售量的高低，说明这个菜点受客人欢迎的程度。因此，销售量的高低可以作为企业管理者考虑是否增加这个菜品的销售还是将其撤销的依据。

（2）应关注菜点的毛利。毛利是餐饮企业利润获得的基础，高毛利的菜点最终能为企业带来利润。

（3）区分毛利和毛利率。毛利是实实在在到手的利润，而毛利率仅仅间接地反映了利润的获取程度。我们在进行食品的营业收入分析时，需要将销售量和毛利结合起来分析。

【例题 11-4】××餐厅 20××年 6 月共销售菜肴 15 000 份，总毛利额 15 万元，菜肴种类 50 个。假设每道菜点的参考销售量为平均销售量的 70%。

则每道菜肴的平均销售量 = $\frac{15\ 000}{50}$ = 300（份）

每道菜肴的参考销量 = 300 × 70% = 225（份）

每份菜肴的平均毛利额 = $\frac{150\ 000}{50}$ = 10.00（元）

比如有下面四个菜肴，其毛利额与销量如表 11-5 所示。

表 11-5 ××餐厅菜肴销售分析表

品名	毛利额（元）	销量（份）
A	20.00	200
B	9.00	320
C	22.00	100
D	8.00	50

由上表可知，A 菜肴的毛利额为 20.00 元，超过了平均毛利，但是销量为 200 份，达不到参考销量，需要通过一定方式增加销售量，以扩大利润。

B 菜肴虽然毛利额为 9.00 元，低于平均毛利，但是销量 320 份，超过平均销量，可以为利润的获得做出贡献，所以可以认为该道菜肴还是应该保留，继续销售。

C 菜肴虽然销售量不高，但是毛利最高，所以考虑通过一定方式增加这道菜的销售量，以达到扩大利润的目的。

D 菜肴的毛利低于平均毛利，销量也大大低于参考销量，属于双低菜肴，因此考虑撤销该菜肴，更换成其他菜品。

（4）各菜肴销售额占总销售额百分比的统计和分析也是很重要的，这对于各菜肴的销售预测和各菜肴的生产计划具有极大的参考价值。

2．销售饮料的分析

虽然饮料的销售收入在餐饮总收入中所占比重不大，但是由于饮料销售的毛利率要比菜点销售的毛利率高，所以如果能够采取有效措施扩大饮料的销售收入，就可以使餐饮企业的利润有较大的增加。

【例题 11-5】某餐饮企业××餐厅 2003 年度饮料销售收入与去年同期的比较分析，如表 11-6 所示。

表 11-6　××餐饮企业饮料销售收入分析表

单位：万元

品种	2003 年度的销售收入	占总收入的百分比	2002 年度的销售收入	占总收入的百分比	差异	
					绝对额	百分比
1．软饮料						
其中：国产	12.6	7.36%	16.94	12.06%	-4.34	-3.10%
进口	26.28	15.35%	26.94	19.18%	-0.66	-2.45%
小计	38.88	22.71%	43.88	31.25%	-5.00	-11.39%
2．硬饮料						
其中：鸡尾酒	71.10	41.54%	30.67	21.84%	40.43	131.82%
零杯酒	23.76	13.88%	31.50	22.43%	-7.74	-24.57%
整装酒	37.44	21.87%	34.38	24.48%	3.06	8.90%
小计	132.30	77.29%	96.55	68.75%	35.75	37.03%
合计	171.18	100.00%	140.43	100.00%	30.75	21.90%

从表 11-6 中可以看出,饮料销售收入 2003 年度比 2002 年度增加了 30.75 万元,增长 21.90%。造成收入增加的主要原因是硬饮料销售收入增加了 35.75 万元,而硬饮料销售中又主要是鸡尾酒销售收入增加 40.43 万元,增长 131.82%,而零杯酒下降了 24.57%。但值得注意的是,在饮料销售收入中,软饮料销售收入减少了 5 万元,下降了 11.39%,其中国产软饮料下降幅度最大,下降了 3.10%。

通过分析可以看出,要增加饮料的销售收入,就应该采取措施努力扩大软饮料的销售量和零杯酒的销售量,特别是要增加国产饮料的销售量。对于收入增加较多的鸡尾酒要继续搞好销售服务,提高档次,增加品种,以便更好地满足客人需要。

二、餐饮企业利润分析

(一) 餐饮企业利润的含义和计算

餐饮企业利润总额是指餐饮企业经营活动的全部收益抵补全部支出的差额。它由经营利润、营业利润、净利润等部分组成,是反映企业在一定会计期间的经营成果。

经营利润是指主营业务收入扣除主营业务成本、营业(销售)费用、营业税金及附加后的差额,也就是企业的经营毛利,反映企业经营部门的业绩和成果。

营业利润是指经营利润扣除管理费用、财务费用、资产减值损失后的数额,加公允价值变动净收益、投资净收益[①]。它反映餐饮企业经营的财务成果。

利润总额是指营业利润加营业外收入,减营业外支出后数额。

净利润是指利润总额扣除所得税费用后的净额。

(二) 餐饮企业利润分析

1. 利润表的结构比较分析

餐饮企业可以将利润表中的各个项目与营业收入相对比,计算各个项目占营业收入的比重。

【例题 11-6】某餐饮企业 20×× 年度利润表结构分析如表 11-7 所示。

---

① 公允价值变动净收益是指公允价值变动的收益扣除公允价值变动的损失。
投资净收益是投资收益扣除投资损失后的数额。

表11-7 ××餐饮企业利润表结构分析

20××年　　　　　　　　　　　　　　　　　　　　　　　　　　　　单位:万元

项目	本年数	上年数	本年比例(%)	上年比例(%)	比率名称
1.主营业务收入	700.00	600.00			
减:营业成本	250.00	210.00	35.71	35.00	成本率
营业税金及附加	39.00	34.00	5.57	5.67	税率
营业费用(销售费用)	180.00	181.00	25.72	30.17	销售费用率
2.经营利润	231.00	175.00	33.00	29.17	经营利润率
减:管理费用	25.00	24.00	3.57	4.00	管理费用率
财务费用(利息支出)	6.00	1.00	0.86	0.17	财务费用率
加:投资收益	10.00	10.00	1.43	1.67	投资收益率
3.营业利润	210.00	160.00	30.00	26.67	营业利润率
加:营业外收入	5.00	5.00	0.72	0.84	
减:营业外支出	3.00	3.00	0.43	0.50	
4.利润总额	212.00	162.00	30.29	27.00	
减:所得税	53.00	40.50	7.57	6.75	
5.净利润	159.00	121.50	22.72	20.25	

通过计算利润表中每个项目占营业收入的百分比,可以看到收入中各个项目的比重。

(1) 该企业的成本率为35.71%,意味着销售毛利率是64.29%,可以和行业平均水平、先进水平比较,判断其毛利率是处于优势还是劣势地位。

(2) 也可以将销售费用率、管理费用率拿来比较,同时计算出间接费用率,间接费用率是销售费用、管理费用、财务费用占营业收入的比例,其计算公式为:

$$间接费用率 = \frac{销售费用 + 管理费用 + 财务费用}{营业收入} \times 100\%$$

$$= \frac{180.00 + 25.00 + 6.00}{700.00} \times 100\% = 30.14\%$$

这些指标可以很好地反映餐饮企业成本费用控制高低,因此,也是常常用来进行经营效益分析的重要指标。

(1)成本费用利润率。成本费用利润率是净利润与各项成本费用之和的比值。其计算公式为:

$$成本费用率 = \frac{净利润}{营业成本 + 营业税金及附加 + 销售费用 + 管理费用 + 财务费用} \times 100\%$$

$$= \frac{159.00}{25.00 + 39.00 + 180.00 + 25.00 + 6.00} \times 100\%$$

$$= 31.8\%$$

本指标用于衡量企业成本费用支出的经济效益。

(2)营业利润率。营业利润率是企业营业利润与营业收入的比率。其计算公式为:

$$营业利润率 = \frac{营业利润}{营业收入} \times 100\%$$

$$= \frac{210.00}{700.00} \times 100\%$$

$$= 30.00\%$$

考察营业利润占整个利润总额比重的升降,可以及早发现企业经营理财状况面临的危险定性、面临的危险等。

利润表还可以进行具体的每个项目的结构分析。我们可以对营业收入、营业成本、销售毛利率的构成比例进行分析;也可以对销售费用、管理费用的具体内容进行构成分析,及时有效地监督企业经营过程中发生的各项费用。

2. 利润表的趋势分析

餐饮企业可以将本企业的利润表与上年同期进行比较,分析本年较上年同期相比收入与成本费用发生的变化。也可以将本企业的利润数据与同行业的先进水平或者竞争对手进行比较,分析本企业存在的问题、具有的优势以及在行业中所处的水平等。

【例题11-7】某餐饮企业20××年度利润表的趋势分析如表11-8所示。

表11-8 ××餐饮企业利润表的趋势分析

20××年　　　　　　　　　　　　　　　　　　　　　　　　　　　　单位:万元

项目	本年数	上年数	本年比例(%)	上年比例(%)	增长额	增长率(%)
1. 主营业务收入	700.00	600.00	100.00	100.00	100.00	16.67
减:营业成本	250.00	210.00	35.71	35.00	40.00	19.05
营业税金及附加	39.00	34.00	5.57	5.67	5.00	14.71

续表

项目	本年数	上年数	本年比例(%)	上年比例(%)	增长额	增长率(%)
营业费用(销售费用)	180.00	181.00	25.72	30.17	-1.00	-0.56
2. 经营利润	231.00	175.00	33.00	29.17	56.00	32.00
减:管理费用	25.00	24.00	3.57	4.00	1.00	4.17
财务费用(利息支出)	6.00	1.00	0.86	0.17	5.00	500.00
加:投资收益	10.00	10.00	1.43	1.67	0.00	0.00
3. 营业利润	210.00	160.00	30.00	26.67	50.00	31.25
营业外收入	5.00	5.00	0.72	0.84	0.00	0.00
减:营业外支出	3.00	3.00	0.43	0.50	0.00	0.00
4. 利润总额	212.00	162.00	30.29	27.00	50.00	30.87
减:所得税	53.00	40.50	7.57	6.75	12.50	30.87
5. 净利润	159.00	121.50	22.72	20.25	38.00	31.28

(1)通过与上年同期数据相对比,我们发现该企业的营业收入比去年同期增长了16.67%,营业成本比去年同期相应也增长了19.05%,但多增长了2.38%,应查明原因及时处理。相应地,毛利率从去年的65.00%下降到64.29%,下降幅度为0.71%,反映出该企业的获利能力略减弱,而营业成本基本得到了一定的控制。

(2)销售费用和管理费用也与去年同期基本持平,销售费用下降了0.56%,管理费用增长了4.17%。在销售收入大幅增加的情况下,各项期间费用基本持平,说明该企业有较好的成本费用控制。

(3)在有效的成本费用控制和提升获利能力的共同作用下,该企业的营业利润、利润总额和净利润也较去年同期有了大幅度提升。

3. 餐厅利润分析

餐厅利润的计算公式为:

餐厅利润 = 餐厅营业收入 - 餐厅成本 - 餐厅销售费用 - 税金

餐厅营业收入减掉成本后的余额为餐厅毛利,如果进一步将收入、成本进行分解的话,可以将利润的计算公式写成:

餐厅利润 = 餐厅营业收入 × (毛利率 - 税率) - 销售费用
　　　　 = (餐位数量 × 计算期天数 × 餐次 × 上座率 × 人均消费额) × (毛利率 - 税率) - 销售费用

从公式可以看出,餐厅利润的大小,取决于餐位数量的多少、上座率高低、人均消费额、毛利率高低、销售费用及税金的多少。在这些因素中有些因素是常数,如餐位数和税率,毛利率虽然也在变化但不能无限制地提高,因为毛利率提高就意味着成本率的下降,会影响到客人的利益和餐厅的声誉。最有潜力可挖的还是上座率和人均消费额及销售费用。

【例题11-8】某餐饮企业中餐厅20××年度利润分析如表11-9所示。

表11-9 ××餐饮企业中餐厅利润分析表

单位:万元

20××年

项目	本年数	去年数	差异
餐位数	200	200	
计算期天数	360	360	
上座率	80%	75%	5%
餐次	2	2	
人均消费额(元)	80	70	10
毛利率	65%	55%	10%
可变费用	240.00	230.00	10
固定费用	14.00	14.00	
税率	5.57%	5.57%	
利润	295.51	128.71	166.80

(1)人均消费额的影响:

利润的变化 = [200×360×75%×2×(80-70)]×(55%-5.57%)
         = 533 844(元)

说明由于人均消费额的提高使利润增加了533 844元。

(2)上座率的影响:

利润的变化 = [200×360×(80%-75%)×2×80]×(55%-5.57%)
         = 284 716.8(元)

说明由于上座率提高,使利润增加了284 716.8(元)。

(3)毛利率的影响:

利润的变化 = (200×360×80%×2×80)×(65%-55%)
         = 921 600(元)

说明由于毛利率的提高使利润增加了921 600元。

(4)可变费用的影响：

利润的变化 = 240.00 - 230.00 = 10.00(万元)

说明由于可变费用增加使利润减少10.00万元。

综合以上各项影响因素使利润增加164.02(万元)。

促使该餐厅经营利润增加的主要因素是上座率、人均消费水平和毛利率的提高。

第二节　餐饮企业财务盈亏临界点分析

一、本量利的相互关系

本量利分析法是成本—业务量—利润分析的简称。由于本量利分析的重要内容是进行保本点的计算和分析，故又称为"保本分析"或"盈亏临界点分析"。

成本—业务量—利润分析，是对成本、销售数量、销售价格、固定费用、盈亏等相互之间的内在关系所进行的分析、研究，是计算保本点和评价计划工作的一种模式。这一模式主要研究有关因素的变动对利润的影响、实现利润目标采取的措施以及如何以最低的成本获得最大的效益。

进行成本—业务量—利润分析，一般是运用数学计算方法或图解方法求出保本点，然后在保本点的基础上，计算实现目标利润所需达到的销售数量，作为实现目标成本、目标利润的重要手段。

本量利分析的假设

本量利分析是在一定的假设前提下进行的：

(1)所有成本都可以划分为固定成本和变动成本。在相关范围内，固定成本总额和单位变动成本不受产销量的影响。

(2)产品的销售单价不变，在相关的范围内，数量是影响销售收入和总成本的唯一因素。所以，销售收入和总成本都是线性的，即都可以用直线来表示。

(3)企业计划期内，产品的生产量和销售量是一致的。

(4)企业在生产和销售多种产品时，产品结构是不变的。

(5)所有收入和成本在进行加总和比较时，均不考虑货币时间价值。

二、保本点分析

保本点也称盈亏临界点、损益平衡点,就是企业收入和成本相等的经营状态,也就是说,企业既无亏损也无盈利。保本销售量是企业主营业务收入与成本费用恰好相等时的销售量。其计算公式为:

利润 0 = 销售量×(单价 – 单位变动成本费用) – 固定费用
       = 销售量×单位边际贡献 – 固定费用
利润 0 = 收入×(1 – 变动成本率) – 固定费用
       = 收入×边际贡献率 – 固定费用

满足以上两式的销售量或收入为保本时的销售量或收入,称为保本点销售量或保本点收入,可将上两式变换为:

保本点销售量 = 固定费用÷单位边际贡献
保本点收入 = 固定费用÷边际贡献率

【例题 11 – 9】某旅游饭店自助餐厅 3 月份固定费用为 25 280 元,每位收费标准为 25 元,变动成本费用为 9.20 元,该旅游饭店自助餐厅保本表见表 11 – 10。

表 11 – 10　某旅游饭店自助餐厅保本表

单位:万元

项目	单位数	总额
主营业务收入(1600 名客人)	25	40 000
减:变动成本费用	9.20	14 720
边际贡献	15.80	25 280
减:固定费用		25 280
利润		0

从表 11 – 10 中可以看出,边际贡献刚够抵补固定费用 25 280 元,因此该旅游饭店自助餐厅既无亏损又无盈利,刚好达到保本点。

三、边际贡献及边际贡献率

边际贡献(或称边际利润)是主营业务收入减去变动费用(包括变动成本)后的剩余部分,即:

边际贡献 = 主营业务收入额 – 变动成本费用

这部分金额是对抵补固定费用和盈利所做出的贡献。如果我们将接待客人人数增加到 2000 名,就能产生盈利,见表 11-11。

表 11-11 某旅游饭店自助餐厅盈利测算表

单位:万元

项目	单位数	总额
主营业务收入(2000 名客人)	25	50 000
减:变动成本费用	9.20	18 400
边际贡献	15.80	31 600
减:固定费用		25 280
利润		6320

固定费用相对不变,在固定费用得到补偿后,边际贡献的增加意味着净利润的增加,所以争取获得较高的利润也就是争取较高的边际贡献。如在旅游饭店中,客房部变动成本费用较小,边际贡献较大;而餐饮部变动成本费用比较大,边际贡献较小。以同样主营业务收入额而论,客房部比餐饮部收益更多。因此,我们在注意提高主营业务收入时,还应注意主营业务收入的组成情况。边际贡献率是边际贡献与主营业务收入的百分比。其计算公式为:

$$r = \frac{M-f}{M} \times 100\%$$

式中:r 为边际贡献率;M 为主营业务收入;f 为变动成本费用。

根据表 11-11,主营业务收入 50 000 元,占 100%,变动成本费用 18 400 元,占 36.8%,边际贡献 31 600 元,占 63.2%,即:

$$r = \frac{M-f}{M} \times 100\% = \frac{50\ 000 - 18\ 400}{50\ 000} \times 100\% = 63.2\%$$

说明在每百元主营业务收入中,变动成本费用占 36.8 元,边际贡献占 63.20 元,边际贡献率为 63.20%。

四、保本主营业务收入及保本销售量计算

保本主营业务收入与保本销售量可以用边际贡献和边际贡献率来计算。

(一)保本主营业务收入的计算

保本主营业务收入的计算公式为:

保本点收入 = 固定费用 ÷ 边际贡献率

也可以用符号替代:$g = \dfrac{F}{r} = \dfrac{F}{1-\dfrac{f}{M}}$

第十一章 餐饮企业经营效益分析

式中：g 为保本主营业务收入；F 为固定费用；r 为边际贡献率；f 为变动成本费用；M 为主营业务收入。

【例题 11 – 10】××餐饮企业经营情况表如表 11 – 12 所示，计算保本主营业务收入。

表 11 – 12　20××年度××餐饮企业经营情况表

单位：万元

项目	金额	项目	金额
主营业务收入	1000	管理费用	110
营业成本	300	其中：固定费用	77
毛利	700	变动费用	33
毛利率	70%	财务费用	1
营业费用	120	税金	48.6
其中：固定费用	66	营业外收支净额	—
变动费用	54	利润	420.40

$$g = \frac{F}{r} = \frac{F}{1 - \frac{f}{M}} = \frac{66 + 77 + 1}{300 + 54 + 33 + 48.6} = \frac{144}{1 - 0.4356} = \frac{144}{0.5644} = 255.14（万元）$$

注：0.5644 即边际贡献率

又根据表 11 – 12 计算该餐厅保本主营业务收入是多少？

$$保本主营业务收入 = g = \frac{F}{r} = \frac{F}{1 - 40\%}$$

$$= \frac{180\,000}{1 - 40\%}$$

$$= 300\,000（元）$$

（二）保本销售量的计算

保本销售量的计算公式为：

保本点销售量（接待人次）= 固定费用 ÷ 单位边际贡献

也可以用符号替代：$X = \dfrac{F}{B - BXN} = \dfrac{F}{BX(1 - N)}$

式中：X 为保本销售量；F 为固定费用；B 为单位销售价格；N 为变动成本费用率（包括税金的税率）。

【例题 11 – 11】某餐饮企业中餐厅有 200 个餐位，预计顾客人均消费水平为 150 元，变动成本率为 40%，月固定费用 180 000 元，其他有关资料见"某餐饮企业经营情况表"(表 11 - 13),计算该企业保本点销售量。

表 11 - 13 某餐饮企业经营情况表

单位:元

月接待人次数	0	1	2	2000	2500	3000	4800
主营业务收入	0	150	300	300 000	375 000	450 000	720 000
变动成本费用	0	60	120	120 000	150 000	180 000	288 000
边际贡献	0	90	180	180 000	225 000	270 000	432 000
固定费用	180 000	180 000	180 000	180 000	180 000	180 000	180 000
利润(亏损)	-180 000	179 910	-179 820	0	45 000	90 000	252 000

从表 11 - 13 中可以发现该企业中餐厅每接待 1 顾客人次,在产生 150 元收入的同时,也产生 40% 的变动成本费用,即每人次变动成本费用 60 元。从而该餐厅每接待 1 人次将获得 1 个单位边际贡献 90 元。随着企业接待人次数不断增加,随之产生的边际贡献总额将正比例增加。

① 保本点销售量(接待人次数) = 固定费用 ÷ 单位边际贡献

保本点销售量(接待人次数) = 180 000 ÷ 90 = 2000(人次)

② 保本点销售量(接待人次数) $= X = \dfrac{F}{B - BXN} = \dfrac{F}{BX(1 - N)}$

$= \dfrac{180\ 000}{150 \times (1 - 40\%)}$

$= \dfrac{180\ 000}{90} = 2000 (人次)$

五、目标利润预算

餐饮企业目标利润预算,就是指在预算企业盈亏临界点的基础上,考虑含有一定量利润的预算。这种方法是利用本量利的依存关系,预算餐饮企业预算期所能获得的目标利润和为实现目标利润所必须完成的目标主营业务收入额。

(一)目标主营业务收入的计算

目标主营业务收入的计算公式为:

$$U = \dfrac{F + M}{1 - N} = \dfrac{F + M}{r}$$

式中:M 为目标利润;U 为目标主营业务收入;F 为固定费用;N 为变动成本费用率;$1 - N$ 为边际贡献率。

【例题 11-12】在表 11-13 中,在预算期内,目标利润为 252 000 元,其目标主营业务收入是多少?

$$目标主营业务收入 = \frac{F+M}{1-N}$$

$$= \frac{180\ 000 + 252\ 000}{1-40\%}$$

$$= 720\ 000(元)$$

(二) 目标销售量的计算

目标销售量的计算公式为:

$$目标销售量(接待人次数) = \frac{F+M}{B-BXN} = \frac{F+M}{BX(1-N)}$$

式中 M 为目标利润;B 为单位销售价格;F 为固定费用;N 为变动成本费用率;$1-N$ 为边际贡献率。

【例题 11-13】在表 11-13 中,在预算期内,如果目标利润为 252 000 元,其目标销售量(接待人次数)是多少?

$$目标销售量(接待人次数) = \frac{F+M}{B-BXN} = \frac{F+M}{BX(1-N)}$$

$$= \frac{180\ 000 + 252\ 000}{150 \times (1-40\%)}$$

$$= 4800(人次数)$$

(三) 目标利润的计算

目标利润的计算公式为:

$$M = U - (U \times N + F)$$

式中:M 为目标利润;U 为目标主营业务收入;N 为变动成本费用率;F 为固定费用。

【例题 11-14】在表 11-13 中,在预算期内,如果目标主营业务收入为 720 000 元,其目标利润是多少?

$$M = U - (U \times N + F)$$
$$= 720\ 000 - (720\ 000 \times 40\% + 180\ 000)$$
$$= 720\ 000 - 468\ 000$$
$$= 252\ 000(元)$$

六、保本分析图

保本分析图就是用图示法来表示本量利之间的关系。

【例题 11-15】某餐饮企业西餐厅 20××年度经营情况如表 11-14 所示。

表 11-14　某餐饮企业西餐厅 20×× 年度经营情况表

单位:万元

项目	金额
主营业务收入	700.80
减:变动成本费用	152.24
边际贡献	548.56
减:固定费用	147.15
利润	401.41

有关数据:

总成本 = 152.24 + 147.15 = 299.39(万元)

人均平均消费水平为 120 元

餐位数 200 个

平均上座率为 80%

平均每天餐位上座数 200 × 80% = 160(餐位数)

全年餐位上座数 160 × 365 = 58 400(餐位数)

变动成本费用占主营业务收入的百分比 = $\frac{152.24}{700.80}$ = 21.72%

单位变动成本费用 = $\frac{1\,522\,400}{58\,400}$ = 26.07(元)

据上述数据我们作出某餐饮企业西餐厅本量利关系图,如图 11-1 所示。

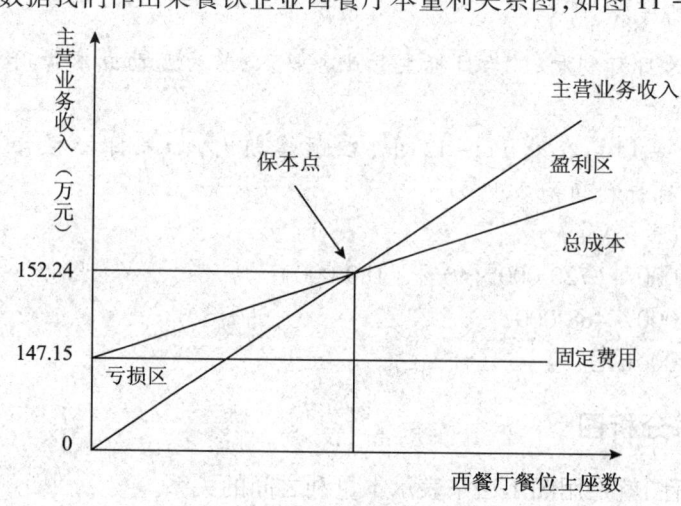

图 11-1　某旅游饭店本量利关系图

作图过程如下：

以销量(全年餐位上座数)为 x 轴,主营业务收入和成本金额为 y 轴。

(1)固定费用与餐位上座数无关,无论餐位上座数怎样变化,固定费用总是保持不变,因此,其图形为平行于 x 轴的一条直线。

(2)变动成本费用线附在固定费用线上得出总成本线。

(3)主营业务收入线从原点开始,按一定比例上升。

(4)主营业务收入线与总成本线的交点就是保本点。因为在这一点上收入和成本正好相等。

保本点左侧总成本线以下为亏损区;保本点右侧总成本线与主营业务收入线之间为盈利区。因此,本量利关系可以用来判断餐饮企业的经营状况。

七、成本结构对利润的影响

在餐饮企业成本费用总额中,变动成本和固定费用的不同比重,将对企业的经营管理构成重大影响。表 11 – 15 是 A、B 两个企业的有关资料。

表 11 – 15　A、B 两个企业的有关资料

单位:万元

项目	A 企业	收入 ±10%	B 企业	收入 ±10%
营业收入	1000	±100	1000	±100
变动成本	200	±20	600	±60
边际贡献	800	±80	400	±40
固定费用	600	0	200	0
利润	200	±80	200	±40

分析 A、B 两个企业的成本结构可以发现,尽管两企业营业额相同,成本总额也相同,都有同样的利润,但其成本结构的差异很大:A 企业的成本总额中,固定费用占很大比重,而 B 企业却是变动成本居多,这种成本结构的差异,会造成什么影响呢?

首先,A 企业变动成本比重低,原因是其变动成本率低,随着收入的增减,A 企业变动成本的增减远比 B 企业小,从而确定了 A 企业相对 B 企业更高的边际贡献率,当营业额同时增减 1 000 000 元时,A 企业边际贡献增减 850 000 元,而 B 企业只增减 400 000 元,由于固定费用稳定不变,A 企业将增减利润 800 000 元,而 B 企业只增减 400 000 元。可见,边际贡献率确定了两个企业利润随营业额的增减幅

度。我们将这种大部分成本表现为固定费用,而随着收入变化而变化的变动成本比重低的成本结构称为风险型成本结构。因为,当企业收入增加时,这种企业利润增加更多,当收入萎缩时,其利润滑坡也更快。同样,将 B 企业这种收入变化时,其变动成本变化大,而固定费用只占很小比重的成本结构称为保守型成本结构。这种企业收入增加时,利润增加缓慢,但收入下降时,失去的利润也不多。

其次,A 企业通过成本控制来增加利润的余地是很小的。因为,企业大部分成本是固定费用,从总体上说,固定费用是无法控制的,企业总成本中,固定费用比重越大,通过成本节约来增加利润的余地就越小。A 企业要增加利润,必须加强销售控制,更多地增加营业额。因为,其变动成本率低,收入增长引起的成本增加不多,一定的收入相对这种企业会带来更多的边际贡献,带来更多的利润。我们将这种企业称为销售控制型企业。而对 B 企业来说,其利润增长的前提是控制住随收入增长的变动成本,如果企业收入增加很多,同时成本也增加很多,结果利润没有增加,就会严重挫伤经营人员的积极性。这种变动成本率高,相对固定费用比重大的企业,称为成本控制型企业。

餐饮企业属于上述两种企业中的 B 企业。餐饮业固定费用投资相对较少。因而,其固定资产折旧负担不重,企业资金需要量相对较少,所以企业负债的利息负担不大,固定人工及水、电等其他固定开支不多,餐饮企业更多的是随营业额增加而增长的各项变动费用,如食品原材料和酒水饮料成本、各种能耗和物耗费用等。成本费用的控制是餐饮企业利润增长的前提。

知识拓展

安全边际

安全边际是指正常销售额超过盈亏临界点销售额的差额,它表明销售额下降多少企业仍不致亏损。安全边际的计算公式如下:

安全边际 = 正常销售额 - 盈亏临界点销售额

企业生产经营的安全性,还可以用安全边际率来表示,即安全边际与正常销售额(或当年实际订货额)的比值。安全边际率的计算公式为:

$$安全边际率 = \frac{安全边际}{正常销售额/或实际订货额} \times 100\%$$

盈亏临界点作业率和安全边际率可用图表示,如图 11-2 所示。

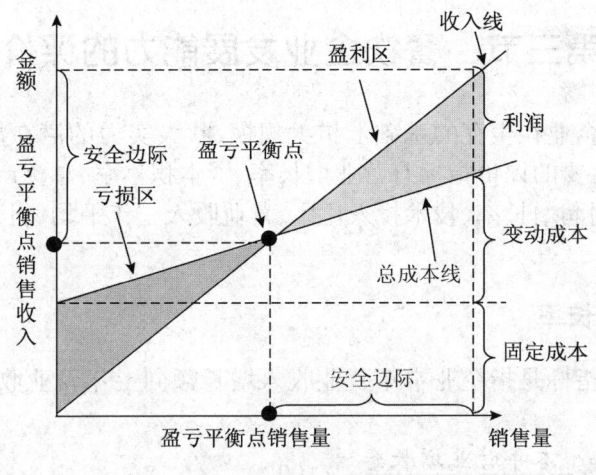

图 11-2　安全边际

根据上图,盈亏临界点把正常销售分为两部分:一部分是盈亏临界点销售额;另一部分是安全边际。即:

正常销售额 = 盈亏临界点销售额 + 安全边际

上述公式两端同时除以正常销售额得:

1 = 盈亏临界点作业率 + 安全边际率

只有安全边际才能为企业提供利润,而盈亏临界点销售额扣除变动成本后只能为企业收回固定成本。安全边际部分的销售额减去其自身变动成本后成为企业利润,即安全边际中的边际贡献等于企业利润。这个结论可以通过下式证明:

因为:利润 = 营业收入 − 变动成本 − 固定成本 = 边际贡献 − 固定成本

　　　 = 营业收入 × 边际贡献率 − 固定成本

　　　 = 营业收入 × 边际贡献率 − 盈亏临界点销售收入 × 边际贡献率

　　　 = (营业收入 − 盈亏临界点营业收入) × 边际贡献率

所以:利润 = 安全边际 × 边际贡献率

如果将上式两端同时除以营业收入得:

$$\frac{利润}{营业收入} = \frac{安全边际}{营业收入} \times 边际贡献率$$

销售利润率 = 安全边际率 × 边际贡献率

所以,企业要提高销售利润率,就必须提高安全边际率(或降低盈亏临界点作业率),或提高边际贡献率(或降低变动成本率)。

第三节 餐饮企业发展能力的评价

发展能力是企业在生存的基础上扩大规模、壮大实力的潜在能力。在分析企业发展能力时,主要的评价指标有营业增长率、资本积累率、总资产增长率、资本保值增值率、营业利润增长率、技术投入比率、营业收入三年平均增长率、资本三年平均增长率等。

一、营业增长率

营业增长率指标是指企业本年营业收入增长额同上年营业收入总额的比率。其计算公式为:

$$营业增长率 = \frac{本年营业增长率}{上年营业收入总额} \times 100\%$$

该指标若大于0,表示企业本年的营业收入有所增长,指标值越高,表明增长速度越快,企业市场前景较好;若指标小于0,则说明企业的产品不适销、质次价高,或者是在售后服务等方面存在问题。

二、资本积累率

资本积累率是指企业本年股东权益增长额同年初股东权益总额的比率,它表明企业当年资本的积累能力,是评价企业发展潜力的重要指标。其计算公式为:

$$资本积累率 = \frac{本年股东权益增长率}{年初股东权益} \times 100\%$$

该指标反映投资者投入企业的资本的保值性和增值性。该指标越高,表明企业资本积累越多,企业也越有发展潜力。

三、资本保值增值率

资本保值增值率是用于反映企业投资者投入企业的资本完整性。它是企业年末股东权益总额同年初股东权益总额的比率。其计算公式为:

$$资本保值增值率 = \frac{期末股东权益总额}{期初股东权益总额} \times 100\%$$

资本保值增值率等于100%时为资本保值,资本保值增值率大于100%时为资本增值,资本保值增值率小于100%时为资本减值,在资本减值时应查明原因,如果有资本的流失,应予改进。

四、营业利润增长率

营业利润增长率是企业本年营业利润增长额与上年营业利润总额的比率,反

映企业营业利润的增减变动情况。其计算公式为:

$$营业利润增长率 = \frac{本年营业利润增长额}{上年营业利润总额} \times 100\%$$

五、营业收入三年平均增长率

营业收入三年平均增长率表明企业营业收入连续三年的增长情况,体现企业的持续发展态势和市场扩张能力。其计算公式为:

$$营业收入三年平均增长率 = \left(\sqrt[3]{\frac{本年营业收入总额}{三年前年营业收入总额}} - 1\right) \times 100\%$$

六、资本三年平均增长率

资本三年平均增长率表示企业资本连续三年的积累情况,体现企业发展水平和发展趋势。其计算公式为:

$$资本三年平均增长率 = \left(\sqrt[3]{\frac{本年年末股东权益总额}{三年前年末股东权益总额}}\right) \times 100\%$$

课后练习

一、案例分享与思考

(一)案例分享

中华大酒店中餐厅利润分析

背景介绍:中华大酒店中餐厅 2004 年 7 月和 2005 年 7 月利润分析,如表 11-16 所示。

表 11-16　中华大酒店中餐厅利润分析表

项目	2004 年 7 月	2005 年 7 月	差并
餐位数(个)	620	620	—
计算期天数(天)	31	31	—
餐位上座率(%)	80	90	+10
人均消费水平(元)	40.00	50.00	+10.00
毛利率(%)	50	52	+2
变动费用(元)	110 000.00	120 000.00	+10 000.00
固定费用(元)	200 000.00	200 000.00	

续表

项目	2004年7月	2005年7月	差并
税金及附加率(%)	5.5	5.5	—
利润(元)	237 385.60	484 357.00	+246 971.40

该中餐厅供应午、晚两餐。

问题呈现:对中华大酒店中餐厅营业利润进行分析。

分析内容:

(1)餐位上座率因素的影响

$620 \times 31 \times 2 \times (90\% - 80\%) \times 40 \times (50\% - 5.5\%) = 68\,423.20$(元),说明由于餐位上座率提高,使利润增加68 423.20元。

(2)人均消费水平因素的影响

$620 \times 31 \times 2 \times 90\% \times (50 - 40) \times (50\% - 5.5\%) = 153\,952.20$(元),说明由于人均消费水平因素的提高使利润增加153 952.20元。

(3)毛利率因素的影响

$620 \times 31 \times 2 \times 90\% \times 50 \times (52\% - 50\%) = 34\,596.00$(元),说明由于毛利率的提高使利润增加34 596.00元。

(4)营业费用因素的影响

$320\,000.00 - 310\,000.00 = 10\,000.00$(元),说明由于营业费用增加使利润减少10 000.00元。

综合以上各项影响因素,使利润增加246 971.40元(68423.20 + 153 952.20 + 34 596.00 - 10 000.00)。

促使该餐厅经营利润增加的主要因素,是餐位上座率和人均消费水平。这里的餐位上座率虽然有所提高,但提高的幅度不大,仍有很大的潜力可挖。如果经营得当、调配得当,上座率还可提高。增加菜肴品种、加强高档菜肴的推销工作有利于人均消费水平的进一步提高。

(二)思考及练习题

1. 简述餐饮营业收入的概念。
2. 餐饮企业营业收入和利润是如何计算的?
3. 简述如何对餐饮企业营业收入进行分析。
4. 简述餐饮企业利润的分析。
5. 什么是餐饮企业盈亏临界点?
6. 什么是餐饮企业边际贡献及边际贡献率?

7. 根据下列某餐饮企业有关数据(见表 11-17),完成下表(表 11-17)的填空。

表 11-17　某餐饮企业有关数据

单位:万元

单位	全年销售额	全年成本	成本率(%)	全年费用	费用率(%)	税金及附加	税金及附加率(%)	年利润额	利润率(%)
A 企业	360.00	152.00		122.40		19.80			
B 企业	258.00	118.68		77.40		14.19			

8. 某餐厅的月固定费用为 4500.00 元,6 月份单位菜点的售价为 36.00 元,单位变动成本 20.00 元,本月计划销售该菜点 2500 份,问预期利润是多少? 如想保本,销量至少为多少份?

二、本章闯关测试

背景介绍:某饭店餐饮部下一年度要求实现目标利润 80 万元,据以往历史资料显示,餐饮食品原材料成本占销售收入的 45% 左右,税金及附加费率为 5.6%,部门经营费用占销售收入的 30%,预计明年这些费用项目占销售收入的比例变化不大。

问题呈现:

(1)餐饮部要实现 80 万元的年利润目标,假定有关成本和费用占销售收入的比率与以往历史保持不变,该餐饮部年销售收入至少应达到多少元?

(2)假如该餐饮部共有餐位 200 个,餐位上座率为 95%,每日经营午、晚两餐,每位顾客的平均消费水平应为多少元(全年按 360 天计算)?

第十二章 餐饮企业食品原材料成本核算

引 言

餐饮企业食品原材料成本是指生产加工餐饮食品实际耗用的各种原材料价值的总和,即餐饮食品成本。餐饮食品原材料成本核算是进行菜点定价的基础,是决定菜肴价格的依据,因为菜点等食品的定价是以食品成本为前提的,只有在计算出食品原材料成本的情况下,菜点的定价才会变得有益而有利。因此,食品原材料成本核算的准确与否直接影响餐饮企业的经济效益。

学习目的

全面了解、领会、掌握餐饮企业食品原材料的成本核算的内容。
1. 熟悉餐饮企业原材料的分类及计价。
2. 掌握食品原材料购入成本核算。
3. 掌握食品原材料领用成本核算。
4. 掌握食品原材料内部调拨成本核算。
5. 掌握餐饮企业食品净料成本的计算。
6. 掌握餐饮企业单位食品原材料成本的计算。
7. 掌握餐饮企业餐饮日成本的计算。
8. 掌握餐饮企业餐饮月成本的核算。

关键词

食品原材料成本的核算

第一节　餐饮企业原材料的分类及计价

一、餐饮企业食品原材料成本的组成要素

食品原材料成本由主料、配料、调料三类要素构成。主料是指构成各个具体品种的主要原材料，例如肉料常作主料。配料是指构成各个具体品种的辅助原材料，通常是指植物类的原材料。调料是指烹制菜点的各种调味料，既有传统意义上的各种调料，如油、盐、酱油、葱、姜、蒜等，也有最近二三十年新涌现出来的、科技含量高、价格不菲的各种调料新品，如XO酱、鲍鱼汁等。

特别提示

主配料的区别是餐饮行业约定俗成的，不一定是量上的区别。由于食品原材料的选择范围非常大，各种原材料的来源不同，其特点、味性也不同。因此，要认识每一种原材料的特点与味性不是件容易的事。

二、餐饮企业食品原材料的分类

（一）食品原材料按其用途分类

餐饮企业餐饮食品原材料按其用途分为三大类：主食品，包括大米、面粉、杂粮等；副食品，包括肉类、禽类、蛋类、海味、豆制品、时令菜等；调味品，包括食油、盐、酱、醋、糖、香料、味精等。

（二）食品原材料按其管理方式分类

食品原材料按其管理方式分为入库管理原材料和不入库管理原材料两大类。

1. 入库管理原材料

入库管理原材料是指粮、油、干菜、冷冻食品、调味品等非易坏性食品原材料。这类原材料可储存较长时间，不会发生明显的质量下降，购入后送库房专人保管。其采购支出记入原材料成本，由生产部门领用后转入营业成本。

2. 不入库管理原材料

不入库管理原材料是指鲜活肉类、鱼类、禽类、时令蔬菜、瓜果等这类易坏性食品原材料，需每日采购，即时使用，购入后直接进厨房使用，其采购支出直接记入营业成本。

三、餐饮企业食品原材料的计价

为了正确计算餐饮食品原材料成本,必须对食品原材料进行合理的计价。根据饮食服务行业会计制度规定,各种原材料的实际成本,应按照买价和能直接认定的运杂费、保管费以及缴纳的税金等确定。

从加强餐饮成本控制的角度出发,必须对库存餐饮原材料的发出办理领料手续,填制领料单,并经厨师长或餐厅经理签字核准。领料单为三联单,一联由领料部门留存,一联送财务部门记账,一联由库房留存。每日终了,据"库房发料日报"汇总当日发料总额。领用库房原材料时,可以采用先进先出方法来确定实际成本,不同的原材料可采用不同的计价方法,计价方法一经确定,不得随意变更。

四、与餐饮食品原材料相关的概念

(一)毛料

毛料是指未经加工处理过的食品原材料。有些原材料本身是半成品,但餐饮企业却可能会视其为毛料,因为这些原材料半成品还需要经过加工才能参与配菜,一旦经过加工后,其原材料成本便会发生变化(尽管有时这种变化不是很大)。

(二)净料

净料是指经过加工后,可用来搭配和烹制食品的半成品。所有的原材料在采购回来后都必须经过加工,如清洗、刀工处理、热处理等。就算是本身已经是半成品的原材料,也要经过相应的处理,如鲛鱼罐头,开罐倒出后也存在着一个成本变化的问题。

(三)净料成本

净料成本是指毛料经加工处理后成为净料的成本变化,又称为起货成本。

特别提示

进货价格和进货质量是影响净料成本的两大因素,原材料采购价格的高低直接决定了净料成本的高低,进货质量的好坏也会影响到净料成本的高低。

第二节 餐饮企业食品净料成本的核算

食品净料是指经过选料、宰杀、拆卸等初加工处理,可供烹调直接使用的食品原材料。由于食品原材料经过初加工后重量发生改变导致其单位成本变动,所以要重新计算食品净料的成本。食品净料的单位成本计算公式分两种情况。

一、生料成本的核算

生料就是只经过拣洗、宰杀、拆卸等加工处理,而没有经过任何初制或成熟处理的各种原材料的净料。净料成本的核算方法有以下三种:

(一)初加工后得到一种食品净料(一料一档)的成本核算

所谓一料一档是指原材料(毛料)经过初加工处理后,只能得到一种食品净料和可作价利用的下脚料时的计算公式为:

$$食品净料单位成本 = \frac{原材料购入成本 - 下脚料作价}{净料重量}$$

$$出成率 = \frac{净料数量}{毛料数量} \times 100\%$$

$$净料成本系数 = \frac{净料重量}{毛料重量}$$

【例题12-1】某餐饮企业购入活鸭12只,重36千克,每千克单价20元,经宰杀,去内脏后得光鸭25千克,鸭血作价4元,鸭胗作价12元,每千克光鸭的成本为:

$$每千克光鸭成本 = \frac{20 \times 36 - (12 + 4)}{25} = 28.16(元)$$

(二)初加工后得到几种食品净料(一料多档)的成本核算

所谓一料多档是指原材料(毛料)经过初加工处理后,得到一种以上的食品净料。那么就应当分别按照质量等级高低,确定单位成本,质量较好的食品净料成本定得高,质量较差的成本定得较低。计算方法有以下两种:

(1)如果所有净料的单位成本都是以往没有计算过的,则可根据这些净料的质量,逐一确定它们的单位成本,同时要使得各种食品净料成本总和与加工前食品原材料购入成本相等。其计算公式为:

毛料进价的总值 = 净料①总值 + 净料②总值 + 净料③总值 …… 净料(n)总值

【例题12-2】购进带皮带骨猪肉25千克,单价为16.00元/千克,经分档取料,得到瘦肉13.87千克、肉皮2千克、汤骨2.5千克、膘肉6.38千克、损耗0.25千克。根据质量并参照市场行情,各档净料的单价为:瘦肉22.00元/千克、肉皮5.00元/千克、汤骨16元/千克、膘肉7.03元/千克。即:毛料进价的总值 = 16 × 25 = 400(元)

各档净料的成本之和 = 22.00 × 13.87 + 5.00 × 2 + 16.00 × 2.5 + 7.03 × 6.38 = 400(元)

(2) 如果几种食品净料成本已测定,只有一种净料成本未知时,其计算公式为:

$$未定价食品净料单位成本 = \frac{原材料购入成本 - 其他净料成本总和(含下脚料)}{未定价食品净料重量}$$

净料成本 = 单位净料成本 × 净料用量

【例题12-3】某餐饮企业某厨房购进光鸡一批重30千克,价款270元。经初加工后得鸡脯肉5千克,鸡腿10千克,鸡杂(心、肝、胘)2.5千克,鸡脖子等下脚料7.5千克。据以往分档取料经验得知鸡腿、鸡杂以及下脚料的单位成本分别为13元/千克、7元/千克,则鸡脯肉单位成本计算如下:

$$鸡脯肉单位成本 = \frac{270 - (10 \times 13 + 2.5 \times 7 + 7.5 \times 3)}{5}$$

$$= 20(元/千克)$$

(三) 不同渠道采购同一原材料的成本核算

当多种渠道采购同一种原材料时,其购进单价是不尽相同的,这就要运用加权平均法计算该种原材料的平均成本。凡在外地采购的原材料,还应将其所支付的运输费计入成本支出。

二、半制品成本的核算

半制品是经过初步熟处理,但尚未完全加工成制成品的净料。根据加工方法的不同,半制品可分为无味半制品和调味半制品两种。

(一) 无味半制品

无味半制品又称水煮半制品,它包括的范围很广,如经出水的蔬菜和经过初步熟处理的肉类等,都属于无味半制品。其成本计算公式为:

$$无味半制品成本 = \frac{毛料总值 - 下脚料总值 - 废料总值}{无味半制品重量}$$

【例题12-4】某餐饮企业制作东坡肉的猪肉5公斤,每公斤20元,煮熟损耗20%,计算熟肉单位成本。

毛料总值 = 20 × 5 = 100(元)

(无下脚废料)

无味半制品重量为: 5 × (1 - 20%) = 4(千克)

熟肉每公斤的成本 = $\frac{100}{4}$ = 25(元)

(二) 调味半制品成本核算

调味半制品即加放调味品的半制品。如鱼丸、肉丸、油发肉皮等。其成本计算公式为:

$$调味半制品成本 = \frac{毛料总值 - 下脚料、废料总值 + 调味品成本}{调味半制品重量}$$

【例题12-5】某餐饮企业用干鱼肚3千克,经油发后成6千克(干鱼肚油发后又用水浸泡,重量增加),在油发过程中耗油900克,已知干鱼肚每千克进价为90元,食油每千克进价14元,计算油发后鱼肚的单位成本。

$$油发后鱼肚的单位成本 = \frac{3 \times 90 + 14 \times 0.9}{6} = 47.10(元/千克)$$

三、熟品成本核算

熟品也称制成品或卤制品,是用熏、卤、拌、煮等方法加工而成,可以用作冷盘菜肴的制成品。其成本计算与调味半制品类同。

$$熟品成本 = \frac{毛料总值 - 下脚料、废料总值 + 调味品成本}{熟品重量}$$

【例题12-6】某餐饮企业购生牛肉5千克,单价18元,煮熟损耗40%,共用酱油、糖、味精、五香等调味品3元,求卤牛肉每千克成本。

$$卤牛肉成本 = \frac{18 \times 5 + 3}{5 \times (1 - 40\%)}$$
$$= 31(元/千克)$$

由于习惯上对熟品和调味品成本都采用估算法,所以熟品单位成本的核算也可以采用如下公式:

$$熟品成本 = 无味熟品成本 + 调味品成本$$

四、调味品成本核算

餐饮企业的中餐菜品向来以色、香、味、形闻名于世。其中的味除了来自主、配料本身之外,很大一部分来自各种调味品。调味品是菜肴、点心的构成要素之一,其成本是食品成本的重要组成部分。调味品成本的核算关系到整个成本核算的精确度。

厨房所使用的调味品种类繁多,且每份菜肴或点心的用量又很小,因此,调味品成本不可能像主、配料成本那样用数量来计算,而只能由烹制菜肴的厨师在很短的时间内随取随用。在实际工作中,菜肴或点心的调味品成本的核算只能是对有代表性的产品进行试验和测算的基础上采用其平均值进行估算。其计算公式为:

$$批量产品平均调味品成本 = \frac{成批制作耗用调味品总量}{产品总量}$$

【例题12-7】餐饮企业厨房卤鹌鹑300个,经估算(或实称)共用去调味品数量和价款如表12-1所示:

表 12－1　×××餐饮企业调味品数量和价款

名称	用量(千克)	单价(元/千克)	金额(元)
豆油	0.15	6.00	0.90
酱油	1.25	2.50	3.13
白糖	0.22	2.60	0.52
黄酒	0.15	3.00	0.45
姜、葱、大料、盐等	—	—	1.00

试计算每盆(30 只/盆)卤鹌鹑蛋的调味品成本。

每盆(30 只/盆)卤鹌鹑蛋的调味品成本

$$= \frac{0.90 + 3.13 + 0.52 + 0.45 + 1.00}{300 \div 30}$$

$$= 0.60(元)$$

随着新颖、优质调料的不断出现、推陈出新,调味品在产品中占的成本比例亦有增大的趋势,如 500 毫升美极鲜酱油进价近百元,250 克的 XO 酱油则需花费百余元的成本等,这些情况在核计成本时切不可忽略。

五、净料率

净料率是指食品原材料经过初步加工后的可用部分的重量占加工前原材料总重量的比率,它是表明原材料利用程度的指标,其计算公式为:

净料率＝(加工后可用原材料重量÷加工前原材料总重量)×100%

在原材料品质与其加工方法和技术水平一定的条件下,食品原材料在加工前后的重量变化是有一定规律可循的。因此,净料率对成本的核算、食品原材料利用状况的分析及其采购、库存数量等方面,都有着很大的实际作用。

【例题 12－8】某餐饮企业购入带骨猪肉 20 千克,经初步加工处理后剔出骨头 5 千克,求猪肉的净料率。

猪肉的净料率＝加工后可用原材料重量÷加工前原材料总重量×100%

$$= \frac{20 - 5}{20} \times 100\%$$

$$= 75\%$$

【例题 12－9】某餐饮企业购入海带 4 千克,经涨发后得水发海带 11.34 千克,但从涨发后的海带中拣洗出不合格的海带和污物 0.27 千克,求海带的净料率。

海带的净料率 = 加工后可用原材料重量 ÷ 加工前原材料总重量 × 100%

$$= \frac{11.34 - 0.27}{4} \times 100\%$$

$$= 276.75\%$$

食品净料率高低受食品原材料规格质量和净料加工处理技术水平两个因素的影响,实务中应根据原材料规格质量的实际情况测算净料率,并且随加工技术水平的改进及时调整,以保证成本计算正确性。

净料率是餐饮成本核算的重要参数,熟悉和掌握一些常见主、配料的净料率,会给企业餐饮成本核算工作带来许多方便。以下是一些常见主、配料的净料率(见表 12-2 至表 12-6),仅供参考。

表 12-2 ×××餐饮企业食品原材料主、配料的净料率(蔬菜类)

原材料名称	净料处理项目	净料品名	净料率(%)	备注
白菜	除去外叶、根、帮,洗涤	白菜心	38	
芹菜	除去老叶、根,洗涤	净芹菜	60	
卷心菜	除去老叶、根,洗涤	净卷心菜	70	
卷心菜	除去老叶、梗,洗涤	卷心菜叶	50	
菜心	除去外叶、叶尖、老茎,洗涤	净菜心	35	(又名"油菜")
盖菜	除去外叶、叶尖、老茎,洗涤	盖菜心	40	
菠菜	除去老叶、根,洗涤	净菠菜	70	
空心菜	除去老叶、带须的茎部,洗涤	净空心菜	70	(又名"蕹菜")
苋菜	除去老叶,洗涤	净苋菜	80	
花菜	除去老叶、老梗,洗涤	净花菜	80	
大葱、小葱	去老皮、根,洗涤	净葱	70	
洋葱	去老皮,冲洗	净洋葱	85	
大蒜	去老皮、老叶,洗涤	净蒜	80	
蒜苗	去头,洗涤	净蒜苗	90	
青椒、红椒	去蒂、去子,洗涤	净椒	70	
芫荽	去老皮、根,洗涤	净芫荽	80	(又名"香菜")
生菜	除去头、老叶、梗,洗涤	生菜胆	40	(又名"叶用莴苣")

续表

原材料名称	净料处理项目	净料 品名	净料率(%)	备注
韭黄	去头、尾、黄衣,洗涤	净韭黄	95	
丝瓜	去头、尾、刨皮、去子,洗涤	净丝瓜	60	
黄瓜	去头、尾、刨皮、去子,洗涤	净黄瓜	75	
茄子	去蒂头,洗涤	净茄子	90	
凉瓜	去头、尾、子,洗涤	净凉瓜	80	(又名"苦瓜")
冬瓜	刨皮、去子,洗涤	净冬瓜	70	
瓠瓜	刨皮、去子,洗涤	净瓠瓜	70	(又名"瓠子")
南瓜	刨皮、去子,洗涤	净南瓜	75	
刀豆	去尖头、除筋,洗涤	净刀豆	90	
蚕豆、毛豆	剥壳	净蚕豆、净毛豆	30~40	
毛豆	剪去豆荚两头端,洗涤	带壳毛豆	90	
豇豆	去头、除筋,洗涤	净豇豆	90	(又名"豆角")
带壳茭白	剥壳、刨皮,洗涤	净茭白	50	
无壳茭白	刨皮,洗涤	净茭白	80	
有壳冬笋	去壳、除老根,洗涤	净冬笋肉	35	
莲藕	削皮,洗涤	净莲藕	70	
红、白萝卜	削皮,洗涤	净红、白萝卜	80	
土豆	削皮,洗涤	净土豆	80	
荸荠	削皮,洗涤	净荸肉	60	(又名"马蹄")
芋头	去皮,洗涤	净芋头	80	
山药	去皮,洗涤	净山药	70	(又名"淮山")
番茄	去蒂,洗涤	净番茄	90	(又名"西红柿")
鲜草菇	去头部杂质,洗涤	净鲜草菇	75	
木瓜	刨皮、去子,洗涤	净木瓜	70	

表12-3　食品原材料主、配料的净料率(畜类:猪)

原材料名称	净料处理项目	净料		备注
		品名	净料率(%)	
片猪	拆卸、分档	方肉	36	
		前腿	34	
		后腿	30	
方肉	拆卸、分档	方肉	54	
		大排	33	
		碎肉	12	
前腿	拆卸、分档	前蹄	11	
		小排	10	
		带骨夹心	78	
后腿	拆卸、分档	后蹄	12	
		带骨腿肉	87	
带骨夹心	拆卸、分档	汤骨	2.7	
		肉皮	2.3	
		精肉壮膘	71.5	
		碎肉	3.6	
		血脖子肉	14.4	
带骨腿肉	拆卸、分档	汤骨头	8.6	
		肉皮	6.3	
		精肉	51	
		碎肉	9.3	
		壮膘	23.8	
出骨夹心	拆卸、分档	肉皮	11	
		一般精肉	58	

续表

原材料名称	净料处理项目	净料 品名	净料率(%)	备注
		小排	14	
		肥膘	16	
出骨夹心	烧熟(去皮)	叉烧肉	50	
去骨腿肉	烧熟(带皮)	烧肉	65	
小排	烧熟,加糖醋	糖醋排骨	75	
大排	去皮,除血水	净排骨	90	
猪内脏等略				

表12-4 食品原材料主、配料的净料率(畜类:牛、兔、羊)

原材料名称	净料处理项目	净料 品名	净料率(%)	备注
牛肉	去肉筋	净牛肉	84	
净牛肉	去片腌制	腌牛肉片	130	
牛肉	去筋煨熟	熟牛肉	50~55	
	去筋卤烂	糟卤牛肉	40~50	
牛肘	肘子煮熟	熟肘子	70	
牛后腿	后腿煮熟	熟后腿	75	
活兔	宰杀、剥皮、去内脏	净兔	70	
兔肉	糟卤	糟卤兔肉	60	
羊肉	去筋、煮熟	熟羊肉	60	

表 12-5　食品原材料主、配料的净料率(禽类)

原材料名称	净料处理项目	净料		备注
		品名	净料率(%)	
活母鸡 (1.75~2.5千克)	宰杀、分档	净鸡	70	
		肫	7	
		肝、心	3	
		油	2.5	
		肠	2	
		爪	2.5	
活公鸡	宰杀、分档	净鸡	67	
		肫	7	
		肝、心	4	
		腰丸	1.3	
		肠	2.7	
		爪	3	
光统鸡	整理分档	净鸡	88	
		鸡肉	43	
		鸡架	30	
		头、脚	11	
		肫、肝	4	
毛统鸡	宰杀,去头、爪、骨、翅、内脏	鸡丝	32	
	宰杀,去头、爪、背骨、内脏	鸡块	50	
毛鸡	宰杀,去头、脚、内脏	净鸡	62	
活鹅(2.5~3千克)	宰杀、去内脏	光鹅	65	
光鹅	烤熟	烧鹅	63	
活鸭	宰杀,去脚、内脏	光鸭	63	

续表

原材料名称	净料处理项目	净料		备注
		品名	净料率(%)	
光鸭	挂炉烤熟	挂炉鸭	50~60	
	卤熟	酱鸭	60	
		卤鸭	60	
光鸭	整鸭出骨	鸭肉	48	
鸭肫	去黄皮肫皮	净肫肉	65	
	煮熟(带皮肫)	卤肫	68	

表12-6 食品原材料主、配料的净料率(水产类)

原材料名称	净料处理项目	净料		备注
		品名	净料率(%)	
青鱼	宰杀,去鳞、鳃、内脏,洗涤	净青鱼	87	
	宰杀,去鳞、鳃、内脏、头尾、骨	净鱼肉	40	
草鱼	宰杀,去鳞、鳃、内脏,洗涤	净草鱼	83	
	宰杀,去鳞、鳃、内脏、头尾、骨	净有皮鱼肉	40	
鳙鱼	宰杀,去鳞、鳃、内脏,洗涤	净鳙鱼	80	
	宰杀,去鳞、鳃、内脏、头尾、骨	净有皮鱼肉	30	
鲢鱼	宰杀,去鳞、鳃、内脏,洗涤	净鲢鱼	80	
	宰杀,去鳞、鳃、内脏、头尾、骨	净有皮鱼肉	35	
鲤鱼	宰杀,去鳞、鳃、内脏,洗涤	净鲤鱼	85	
鳊鱼	宰杀,去鳞、鳃、内脏,洗涤	净鳊鱼	85	
生鱼	宰杀,去鳞、鳃、内脏,洗涤	生鱼片(有皮)	50	
	宰杀,去鳞、鳃、内脏、头尾、骨			
鲫鱼	宰杀,去鳞、鳃、内脏,剁块	净鱼块	75	
鳜鱼	宰杀,去鳞、鳃、内脏,洗涤	净鳜鱼	83	
鲈鱼	宰杀,去鳞、鳃、内脏,洗涤	净鲈鱼	80	

续表

原材料名称	净料处理项目	净料		备注
		品名	净料率(%)	
鲟鱼	宰杀,去鳞、鳃、内脏,洗涤	净鲟鱼	80	
鲳鱼	宰杀,去头、鳞、鳃、内脏,洗涤	无头净鱼	80	
鳝鱼	烫后去骨、内脏、头尾,洗涤	净鳝鱼	55	
甲鱼	宰杀,去内脏、头尾,洗涤	净甲鱼	70	
海鳗	宰杀,洗涤	净鳗鱼	86	
	宰杀,去头尾、骨,洗涤	净鳗鱼肉	37~47	
大黄鱼	宰杀,去鳞、鳃、内脏,洗涤	净鱼	80~87	
	宰杀,去鳞、鳃、内脏、头	无头净鱼	72	
	宰杀,去鳞、鳃、内脏、头、骨	净鱼肉	42	
	宰杀,去鳞、鳃、内脏,洗涤,油炸	炸全鱼	55	
带鱼	宰杀,去鳃、内脏、头,洗涤	净鱼(无头)	74	
对虾	去须脚	净虾	80	
海虾	去须脚	净大海虾	80	
	剥壳	净海虾肉	35	
河虾	剥壳	虾仁	30~34	
龙虾	去须脚	净龙虾	80	
	去须脚、剥壳	净龙虾肉	25	
螃蟹	去鳃、内脏,洗涤	净螃蟹	70	
	去鳃、内脏,除壳	蟹肉蟹黄	25~35	
鲜鱿鱼	去内脏、软骨、鱼眼,洗涤	净鲜鱿鱼	70	
鲜墨鱼	去内脏、软骨、鱼眼,洗涤	净鲜墨鱼	60	
鲜鲍鱼	去壳,除去污物,洗涤	净鲜鲍鱼	30	
鲜带子	去壳,除去薄膜,洗涤	净鲜带子	45	

六、净料率的应用

(一) 利用已知的净料率,计算净料重量

在实践中难以做到对每一种净料重量一一过秤,因此,通常采用净料率,即原材料净重量与毛重量之比来估算净料重量,利用净料率计算净料重量的公式为:

某批净料重量 = 该批毛料重量 × 净料率

【例题12-10】某餐饮企购进空心菜3千克,已知空心菜的净料率为70%,计算其净料重量是多少?

空心菜净料重量 = 3 × 70% = 2.1(千克)

(二) 利用已知的净料率,计算毛料数量

$$毛料数量 = \frac{净料数量}{净料率}$$

【例题12-11】某餐饮企业制作22份"白汁扒蹄筋",每份按750克水发蹄筋投料,如干蹄筋的净料率为350%,求需要多少干蹄筋?

$$干蹄筋重量 = \frac{22 \times 750}{350\%} = 4.71(千克)$$

(三) 利用已知的净料率,将毛料单价换算为净料单价

$$净料单价 = \frac{毛料单价}{净料率}$$

【例题12-12】鲜猪肚的单价为24.00元/千克,如猪肚的熟品率为60%,试求熟猪肚的单价是多少?若一盆"凉拌肚丝"需熟猪肚0.2千克,该菜肴熟猪肚的成本是多少?

$$熟猪肚的单价 = \frac{24}{0.6} = 40.00(元/千克)$$

该菜肴熟猪肚的成本 = 40.00 × 0.2 = 8元

第三节 餐饮企业库存原材料成本核算

一、库存食品原材料购入成本核算

本节主要从会计核算角度来简述食品原材料成本核算,既然是会计核算就会涉及设置有关"账户",并以"借贷方"方式表示。

库存食品原材料的核算应设置"原材料"账户,这个账户属资产类,其借方登记入库餐饮食品原材料实际成本增加(借记),贷方登记耗用餐饮原材料实际成本减少(贷记),余额在借方,表示库存餐饮食品原材料的实际成本。

"原材料"账户按原材料类别设二级账户,如"原材料—食品原材料"账户和"原材料—饮品原材料"账户,按其品种设三级明细账。现举例说明如下:

【例题12-13】某餐饮企业10月7日向冷冻食品批发部购进一批原材料:特级猪里脊25千克,单价36元;一级小牛肉35千克,单价40元,计2300元,原材料均已验收入库,并且转账支付。

根据购货发票等原始凭证,借记:原材料—特级猪里脊900元、原材料—一级小牛肉1400元,贷记:银行存款2300元。

【例题12-14】某餐饮企业10月7日向长春副食品厂购进鲜活材料一批:活鲤鱼30千克,单价24元,河虾20千克,单价60元,计1260元,鲜鱼、虾直接交中餐厅厨房验收使用,价款尚欠。

根据验收单等原始凭证,借记:主营业务成本—中餐厅—食品成本1920元,贷记:应付账款—长春副食品厂1920元。

二、食品原材料领用成本核算

生产部门(厨房)根据生产需要向仓库领用食品原材料时,应填制"领用(料)单"作为发料核算的依据。

【例题12-15】10月7日,中餐厅厨房向仓库领用一级猪排50千克,单价30元;特级猪里脊10千克,单价36元,共计1860元。

根据领料单借记:主营业务成本—中餐厅—食品成本核算1860元,贷:原材料—一级猪排1500元、原材料—特级猪里脊360元。

三、食品原材料内部调拨成本核算

大、中型餐饮企业设有餐厅、酒吧,各有多个厨房,各厨房之间、酒吧之间时常发生食品、饮料原材料的相互调拨业务,为了准确计算各营业点成本,应及时办理调拨手续,即由调入部门填制"内部调拨单","内部调拨单"为三联单,调入、调出双方各执一联,一联送财会部门进行转账核算。

【例题12-16】××餐饮企业中餐厅与酒吧之间需调拨食品:

表12-7　××餐饮企业内部调拨单

调入部门:酒吧　　　　　　　20××年10月7日　　　　　　　调出部门:中餐厅

名称及规格	单位	数量	单价	金额	备注
虾饺	只	250	2.00	500	
叉烧包	只	10	4.00	40	
合计				540	

调出部门经手人:(签章)　　　　　　　　　　　调入部门经手人:

根据以上资料,财会部门进行转账处理,借记:主营业务成本—酒吧—饮料成本540元,贷记:主营业务成本—中餐厅—食品成本540元。

第四节 餐饮企业食品原材料成本的计算

餐饮食品生产分为批量生产和单位生产两大类,与此相适应,其成本计算也分为两类。

一、先总后分法

先总后分法适用于批量生产的(如糕点类)成本计算,其特点是成批投料,而且投料内容、规格质量大都相同,单位成本相等。其计算公式为:

某批产品耗用原材料总成本 = 该批产品耗用主料成本 + 该批产品耗用配料成本 + 该批产品耗用调料成本

$$单位产品耗用原材料成本 = \frac{某批产品耗用食品原材料总成本}{某批产品生产数量}$$

二、先分后总法

先分后总法适用单件生产的(如特色菜肴)成本计算。其特点是投料内容、花色品种各异,规格用量不同,需要逐次计算所耗用各种原材料的成本,再加总求得总成本,其计算公式为:

单件产品成本 = 单件产品耗用的主料成本 + 单件产品耗用的配料成本 + 单件产品耗用的调料成本

【例题12-17】某餐饮企业某餐厅厨房制作翡翠鲜鲍脯一份,其实际投料成分数量及成本计算如表12-8所示。

表12-8 ××餐饮企业食谱成本估算表

食谱名称:翡翠鲜鲍脯　　　　　　　餐厅名称:沪江轩
分量:例盘　　　　　　　　　　　　档案号码:

存货编号	成分	日期	成本
略	西兰花	略	9.00
	海星鲍		99.31
	调味料		2.00
	合计		110.31

餐饮成本控制:　　　行政主厨:　　　餐饮部经理:

第五节 餐饮企业餐饮成本核算

一、餐饮企业餐饮日成本的计算

餐饮日成本的计算可以分为食品日成本的计算和饮料日成本的计算。

(一)餐饮企业食品日成本的计算

食品日成本主要由库房发出食品原材料成本和厨房购进食品原材料成本两大部分组成。另外,如果企业发生内部原材料调拨事项,还要调整有关部门的成本,然后扣除不应计入对客人销售的成本(即杂项成本)。食品日成本的计算公式为:

食品日成本 = 仓库发料额 + 厨房进料额 + 内部调入额 - 内部调出额 - 杂项成本

根据以上公式计算出食品日成本之后,还要将每日餐饮销售报表提供的餐饮销售收入金额填入"成本日报",进而算出有关成本对销售额的比率。

食品成本日报的格式如表12-9所示。

表12-9 ××餐饮企业食品成本日报

单位:元

天气× 日期××月××日星期

项目	合计	中餐厅	西餐厅	宴会厅	当月累计
仓库领料成本	1325.20	559.00	300.00	466.20	
厨房进料成本	2629.00	984.40	590.00	1054.60	
内部调入成本	709.20	210.40	200.00	298.80	
内部调出成本	302.30	60.30	120.00	122.00	
职工用餐成本	160.00	160.00			
招待用餐成本	480.00		200.00	280.00	
其他杂项成本	130.10	68.50	19.00	42.60	
日销售成本净额	3514.00	1461.00	751.00	1302.00	
本月累积成本	8052.00	2625.00	1500.00	3927.00	
日销售收入	1020.00	3600.00	3200.00	3450.00	
本月累积销售收入	21 570.00	5950.00	6220.00	9400.00	
日食品成本率(%)	34.3	40.6	23.5	37.7	
月食品成本率(%)	37.3	44.1	24.1	41.8	

（二）餐饮企业饮料每日成本的计算

饮料日成本是以每日发出饮料数额为起算点，按每日发料额计算。饮料每日成本计算会因企业是否建立标准储存量制度而采用不同的方法。

1. 餐饮企业建立标准储存量制度的计算

建立标准储存量制度的企业，按规定每日发放饮料的数量要足以使营业时的餐厅饮料储存量达到标准贮存量的水平。因此，当日发料额也就是上日饮料消耗额，其计算公式为：

当日发料额 = Σ（本日某种饮料发料瓶数 × 每瓶成本单价）

对于不实行凭空瓶领料的企业，可以由各餐厅、酒吧通过清点库存量倒算出发料量，其计算公式为：

当日发料量 = Σ（某种饮料标准储存量 − 该种饮料库存量）

2. 餐饮企业不实行标准储存量制度的计算

不实行标准储存量制度的企业，根据当日发料直接作为饮料日消耗成本，此外还要加收企业内部调拨调整额，再扣除其他杂项成本之后，求出饮料日成本净额，其计算公式为：

饮料每日成本净额 = 当日发料额 ± 内部调拨成本 − 其他杂项成本

以上计算未考虑酒吧、餐厅库存未售完的半瓶量酒在内，所以计算结果不精确。

二、餐饮每月成本的核算

根据餐饮业务经营规模和管理要求的不同，餐饮每月成本通常可采用永续盘存制和定期盘存制两种方法核算。

（一）永续盘存制

永续盘存制又称账面盘存制，是根据账簿记录，计算期末存货账面结存数的一种存货核算方法。这种方法对原材料存货的增加和减少都要在账簿中连续加以记录，因此能在账簿中及时反映各项原材料存货的增减变动情况，并方便随时计算账面结存数。这种方法虽然日常核算工作量大，但是手续严密，通过明细账可以随时了解原材料收入、发出和结存情况，有利于加强存货管理。因此，在实际工作中，除少数情况外，一般都必须采用永续盘存制。

在采用永续盘存制方法下，存货数量随时可以从存货明细账上取得，能在账簿中及时了解各项存货的增减变动及结存情况，而不必靠期末实地盘点计算。但是，在实际工作中，有时可能发生账面结存数与实际结存数不相符的情况，因此，也需要定期对各项存货进行实地盘点，以便核对账实是否相符。

采用永续盘存制计算发出原材料成本的计算公式为：

本月发出食品原材料成本 = Σ(本月发出食品原材料数量 × 加权平均单价)

采用这种方法时,每日通常根据"领料单"和"鲜活原材料日报",将数据输入计算机,逐日累计发料数额,月末扣除厨房原材料盘存额,可求出当月原材料耗用成本,其计算公式为:

本月食品原材料耗用成本 = 厨房月初食品原材料盘存额 + 本月仓库领料额 + 本月厨房进料额 − 厨房月末食品原材料盘存额

此外,对企业内部调拨使用的食品原材料成本应加以调整,然后扣除员工餐费、招待餐费等杂项成本,计算出每月餐饮产品成本。

【例题12-18】××餐饮企业中餐厅厨房上月末食品原材料盘存额为1288元,本月仓库食品原材料领用额为69 000元,本月厨房直接购进鲜活食品原材料81 000元,厨房月末食品原材料盘存额为1088元。

本月食品原材料耗用成本 = 1288 + 69 000 + 81 000 − 1088
　　　　　　　　　　　= 150 200(元)

假设该企业中餐厅本月发生如下经济业务,根据这些经济业务进行有关会计处理。

(1)月初,根据上月末厨房"食品原材料盘存表"填制"领料表"作转回分录。

借记:营业成本—中餐厅 1288元
贷记:原材料—食品原材料 1288元

(2)根据本月中餐厅食品领料单汇总和鲜活食品原材料验收单汇总,作结转本月原材料成本分录。

借记:营业成本—中餐厅 150 000元
贷记:原材料—食品原材料 69 000元
　　　应付账款—有关供应单位 81 000元

(3)根据企业本月发放营业部门员工餐费2 000元,管理部门员工餐费1000元的汇总资料,编制结转分录。

借记:营业费用—工餐费 2000元
　　　管理费用—工餐费用 1000元
贷记:营业成本—中餐厅 3000元

(4)根据企业高级职员签单的餐厅账单汇总资料,本月结转招待餐费8000元,其中营业部门3000元,管理部门5000元,编制有关的会计分录。

借记:营业费用—应酬费 5000元
　　　管理费用—应酬费 3000元
贷记:营业成本—中餐厅 8000元

(5)××餐饮企业中餐厅的厨房原材料盘存表资料如表12-10所示。

表12-10　××餐饮企业厨房原材料盘存表

部门:中餐厅　　　　2002年10月31日　　　　　金额单位:元

原材料名称	单位	单价	剩余数量	金额
牛肉	千克	26	10	260
猪肉	千克	12	10	120
食油	千克	8	5	40
□	□	□	□	□
在制品(估算)				420
合计				1088

根据上述厨房原材料盘存表资料,用红字金额编制假退料的会计分录。

借记:营业成本—中餐厅1088元

贷记:原材料—食品原材料1088元

(二)实地盘存制

实地盘存制是指月末通过实物盘点来确定存货数量,并据以计算库存食品原材料成本(发出或耗用)的一种存货核算方法。采用这种方法,平时只在会计账簿中登记存货的增加数,不登记减少数;月末通过实地盘点确定数量后,据以计算库存食品原材料存货成本和销售成本。其计算公式为:

本月发出食品原材料成本 = 月初库存食品原材料成本 + 本月购进食品原材料成本 - 月末库存食品原材料成本

$$加权平均单价 = \frac{月初结存食品原材料成本 + 本月收入食品原材料成本合计}{月初结存食品原材料数量 + 本月收入食品原材料数量合计}$$

其中:月末库存食品原材料成本 = Σ{(某种……)食品原材料库存数量(实地盘点数)×加权平均单价}

采用实地盘存制时,平时在库存食品原材料账上只记购入的数额,不记发出数额,月末通过实地盘点确定结存数额之后,倒轧计算发出数额。实地盘存法下食品原材料耗用成本计算公式为:

食品原材料耗用成本 = 仓库、厨房月初食品原材料盘存额 + 本月食品购料额 - 仓库、厨房月末食品原材料盘存额

采用实地盘存制同样要调整企业内部调拨额以及扣除员工餐费、招待费等杂项成本,以求出当月餐饮成本净额。

【例题12-19】 某餐饮企业中餐厅食品原材料的月初库存额、厨房盘存额分别

为16 800元、4540元;本月购料入库及厨房直接进料额分别为8928元、16 780元,月末库存额、厨房盘存额分别为17 716元、4410元。本月食品原材料内部调入额1200元,内部调出额860元、员工餐费8410元、招待餐费2100元。

本月食品原材料成本 = (16 800 + 4540) + (8928 + 16 780) - (17 716 + 4410)
  + (1200 - 860) - (8410 + 2100)
  = 14 752(元)

采用实地盘存制,优点是可以简化日常核算工作,缺点是手续不严密。它所确定的本期销售量,以存计销(或以存计耗),倒算出销量成本,因而不一定符合实际情况,其中可能包括一部分损失或差错等;而且平时在账面上不反映存货减少和结存情况,从而不利于发挥账簿记录对存货的控制作用,容易造成原材料的失窃和浪费,不利于加强库存材料的管理和控制。因此,实地盘存制一般只适用于一些价值低、品种杂、进出频繁的材料物资,其他存货一般不宜采用实地盘存制。

餐饮企业食品品种成本核算

按粤菜配菜的习惯,品种的成本构成一般有主料成本、配料成本、料头成本、调味成本(或酱汁成本)4种。料头成本是粤菜烹调技术中特有的成本,但只在某些品种里才用计算料头成本(如佛跳墙之类品种),其他品种一般忽略不计。由于粤菜烹调大量使用酱汁来调味,因此在某种情况下,调味成本实际上就是酱汁成本。

品种成本核算就是指烹调品种所有耗用净料成本的总和,也就是在核算各种原材料净料成本的基础上,按照品种配菜的标准,计算出各种用量净料成本的总和。

根据品种制作的类型,品种成本核算可分为两种,一种是单件品种成本核算,另一种是批量品种成本核算。

1. 单件品种成本核算

单件品种成本核算就是把构成某个品种的主料成本、配料成本和调味成本全部加起来,就是单件品种成本,它适用于厨房部的品种计算。

它的计算公式为:

单位品种成本 = 主料成本 + 配料成本 + 调味成本

【例题12-20】"碧绿鲜带子",鲜带子每500克的进价是21元,净料率是95%,用量是150克,西蓝花每500克的进价是2元,净料率是65%,用量是200克,调味料成本是1元,求该品种成本。

解:鲜带子起货成本 = (21 ÷ 95%) × (150 ÷ 500) = 6.63(元)

西蓝花起货成本 = (2÷65%)×(200÷500) = 1.23(元)

原材料总成本 = 6.63 + 1.23 + 1 = 8.86(元)

答:"碧绿鲜带子"的原材料总成本是 8.86 元。

这是一个较标准的品种成本核算,即将各种主料、配料的每 500 克净料率乘以用量,然后按照品种标准成本配置(无论有多少种主配料)相加到一起就是该品种的原材料总成本。

2. 批量品种成本核算

批量品种成本核算就是按批量制作的品种所使用的原材料总成本除以制作出来的品种数量,其结果就是单位品种成本。它适用于点心部的品种制作和烧卤部的品种制作。批量品种成本核算公式为:

$$单位品种成本 = \frac{本批品种所耗用的原材料总成本}{品种数量}$$

【例题 12 - 21】凤爪 2300 克(6 元/500 克),叉烧汁 460 克(12 元/500 克),精盐 23 克、味精 46 克、白糖 14 克等调味成本共计 5 元,食用油 120 克(5 元/500 克),花生酱 70 克、海鲜酱 50 克、辣椒酱 50 克等酱汁成本共计 6 元。求每份"美味凤爪"的原材料成本。

解:凤爪成本 = (2300÷500)×6 = 27.6(元)

叉烧汁成本 = (460÷500)×12 = 11.04(元)

调味料成本 = 5(元)

酱汁成本 = 6(元)

$$每份"美味凤爪"的成本 = \frac{27.60 + 11.04 + 5 + 6}{30} = 1.65(元)$$

答:每份"美味凤爪"的成本是 1.65 元。

相对来说,批量制作的品种成本核算比单个品种成本的计算要简单一点,这里讨论的是早茶小吃类品种,其他如烧卤品种的成本核算也是一样的。

(资料来源:职业餐饮网,2010 - 08 - 22)

课后练习

一、案例分享与思考

(一)案例分享

餐饮企业食品原材料一料多档成本核算

背景介绍:某餐饮企业购入鲢鱼 70 千克,进价为 10.00 元/千克,根据菜肴烹制需要进行宰杀、剖洗后,得净鱼 61.25 千克,其中鱼头 20.42 千克,鱼中段 26.25 千克,鱼尾 14.58 千克,鱼鳞、内脏等废料 8.75 千克(没有利用价值)。根据各档净料的值量及烹调用途,该餐饮企业确定鱼头总值应占毛料总值的 35%,鱼中段占 45%,鱼尾占 20%。

问题呈现:求该鲢鱼的鱼头、鱼中段、鱼尾的净料成本。

分析提示:

(1)该鲢鱼进价总值 = $10.00 \times 70 = 700$(元)

(2)该鲢鱼的鱼头的净料成本 = $\dfrac{鲢鱼进价总值 \times 鱼头的价值比率}{鱼头净料总值}$

$= \dfrac{700 \times 35\%}{20.42}$

$= 12.00$(元/千克)

(3)该鲢鱼的鱼中段的净料成本 = $\dfrac{鲢鱼进价总值 \times 鱼中段的价值比率}{鱼中段净料总值}$

$= \dfrac{700 \times 45\%}{26.25}$

$= 12.00$(元/千克)

(4)该鲢鱼的鱼尾的净料成本 = $\dfrac{鲢鱼进价总值 \times 鱼尾的价值比率}{鱼尾净料总值}$

$= \dfrac{700 \times 20\%}{14.58}$

$= 9.60$(元/千克)

(二)思考及练习题

1. 餐饮原材料包括哪几类?为什么要对餐饮原材料进行分类核算?
2. 发出原材料的计算方法有哪几种?各有什么优缺点?
3. 食品净料成本计算有哪几种方法?
4. 某餐饮企业购入带骨猪肉 20 千克,经初步加工处理后剔出骨头 5 千克,求该猪肉的净料率是多少?
5. 某餐饮企业厨房购进一批去膛后光鸭共 24 千克,其进货单价为 16 元/千克,经加工处理后得鸭脯肉 5 千克、鸭腿 10 千克、鸭爪 2 千克、鸭骨和鸭脖 7 千克。参照市场行情,已知鸭腿肉 20.00 元/千克、鸭爪 12.00 元/千克、鸭骨和鸭脖 6.00 元/千克,求鸭脯肉的单位成本是多少?(不计损耗)
6. 某餐饮企业购进生牛肉 6 千克,单价 18 元,煮熟损耗 40%,共用酱油、糖、味精、五香等调味品 4 元,求卤牛肉每千克成本是多少?

二、本章闯关测试

1. 餐饮食品原材料成本的核算(此题专供财务会计、财务管理专业测试)

背景介绍:

(1)富贵饭店 10 月份期初原材料结存金额如下:

①仓库结存粮食类原材料6130元,其中大米1000千克,每千克2.50元;面粉1210千克,每千克3.00元;干菜类原材料16 880元,其他类原材料8000元,副食品原材料10 400元。

②厨房结存副食品类原材料10 500元,其他类原材料450元。

(2)10月份发生有关经济业务如下:

①2日向市副食品公司购入精肉100千克,每千克12元,童子鸡100千克,每千克14元,精肉及鸡已送厨房验收使用,贷款以转账支票付讫。

②4日向银行交付票款8000元,办理银行汇票,由采购员带去福建购买香菇、笋干。采购员根据供货单位发票报销货款7500元,其中香菇100千克,每千克50元,笋干100千克,每千克25元,余款通过银行汇还,货已验收入库。

③10日向粮店购进大米500千克,每千克2.50元,精面粉500千克,每千克3.00元。大米、面粉已验收入库,货款寄出三个月到期的商业承兑汇票付讫。

④15日向天厨味精厂购进味精100千克,每千克55元,鲜辣味粉一批计500元,货物已验收入库,货款尚欠。

⑤21日仓库盘点结存粮食类原材料5000元,其中大米860千克,面粉900千克,干菜类原材料12 600元,其他原材料5800元,副食品类原材料9700元。厨房盘点结存副食品类原材料4000元,其他类原材料300元。

问题呈现:

(1)根据上述资料编制原材料收入和原材料耗用成本的会计分录。

(2)开设"原材料"总分类账及明细分类账,对有关业务进行登记。

2. 餐饮企业食品原材料一料一档成本核算

背景介绍:某餐饮企业购进冬笋40千克,单价为5.4元/千克,经过剥壳并切除不能食用的老根后,得净冬笋12千克。

问题呈现:

(1)冬笋的单位成本是多少?

(2)若一份菜肴需用净冬笋0.15千克,该菜肴中冬笋的成本是多少?

主要参考文献

1. 中国注册会计师协会. 财务成本管理. 北京:中国财政经济出版社,2013.
2. 龚韻笙. 现代旅游企业财务管理. 大连:东北财经大学出版社,2012.
3. 龚韻笙. 现代旅游企业财务会计. 上海:上海人民出版社,2002.
4. 李勇平. 酒店餐饮业务管理. 北京:旅游教育出版社,2011.
5. 杨荫稚. 餐饮企业财务管理. 北京:高等教育出版社,2004.
6. 万光玲. 餐饮成本控制. 广州:广东旅游出版社,2010.
7. 施涵蕴. 餐饮管理. 天津:南开大学出版社,1998.
8. 孙勇涛. 酒店财会内部控制策略与技巧. 北京:中信出版社,1994.
9. 王美萍. 餐饮成本核算与控制. 北京:高等教育出版社,2010.
10. 张帆,蒋亚奇. 餐饮成本控制. 上海:复旦大学出版社,2000.
11. 匡粉前. 餐饮成本核算与控制一本通. 北京:化学工业出版社,2012.
12. 林小岗,吴传钰. 餐饮业成本核算. 北京:旅游教育出版社,2007.
13. [美]米勒. 餐饮成本控制. 黄文波,孙超,译. 天津:南开大学出版社,2004.

责任编辑:张　娟

图书在版编目(CIP)数据

餐饮成本控制/龚韵笙编著. ——北京:旅游教育出版社,2014.1(2019.7重印)
酒店餐饮经营管理服务系列教材
ISBN 978-7-5637-2861-9

Ⅰ.①餐… Ⅱ.①龚… Ⅲ.①饮食业—成本管理—高等职业教育—教材 Ⅳ.①F719.3

中国版本图书馆 CIP 数据核字(2013)第 298889 号

酒店餐饮经营管理服务系列教材

餐饮成本控制

龚韵笙　编著

出版单位	旅游教育出版社
地　　址	北京市朝阳区定福庄南里1号
邮　　编	100024
发行电话	(010)65778403 65728372 65767462(传真)
E - mail	tepfx@163.com
印刷单位	北京玺诚印务有限公司
经销单位	新华书店
开　　本	787 毫米×960 毫米　1/16
印　　张	19.5
字　　数	307 千字
版　　次	2014 年 1 月第 1 版
印　　次	2019 年 7 月第 2 次印刷
定　　价	36.00 元

(图书如有装订差错请与发行部联系)